董志新　著

Mao Zedong
Pin Mengzi

毛泽东品先秦诸子

毛泽东·品

孟子

北方联合出版传媒（集团）股份有限公司

万卷出版公司

2021年·沈阳

Ⓒ 董志新 2015

图书在版编目（CIP）数据

毛泽东品《孟子》/ 董志新著. —沈阳：万卷出版公司，2015. 2
（2021. 9重印）
（毛泽东品先秦诸子）
ISBN 978-7-5470-3393-7

Ⅰ. ①毛… Ⅱ. ①董… Ⅲ. ①毛泽东思想研究②《孟子》—研究 Ⅳ. ①A84②B222.5-49

中国版本图书馆CIP数据核字（2014）第246295号

出 品 人：王维良
出版发行：北方联合出版传媒（集团）股份有限公司
　　　　　万卷出版公司
　　　　　（地址：沈阳市和平区十一纬路25号　邮编：110003）
印 刷 者：辽宁新华印务有限公司
经 销 者：全国新华书店
幅面尺寸：170mm × 240mm
字　　数：420千字
印　　张：22
出版时间：2015年2月第1版
印刷时间：2021年9月第2次印刷
责任编辑：高　爽
责任校对：高　辉
装帧设计：范　娇
ISBN 978-7-5470-3393-7
定　　价：58.00元

联系电话：024-23284090
邮购热线：024-23284050
传　　真：024-23284521

争鸣是诸子百家

品读卷

引用卷

卷十四 尽心下

争鸣是诸子百家

——毛泽东谈春秋战国"百家争鸣"与先秦子学

放眼三千年思想文化波澜壮阔的历史长河，毛泽东特别钟情于春秋战国之时诸子百家自由讨论热烈争鸣所涌起的波光浪彩……

先秦诸子是春秋战国时代思想界"百家争鸣"的主体，"百家争鸣"是先秦诸子创立和传播学说的广阔平台。

儒家、道家、墨家、法家、兵家、农家、名家、杂家、阴阳家、纵横家、小说家，《论语》《孟子》《老子》《庄子》《列子》《孙子兵法》《墨子》《管子》《商君书》《鬼谷子》《荀子》《韩非子》《吕氏春秋》……先秦子学开辟了中国思想文化史上的"黄金时代"。

先秦子学在年深日久的流传中，渐渐形成了中华民族根深蒂固、约定俗成的文化心理。

哲人常讲：儒家拿得起，道家放得下，墨家挺得住，法家做得彻，兵家干得成！

人们常说：入世则孔孟，出世则老庄；儒家重修身，道家讲炼养；儒家治世，道家济世……

一生中从先秦子学中不断汲取精神营养的毛泽东，评论"百家争鸣"和先秦子学也是他口中笔下的经常话题。

春秋战国时代"百家争鸣"

两千四百余年前"百家争鸣"的学术运动与新中国成立之初制定的"百家

争鸣"学术方针，有一种血缘式的内在联系。

1956 年夏初，中共中央提出"百花齐放，百家争鸣"（史称"双百"方针）这一繁荣和发展我国文化和科学事业的基本方针，这个方针所以能够提出，其前提包括总结了春秋战国时代诸子百家学术争鸣的历史经验。

"双百"方针的提出有个历史过程。

1951 年，毛泽东为中国戏曲研究院成立题词"百花齐放，推陈出新"。

1953 年，毛泽东提出，历史研究工作的方针是"百家争鸣"。

1956 年 4 月 25 日至 28 日，中共中央召开了有省、市、自治区党委书记参加的政治局扩大会议。4 月 28 日，毛泽东在会议上做总结讲话，正式提出把"百花齐放，百家争鸣"作为繁荣和发展我国文化和科学事业的一项基本方针。他讲道：

> 百花齐放、百家争鸣问题。艺术问题上的百花齐放，学术问题上的百家争鸣，我看应该成为我们的方针。……"百家争鸣"，这是两千年以前就有的事，春秋战国时代，百家争鸣。讲学术，这种学术也可以讲，那种学术也可以讲，不要拿一种学术压倒一切。你讲的如果是真理，信的人势必就会越来越多。（《毛泽东文艺论集》，中央文献出版社 2002 年版，第 143 页）

5 月 2 日，毛泽东在最高国务会议第七次会议总结讲话中又说：

> 在艺术方面的百花齐放的方针，学术方面的百家争鸣的方针，是有必要的。这个问题曾经谈过。百花齐放是文艺界提出的，后来有人要我写几个字，我就写了"百花齐放，推陈出新"。……百家争鸣，是说春秋战国时代，两千年以前那个时候，有许多学派，诸子百家，大家自由争论。现在我们也需要这个。（《毛泽东文艺论集》，中央文献出版社 2002 年版，第 144 页）

作为提出"双百"方针，尤其是提出"百家争鸣"的历史借鉴，毛泽东在五天的两次讲话中，都特别提到春秋战国时代的诸子百家的学术争鸣，这是为"百家争鸣"方针的提出寻求历史根据。换句话说，春秋战国时代先秦诸子的"百家争鸣"的学术活动，为当今提出"百家争鸣"方针的正确性提供了历史佐证。

毛泽东谈历史上的"百家争鸣"，讲清了三方面内容：

一、"百家争鸣"发生在春秋战国时代

这是两千年以前就有的事情。关于"百家争鸣"发生的历史时期和社会背景，有两种提法：一种说发生在春秋战国时代，一种说发生在战国初期到西汉中期汉武帝时。这两种提法，只是后一种说法比前一种说法在时间上后延了八十年（秦统一到汉武帝继位，前221—前140），"百家争鸣"结束于秦焚书坑儒，还是结束于汉"独尊儒术"，二者并没有本质上的区别。笔者的意见是"百家争鸣"经历了三个阶段：

春秋末战国初为发轫期。随着老子、孔子、孙武子在此时期的出现，随着《老子》《论语》《孙子兵法》的编撰流行，儒家、道家、兵家开始创立成型，这一时期各家主要是创立学说，互相辩驳的情况并不明显。

战国之时为兴盛期。此期儒家的孔子诸弟子、子思、孟子和荀子，道家的庄子和列子，墨家的墨翟，法家的商鞅、申不害和韩非子，兵家的吴起、孙膑和尉缭子，以及名家、农家、杂家、阴阳家、小说家、纵横家的各类代表人物纷纷登场，各家争相授徒讲学，著书立说，辩驳攻讦，激浊扬清，高潮迭起，持续不断。秦、齐、楚等大国发动一统天下的争霸战争，使鬼谷子、苏秦、张仪、鲁仲连等纵横家登上历史舞台，纵横之术左右学术历史几十年。齐国"稷下学宫"的出现，使文化精英东移，会聚齐鲁，形成了"百家争鸣"的文化中心和鼎盛时期。

秦统一到西汉中期为衰落期。秦始皇焚书坑儒，儒家遭到重创，百家萧疏，法学独秀是凭借专制的力量而得以短暂的独尊。汉初与民休息，用黄老之术，实际上是道家崛起，成为学术领袖。汉武帝用董仲舒之策"罢黜百家，独尊儒术"，儒学独领风骚成为"在朝"学派，其他各家被打入冷宫成为"在野"学派。

春秋战国时代是中国历史上的重要过渡时期，由于封建主义经济和私有制的发展，复杂多变的政治斗争的演变，以及士阶层的形成，在思想文化战线出现了"诸子百家"和"百家争鸣"的灿烂时代。这个时期新旧阶级之间、各诸侯国之间、各阶层之间的斗争复杂而激烈，代表各阶层、各派政治力量的学者或思想家，都企图按照本阶层或本集团的利益和要求，对社会对万事万物做出解释或提出主张，于是出现了一个文化思想领域里的"百家争鸣"的局面。

二、"百家争鸣"有许多学派，史称"诸子百家"

参加"百家争鸣"的各种学派，史称"诸子百家"。其言"百家"，形容学派之多、著作之众，并非实数。"鸣"指有所抒发或表达。"争鸣"指自由论辩，各抒己见。"百家争鸣"指我国古代春秋末至西汉初儒、道、墨、法、兵、名、杂、农、阴阳、纵横等各家在政治上、学术上展开各种争论，形成诸子蜂起、学派并作、学术繁荣、自由论辩、相互争鸣的盛况和局面。

战国和秦汉时期的思想家评述过"百家争鸣"：

庄子探讨了诸子百家的成因和特点，有论述为："百家之学，时或称而道之。天下大乱，圣贤不明，道德不一，天下多得一察焉以自好。譬如耳目鼻口，皆有所明，不能相通，犹百家众技也，皆有所长，时有所用。"（《庄子·天下》）

荀子亦言："今诸侯异政，百家异说。"（《荀子·解蔽》）是说"百家异说"的出现，实则因为"诸侯异政"的现实需要。

庄子和荀子只说"百家"，并没有区分哪一家。《庄子·天下》和《荀子·非十二子》对其所论及的学派，都是只举人作为代表，而未标家名。若以后来所分家数核之，二者所论皆不外儒、道、墨、法、名五家。

直至西汉太史令司马谈在《论六家要旨》中，将百家概括为六家，即阴阳家、儒家、墨家、名家、法家、道家，并对各家学说之短长进行了剖析。（《史记·太史公自序》）

班固在《汉书·艺文志》中据刘歆《七略》，又将百家分为十家九流，除六家外，增加纵横家、杂家、农家、小说家。除小说家外实为九流。班固说："凡诸子百八十九家……皆起于王道既微，诸侯力政，时君世主，好恶殊方，是以九家之术蜂出并作，各引一端，崇其所善，以此驰说，取合诸侯。其言虽殊，辟犹水火，相灭亦相生也。"（《汉书·艺文志》）班固并就十家的起源及其学说的优劣短长问题进行了探讨。

诸子学说的主要代表人物有孔子、老子、墨子、庄子、孟子、宋钘、彭蒙、田骈、慎到、杨朱、孙武、孙膑、惠施、商鞅、兒说、许行、公孙衍、张仪、邹衍、韩非子、荀子等。

诸子履历，简述如下：

孔子（前551—前479），鲁国人，儒家创立者，春秋末期教育家、思想家。曾经周游列国，推行政治主张，不被接受。晚年归鲁，专门授徒讲学，整理典籍。他的主要思想是"仁者爱人"的学说，主张"重民""教民""富民"。在政治上，主张"为政以德"，以礼治国，维护君臣、上下、贫富之间的等级秩序。提倡"中庸之德"，认为不偏不倚、无过无不及是最好的道德和方法。一生"弟子三千，贤人七十二"。孔子及其弟子言论被门人后学编辑为《论语》。孔子逝世，儒家分为八派，有子张、子思、颜氏、孟氏、漆雕氏、仲良氏、孙氏、乐正氏之儒。

老子（约前580—约前500），姓李名耳，一说姓老氏，名聃。道家创始人。只当过周朝"守藏室之史"，孔子向他问过礼。他提出"道"的范畴，"道"是虚无，它产生天地万物。阐发了"反者道之动"和"贵柔守雌"的辩证法思想，蕴藏着无比精湛的智慧。政治上主张"无为"，憧憬"小国寡民"的理想社会。

其著作为《老子》。

孙武（约前 535—前 480），齐国人，兵家创立者，所著的《孙子兵法》十三篇，是我国最早的兵法。提出"兵者，国之大事""知彼知己者，百战不殆"（《孙子兵法》）等军事思想。曾参战西破强楚，北威齐晋，南服越人。

墨子（前 478—前 392），墨家创始人，鲁国人，出身于小生产者的士。他博通古书，创立墨家团体。有十大主张：兼爱、非攻、尚贤、尚同、节用、节葬、非乐、非命、天志、明鬼。中心思想是"兼爱"，主张"爱无差等"，不分轻重厚薄，一视同仁地爱人。兼爱还要利人，有力量帮助别人，有财物分给别人，有道德学说教化别人。墨子相信老天爷有意志（"天志"）和小鬼赏善罚恶（"明鬼"），这是墨子思想的局限性。其著作为《墨子》。

孙膑（约前 378—前 302），齐国著名军事家，是孙武的后裔，因受庞涓的忌害，被处以膑刑（去膝盖骨），故称孙膑。马陵之战，他协助田忌统率齐军，大败魏军。于是，庞涓自杀，太子申被俘，十万魏军被歼。1972 年 4 月，山东临沂银雀山出土的汉墓发现竹简本《孙膑兵法》。

孟子（约前 372—前 289），鲁国贵族孟孙氏的后裔，曾受业于孔子的孙子子思的门人，为战国时代儒家学派的代表人物。他的政治思想主要继承孔子的"仁"，并且在主张性善论的基础上，发展成为"仁政"学说。其具体内容就是要求当权者注意改善劳动者的生活处境，使"民有恒产"，即不失去土地，实际上就是要巩固耕织结合的小农经济。他的"仁政"学说以重民思想为基础，认为民、社稷、君三者相比，民最重要，因此他特别强调统治者得民心的重要性。他与万章之徒整理编辑成自己的著作《孟子》七篇。

庄子（约前 369—前 286），名周，道家思想的集大成者。提出"道"是"自本自根，未有天地。自古以固存"（《庄子·大宗师》）的精神本体。论证了万物齐一和区分事物不可能的相对主义认识论。主张"不谴是非，以与世俗处"（《庄子·天下》）的人生观。庄子传世著作为《庄子》一书。

杨朱（约前 395—前 335），魏国人。其学说的中心思想是"为我"，即"贵己"。《孟子·尽心上》说他"拔一毛而利天下，不为也"。《韩非子·显学》也说他"不以天下大利，易其胫一毛"。他重视生命，即"贵生"，要求适当地满足人的欲望要求，反对过分纵欲。认为"侵物"即掠夺别人的财物是下贱的事。

慎到（约前 395—前 315），赵国人，以区区布衣，在齐湣王时游说于齐之稷下，后世多道其学。（《史记·孟子荀卿列传》）在稷下学宫讲学时提出"以道变法"（《慎子》佚文）和"事断于法""势位足恃"（《韩非子·难势》）的思想，属法家重势派。慎子亦学黄老道德之术，曾发明序其指意，著十二论

（《史记》之《田敬仲完世家》《孟子荀卿列传》）。至其学术，则有属于道家者（《庄子·天下》），亦有属于法家者（《荀子》之《非十二子》《解蔽》）。

许行（约前390—前315），楚国人，是农家的代表人物。滕文公执政时，许行从楚国来到滕国居住，弟子有数十人，儒家门徒陈相及其弟陈辛弃儒拜许行为师。他们靠自己种地吃饭，打草鞋穿，织席子铺用，过着自食其力的生活。主张贤人应与农民共同耕种，解决吃饭问题。提倡人人平等劳动，物物等量交换，以实现其改革理想。

申不害（约前385—前337），郑国人，治黄老刑名之学。为韩昭侯之相十五年，"内修政教，外应诸侯"，致使七雄最弱者之韩，亦"国治兵强"，"终申子之身"而"无侵韩者"。（《史记·老庄申韩列传》）《史记》说他"著书二篇，号曰《申子》"。

惠施（约前370—前310），宋国人，名家的著名代表，曾任魏惠王相，博学善辩，学富五车，为庄子好友。他是名家的"合同异"派，论证"万物毕同毕异"，提出"至大无外，谓之大一；至小无内，谓之小一"。又引申出"泛爱万物，天地一体"的思想。（《庄子·天下》）

兒（倪）说，宋国人，是名家"白马非马"论的首倡者。曾在稷下学官以善辩知名，说他"善辩者也，操白马非马也，服稷下之辩者"（《韩非子·外储说左上》）。

田骈，战国时代齐国人。他本学黄老，借道明法，与慎到齐名。曾讲学稷下学官，雄于辩才。从彭蒙之师学到"贵齐"要领，主张"齐万物以为首"，认为万物的同一是首要的。认识到"万物皆有所可，有所不可"（《庄子·天下》）。要求人们放弃一切是非，摆脱各自的是非利害，回到"明分""立公"的自然之理，从"不齐"中实现"齐"。《汉书·艺文志》著录《田子》二十五篇，列入道家。已佚。

宋钘，宋国人。齐宣王时与尹文同游稷下学官，他认为"虚而无形"的是"道"（《管子·心术上》），它是宇宙的本体。提倡"见侮不辱""使人不斗""以禁攻寝兵为外，以情欲寡浅为内"（《庄子·天下》）。其思想主流，为道墨两家"忘我"精神的结合。他周游天下，上说下教，宣讲内容着重联系生活常情，使人们易于了解。《汉书·艺文志》著录《宋子》十八篇，早佚。

公孙衍，战国时代魏国人，纵横家中的合纵派代表，主张联合诸侯以抗秦。公元前333年，他赴秦游说，任大良造，后来张仪为大良造，于公元前323年返回魏国，魏惠王任为将，他联合赵、燕、韩、魏、中山五国互相为王，合纵抵抗齐、楚、秦。公元前319年，魏国驱逐张仪回秦，公孙衍为相。第二年，公孙衍联合赵、韩、燕、魏、楚，挂五国相印，推楚怀王为纵长，由三晋出兵攻秦，秦大败联军，合纵以失败而告终。

张仪（？—前310），魏国人，战国时代纵横家中的连横派代表，主张联合诸侯事秦。他游说入秦，秦惠王任为相。公元前322年他去魏劝说魏惠王实行联秦韩以攻齐楚的政策。当时惠施为魏相，主张联合齐楚抗秦。魏惠王听信了张仪的游说，罢惠施相，任张仪为相，这是连横说的胜利。秦要求魏事秦，魏不从，即出兵攻占曲沃、平周两地。秦的东进政策，使东方各国生畏，遭到了公孙衍的联合诸侯抗秦政策的排斥。公元前319年，魏驱逐张仪回秦，接受了公孙衍的合纵政策，说明连横又破产了。公元前313年，张仪入楚，收买了楚旧贵族，并以献出商於之地六百里为诱饵，使楚同齐断绝关系。楚怀王不听屈原的劝阻，遂与齐断交。当楚派人向秦索地时，张仪以六里相许为由，拒不承认六百里，公元前312年，楚发兵攻秦，遭到了失败。

鲁仲连，战国时代齐国人。常为人排难解纷，不受酬报。长平战后，秦军围赵邯郸，魏使游士新垣衍间道入城，劝赵尊秦为帝，以纾急患。鲁仲连面折辩者，反复诘难，坚持义不帝秦，稳定了士气民心。平原君要封他，他再三不受。后田单反攻聊城，燕将死守不下。他写信给守将，晓以利害，使城不战而下。田单欲赏以爵位，他逃隐海上。《汉书·艺文志》著录《鲁仲连子》十四篇，今佚，清人有辑本。

邹衍（约前324—前250），齐国人，战国后期阴阳家的代表，是稷下学宫的辩者。公元前257年，齐王派他使赵与公孙龙辩论。他善谈天，齐人称他"谈天衍"。提出"五行相生""五行相胜"说，以及"五德终始"的历史观。

荀子（约前325—前235），名卿，赵国人，十五岁到稷下学习，齐襄王在位（前283—前265）时，荀子第二次回到齐国，"荀卿最为老师"，他三次被推为德高望重的"祭酒"。他提出"天人相分"和"制天命而用之"的天道观，"知道察，知道行"和"虚壹而静"的认识论，"制名以指实"的名实论，主张"性恶"的人性论，阐发了"隆礼至法"的政治论，还写下了音乐理论《乐论》。他是战国末期著名的儒家大师和先秦思想的批判总结者。

韩非子（约前280—约前233），原是韩国公族，战国末期思想家，法家代表人物。一生不得志，然其学说，"切事情，明是非"（《史记·老子韩非列传》），"采其意而校其事，持久历远遏奸劝善，韩氏未必非，孔氏未必得也"（《孔丛子·韩非非圣人辨》）。故谋杀韩非之李斯亦不得不称其言为"圣人之论""圣人之术"（《史记·李斯列传》）。法家之理论、实绩卓著，不仅促成强秦之一统，且亦支撑我国封建帝制达两千余年。

三、"百家争鸣"是说大家自由争论

先秦诸子的"百家争鸣",主要围绕"古今""礼法"之争和"天人""名实"之辩展开,内容涉及政治、经济、军事、伦理道德以及哲学本体论、认识论、逻辑学等各个领域。

战国早期法家商鞅就反对儒家《诗》《书》《礼》《乐》文化。商鞅反对儒书与儒术是很突出的。《韩非子·和氏》说:"商鞅教孝公……燔《诗》《书》而明法令。"显然,商鞅变法时就烧过《诗》《书》。至于反对儒书与儒术的实例,《商君书》中不胜枚举。如《商君书·农战》说:"农战之民千人,而有《诗》《书》辩慧者一人焉,千人者皆怠于农战矣。""虽有《诗》《书》,乡一束,家一员,犹无益于治也。"这是说儒家的《诗经》和《书经》都有害于重农、重战两个政策,不利于法治。《诗》《书》《礼》《乐》,都是儒家的教材。商鞅为了贯彻他的农战政策,决意反对这些。战国末期法家韩非子也反对儒书儒术。《韩非子·五蠹》说"明主之国,无书简之文,以法为教;无先王之语,以吏为师",正是继承商鞅反对儒书儒术的主张。

法家以儒家为对手,道家也是如此。《史记·老子韩非列传》载:"世之学老子者则绌儒学,儒学亦绌老子。'道不同不相为谋',岂谓是邪?"道家书《庄子·杂篇》有庄子后学所作《盗跖》一文,专攻儒家鼻祖孔子。这则寓言故事是以义军的领袖盗跖与孔子的对话为纲目,在往返对话中,盗跖慷慨陈词,痛斥孔子的虚伪和尧、舜、汤、武的罪行,其主旨则在于抨击儒家所推崇的古代圣贤的作为,批评儒家提倡的礼教规范,讽刺世俗儒士对荣华富贵的追逐,反衬道家尊重人的自然本性,提倡顺天之理、轻利全生思想的正确性。

墨家与儒家争鸣毫不含糊,痛快亮出旗帜,《墨子》中设《非儒》上下篇。墨子借晏婴丑诋孔子的话说:"孔某深虑同谋以奉贼,劳思尽知以行邪。劝下乱上,教臣杀君。"又说:"孔丘盛容修饰以蛊世,弦歌鼓舞以聚徒,繁登降之礼以示仪,务趋翔之节以观众。博学不可使议世,劳思不可以补民。"由于儒者"繁饰礼乐以淫人,久丧伪哀以谩亲,立命缓贫而高浩居,倍本弃事而安怠傲;贪于饮食,惰于作务",就会不可回避地"陷于饥寒,危于冻馁"(《墨子·非儒下》)。因此,"儒之道足以丧天下"(《墨子·公孟》)。

战国中后期,齐国的稷下学宫是"百家争鸣"的重要场所,都城临淄成为学术中心。由于齐国经济发达,政治开明,以及拥有良好的文化政策,齐国君王给予士人优厚的物质待遇,吸引了当时几乎所有的著名学派代表人物汇集稷下。齐国稷下学宫的建立,又为"百家争鸣"繁荣文化创造了有利的客观条件。稷下学宫创建于齐威王(前356—前321)初年,学宫规模宏大,"为开第康庄

之衢，高门大屋"，天下贤士荟萃于此。(《史记·孟子荀卿列传》) 到齐宣王时，"喜文学游说之士，自如邹衍、淳于髡、田骈、接予、慎到、环渊之徒七十六人，皆赐列第，为上大夫，不治而议论，是以齐稷下学士复盛，且数百千人"(《史记·田敬仲完世家》)。到齐湣王、齐襄王时期，荀况"三为祭酒"，"最为老师"。学宫之终结，大约在齐王建时期，前后绵延近150年，最盛时竟聚集数千人。

稷下学宫广招人才，各家各派兼收并蓄。战国诸子之主要学派都有重要代表人物出入学宫。如儒家前有孟轲，后有荀卿，另有颜斶、王斗、田过、公孙固等；道家及黄老学派有环渊、接予、季真、慎到、田骈、彭蒙等；墨家有宋钘、告子等；名家有尹文、田巴、兒说等；慎到、田骈等亦属法家，或称道法家；阴阳家有邹衍、邹奭；纵横家有淳于髡、鲁仲连等。

学宫诸子荟萃，各展其说，论辩自由。《史记正义》引《鲁连子》曰："齐辩士田巴，服狙丘，议稷下，毁五帝，罪三王，服五伯，离坚白，合同异，一日服千人。"此论辩之盛可以想见。而徐劫弟子、年仅十二岁的鲁仲连以田巴之言空洞无济于实事，斥之曰："先生之言有似枭鸣，出城而人恶之"，竟使田巴叹服而"终身不谈"。

孟子是天下知名的雄辩学者。齐威王、齐宣王在位时期，孟子两次入齐住十余年时间，在稷下学宫讲学，都曾受到重视，被授予"客卿"的礼遇。"百家争鸣"，孟子之所以好辩善辩，也是出于捍卫儒家学说的需要。孟子认识到"圣王不作，诸侯放恣，处士横议，杨朱、墨翟之言盈天下。天下之言不归杨，则归墨"，"杨墨之道不息，孔子之道不著"。杨朱和墨家学说的兴盛，严重威胁到儒学的命运和生存。孟子批判杨墨"为我"与"兼爱"的学说："杨氏为我，是无君也；墨氏兼爱，是无父也。无父无君，是禽兽也。"孟子拒杨墨，同时也批评其他学派的思想。他关于"性善论"的思想，许多就是在对告子"性恶论"思想的批评中阐明的。孟子批评兵家说："善战者服上刑。"(《孟子·离娄上》) 这显然是反对兵家重战、备战、善战学说以及法家"奖励军功"和农战政策，从而确立儒家非兵休战的思想。孟子批评农家许行"贤者与民并耕而食"的主张，鼓吹"劳心者治人，劳力者治于人；治于人者食人，治人者食于人"。(《孟子·滕文公上》) 说明社会发展必须有分工，治国者不能兼事生产，其思想反映了社会分工的现实。许行主张无分贵贱君民并耕的理想是好的，却不合乎当时社会发展的现实，只能流于空想。孟子在与不同意见的辩难中阐述自己的思想，他的批评争鸣可以看出当时的学术风气。

"百家争鸣"既表现为诸子的分歧，也表现为诸子的融合。"百家争鸣"的自由论辩所形成的学术思想发展的必然趋势，就是各家思想学说的相互汲取与融合。各家对于先秦的学术都有所损益，因而都有所创新，同时也有所继承。诸子百家互相发难批驳，欲证明对方错自己对，就要认真探明、辨清对方的弱点，以图击中要害；又要看准对方的长处，经过汲取加工，为己所用。因此，当时的思想界虽然分为各种学派，但又始终存在着"道为一体"的观念，走向融合。

战国晚期儒家代表荀况，长期熏陶于稷下学宫，其时社会发展明显趋向于政治统一的历史趋势，与稷下学宫各家思想相互撞击、汲取、交融的学术环境，在荀况的思想学说中留下深深的烙印。荀况并不偏激，他注意分析各家学说的短长，以儒家思想学说为主体，兼取道家、法家、名家之长，从而形成了独具特色的荀学思想体系。

墨子虽然尽力非儒，但墨儒毕竟有着大致相同的时代背景和同源共生的文化根基，这使两家在一些基本问题的看法上渐渐趋同。如墨子主张"兼爱""爱无差等"，并以之批判儒家的宗法道德观念。然而，在不少方面，墨家的价值取向几乎与儒家如出一辙，墨家把父慈子孝的伦理道德遭到破坏作为天下丧乱的原因。在《尚贤中》里，墨子认为："入则不孝慈父母，出则不长弟乡里，居处无节，出入无度，男女无别，使治官府则盗窃。"由此可以看出，墨家与儒家虽然对立，但他们仍有不少相通之处。

稷下学宫的各派学者利用齐国提供的良好环境与条件，潜心研讨，互相争鸣，取长补短，丰富和发展了各自学派的学说，促进了思想文化的大融合。这种融合在杂家著作《管子》中有充分体现。根据现有资料判断，《管子》中的某些篇章反映了管仲的事迹和思想。战国初年，"田氏代齐"，夺取了齐国政权，继承和发扬了管仲的思想，实行变法，形成了管仲学派。《管子》其书绝大部分是管仲学派的文集，也掺杂了其他稷下学者的论述。《管子》其书内容异常丰富，近人罗根泽《管子探源》说："《管子》……在先秦诸子，衰为巨帙，远非他书所及。《心术》《白心》诠释道体，老庄之书未能远过；《法法》《明法》究论法理，韩非《定法》《难势》未敢多让；《牧民》《形势》《正世》《治国》多政治之言；《轻重》诸篇又为理财之语；阴阳则有《宙合》《侈靡》《四时》《五行》；用兵则有《七法》《兵法》《制分》；地理则有《地员》；《弟子职》言礼；《水地》言医；其他诸篇亦皆率有孤诣。各家学说，保存最夥，诠发甚精，诚战国秦汉学术之宝藏也。"可以说，《管子》吸纳先秦诸子的精华，兼有道、法两家之长而无其短，又掺以儒、兵、农、阴阳各家学说，竟是中国历史上最早最大的杂家，任何一家的思想均不足以涵盖此书的丰富内容。任继愈认为，管仲学派是战国时代齐人继承和发展管仲的思想而形成的一个学派，它介乎儒家学派和法家学派二者之间，对宗法制采取半保留、半否定的态度，主张把宗法制和中央集权制有机地结合起来，把礼治和法治有机地结合起来，既强调以法律来加强王权，又重视用宗法道德来巩固封建统治。说到底，它是"百家争鸣""诸子融合"的产物。

"百家争鸣"是中国学术文化史上的"黄金时代"，反映了当时的社会矛盾和社会变革。这个时期的文化思想，奠定了整个封建时代文化的基础，对其后中国历史和文化的纵向延续和横向发展都产生了深远影响。

焚书坑儒挫折了"百家争鸣"的生动局面

毛泽东也分析过先秦诸子"百家争鸣"走向衰落的原因。

1958 年 11 月 20 日，毛泽东召集柯庆施、李井泉、王任重和陶鲁笳四人，到他在武汉东湖畔的住所开座谈会。

在这次座谈会上，毛泽东详细地谈了自己对商纣王、秦始皇、曹操这三位历史人物的评价。谈到秦始皇，毛泽东说：

> 人们从书中得知，秦始皇有焚书坑儒的恶行，因此把他看作是大暴君、大坏人。焚书坑儒当然是坏事，它把蓬蓬勃勃发展起来的百家争鸣的生动局面给挫折了。但我们对什么事都应当有分析，秦始皇并不是不问什么书都焚，也不是不问什么儒都坑。他焚的是"以古非今"的书，坑的是孟子一派的儒，其实只有460人。孟子主张"法先王"，所以孟子一派的书是"以古非今"的。而荀子一派则相反，主张"法后王"，推行法家一派的学说。秦始皇是主张"法后王"，反对"法先王"的。所以，他并不坑荀子一派的儒，也不焚荀子一派的书。秦始皇"以古非今者族"的主张值得赞赏，当然，我并不赞成秦始皇的滥杀人。当时，要由奴隶制国家转变为封建制国家，不实行专政是不行的。但对孟子一派采取焚书坑儒的办法，太过火了。政治上要实行专政，文化上要提倡百家争鸣、百花齐放，我们现在就是这样。这一条秦始皇是办不到的。（陶鲁笳：《毛主席教我们当省委书记》，中央文献出版社1996年版，第104页）

毛泽东此次谈话的主旨，是为秦始皇翻案，是为秦始皇焚书坑儒的恶行辩护。他认为秦始皇的焚书坑儒不是肆意妄为，而是有所限制：并不是不问什么书都焚，也不是不问什么儒都坑；焚的是"以古非今"的书，坑的是"法先王"孟子一派的儒；目的是维护中央集权的封建专制国家。这是毛泽东从政治上看问题的结论。

即使这样，毛泽东仍然深刻指出了焚书坑儒对"百家争鸣"的负面作用：

负面作用之一："焚书坑儒当然是坏事，它把蓬蓬勃勃发展起来的百家争鸣的生动局面给挫折了。"请注意，人们将焚书坑儒定位为"恶行"，毛泽东将其定位为"当然是坏事"。所谓焚书坑儒，是秦始皇统一六国后发生的两大事件，是秦始皇为巩固中央集权而实行的文化专制措施。"焚书"事件发生于秦始皇三十四年（前213）。始皇置酒咸阳宫，大宴群臣，儒学博士淳于越对于当面肉麻吹捧秦始皇的仆射周青臣不以为然，并就分封、郡县问题向秦始皇提出了不同意见。丞相李斯抓住淳于越主张"师古"的言论大做文章，指斥读书人"不师今而学古，以非当世，惑乱黔首"，如不加以严禁，必将使"主势降乎上，党与成乎下"（《史记·秦始皇本纪》），因此建议秦始皇下令焚书。秦始皇采纳了李斯提出的建议和办法，遂下令焚书：除《秦记》、医、农、卜筮之书外，凡六国史书、民间收藏的《诗》《书》、诸子等书籍，一律限期三十天内交官府烧掉，逾期不交者，黥为城旦。此后若再有"偶语《诗》《书》者"弃市，以古非今者灭族。严禁私学，有愿习法令者，以吏为师。"焚书"事件使儒生们大为不满，产生诽议。第二年，当秦始皇搜寻欺骗了他的方士侯生、卢生时，意外地发现咸阳的儒生对他进行所谓的"诽谤"，"或为妖言以乱黔首"。始皇大怒，"于是使御史悉案问诸生，诸生转相告引，乃自除。犯禁者四百六十余人，皆坑之咸阳"（《史记·秦始皇本纪》）。这就是历史上的"坑儒"事件。儒家、道家、兵家都是以对《诗》《书》《易》《礼》的文化反思来建构自己的思想体系，关东六国的士子大都在思想上反对暴秦，所以烧《诗》《书》、杀儒生的焚书坑儒事件，是以强权政治宣告文化上"百家争鸣"局面的被迫结束。毛泽东在"百家争鸣"前面加上"蓬蓬勃勃"的形容词，又指出焚书坑儒"挫折了"这个局面，可见内心里他对"百家争鸣"局面的夭折是多么惋惜。

负面作用之二："对孟子一派采取焚书坑儒的办法，太过火了。"毛泽东指出史实，秦始皇"焚的是'以古非今'的书，坑的是孟子一派的儒"。毛泽东说："不赞成秦始皇的滥杀人。"虽然秦始皇巩固刚刚建立起来的全国统一的、中央集权的封建国家，需要专制手段，但是毛泽东仍然认为，对以孟子为代表的儒生儒书采取焚书坑儒的办法是"太过火了"。从传统哲学上说是"过犹不及"；用现代语言说，这是谴责秦始皇文化政策太"左"，以消灭思想载体的办法实现思想一统,是不可取的危险的文化政策。

负面作用之三:"文化上要提倡百家争鸣,百花齐放","这一条秦始皇是办不到的"。毛泽东把政治问题与文化问题做了区分,他说,"政治上要实行专政,文化上要提倡百家争鸣、百花齐放,我们现在就是这样"。这是对比"我们"的政策与秦始皇的政策,指出其不同点。"百家争鸣",极权的、专制的秦始皇是不能办的,也是根本"办不到"的。

毛泽东这些批判是深刻有力的,点到了问题的实质。解读毛泽东谈论"百家争鸣"的思想观点时,在注意到毛泽东为秦始皇焚书坑儒辩护的一面时,千万不要忽略了毛泽东对焚书坑儒另一面的严厉谴责。毛泽东后一种思想更为重要,对今后的文化建设更有意义。历史现象是复杂的,毛泽东的思维是辩证的。我们不能把毛泽东对焚书坑儒的辩证性评论理解得片面了。

孔子是后来汉朝的董仲舒捧起来的

秦朝的焚书坑儒是极权专制文化政策的恶果。各地儒生并没有完全屈服于高压,采取各种办法暗中抵制。著名的"鲁壁藏书"事件是其典型代表。秦始皇下焚书令,追令天下交出儒家书籍,否则罹罪。孔子九世孙孔鲋将一些儒家书籍藏于室内壁中,然后持礼器投奔陈胜起义军,进行武装抗争。百余年后,西汉初封到曲阜的鲁恭王刘馀为了扩建宫室,在拆毁孔子旧宅时,发现这批古籍,被称作"古文经"。不久,王莽新政用它与西汉立于学官的"今文经"抗衡,推衍出古文经学。

焚书坑儒之时,朝廷内博士手中的诸子书并未焚掉。秦朝博士有七十人,其中既有"五经"博士,也有诸子传记以及方技数术博士。据《史记·秦始皇本纪》和《汉书·艺文志》所载,伏生为治《尚书》博士,黄疵为秦博士,则在名家,又有占梦博士。汉承秦制,初仍有博士七十人,但"备员弗用"。这个时期,文化政策还允许诸子百家之术存在,只是限制在朝廷博士圈子之内。私人授徒讲学,自由进行学术争鸣的局面已荡然无存。

真正使"百家争鸣"局面彻底消失的是汉武帝时期的"罢黜百家,独尊儒术"事件。

汉初推行"与民休息"的政策,社会经济得到恢复,出现了"文景之治",但同时社会矛盾已开始暴露,至武帝时不仅外部匈奴为患日趋严重,内部矛盾也更加激化,并不断发生农民起义。汉初"无为而治"的黄老思想已不能适应新形势的需要。

汉武帝即位，建元元年（前140）丞相卫绾奏："所举贤良，或治申、商、韩非、苏秦、张仪之言，乱国政，请皆罢。奏可。"（《史记·武帝本纪》）建元五年（前136）"置'五经'博士"。因窦太后好黄老言，受其干扰，当时未果。建元六年，窦太后卒。元光元年（前134），汉武帝就如何加强中央集权、巩固封建统治等治国大计，三次策问儒生董仲舒。董仲舒是《春秋》公羊派大师，今文经学创始人，他上"天人三策"，极力推荐《春秋》"大一统"的理论，指出："《春秋》大一统者，天地之常经，古今之通谊也。今师异道，人异论，百家殊方，指意不同，是以上无以持一统，法度数变，下不知所守。臣愚以为诸不在六艺之科孔子之术者，皆绝其道，勿使并进。邪辟之说灭息，然后统纪可一而法度可明，民知所从矣。"（《汉书·董仲舒传》）武帝采纳这一建议，罢黜百家博士，只立"五经"博士，从而确立了儒学和儒家经典的权威性的统治地位。而儒家以外的诸子学，由于无进身之路，日益衰微。《汉书·武帝纪赞》："罢黜百家，表章'六经'。"《汉书·董仲舒传》亦云："推明孔氏，抑黜百家。"从此儒家思想定于一尊。后世将汉武帝采纳董仲舒的建言实行这一文化政策概括为"罢黜百家，独尊儒术"。

"罢黜百家，独尊儒术"事件对于"百家争鸣"学术局面的最后摧毁，毛泽东似乎没有正面评论。但是，1954年到1958年他在评说"孔学"（儒学）的历史命运时，明确指出儒术独尊是董仲舒"捧起来的"：

> 对孔夫子，自董仲舒以来就说不得了，"非圣诬法，大乱之殃"。（《毛泽东文集》第六卷，人民出版社1999年版，第346—347页）

> 孔子是后来汉朝的董仲舒捧起来的，以后不大灵了。到了唐朝又好一点，特别是宋朝的朱熹以后，圣人就定了。到了明清两代才登上"大成至圣文宣王之位"。（许全兴：《为毛泽东辩护》，当代中国出版社1996年版，第335—336页）

毛泽东讲清了两点：董仲舒在"罢黜百家，独尊儒术"上起了重要作用；这种"儒术独尊"从汉朝延续到清代。

"百家争鸣"学术活动，肇始于春秋末期，衰落于西汉中期，经诸子创说、稷下学官、合纵连横、焚书坑儒、信奉黄老、独尊儒术等重大学术事件，前后历时三百余年（从孔子卒年即公元前479年到汉武帝元光元年即公元前134年）。其兴盛期约有二百年——以战国初庄周《庄子·天下》到战国末荀况《荀子·非十二子》所记载评述诸子学术活动和学术纷争为标志，是确确实实的诸子百家

"争鸣"期。

"百家争鸣"是辩证法

对春秋战国时代诸子蜂起、"百家争鸣"的学术局面，毛泽东是向往的。他曾经长期思考过这个中国思想史最为重大的学术运动，从中得出一个十分新鲜的结论：战国时代的"百家争鸣"，这是辩证法。

辩证法中的否定之否定规律，可以表达为肯定——否定——否定之否定（肯定）这样三段式表达事物发展过程的公式。毛泽东也喜欢用三段式来表达事物发展过程，如：团结——批评——团结；再如：平衡——不平衡——平衡。

1958 年 5 月 8 日，毛泽东在中共八大二次会议的讲话提纲中，正是用三段式表达事物发展过程公式，来肯定"百家争鸣"是充满辩证精神的学术运动。毛泽东写道：

先进的东方，落后的欧洲

十五年后走向反面，尾巴一定翘起来，如果不注意的话。不要紧，再来一个否定，又生动活泼了。

你看：希腊的辩证法—中世纪的形而上学—文艺复兴

你看：战国时代的百家争鸣—封建时代的形而上学—现代的辩证法

客观存在的，不是吗？

设置对立面，十分必要

如何设置？客观存在的（《建国以来毛泽东文稿》第七册，中央文献出版社 1992 年版，第 195—196 页）

研究毛泽东的专家许全兴先生在《毛泽东晚年的理论与实践》一书中，引证了毛泽东这段讲话的记录稿：

事物总是要走向自己的反面。希腊辩证法，中世纪形而上学，文艺复兴。这是否定之否定。中国也是如此，战国时代的百家争鸣，这是辩证法，封建时代的经学——形而上学，现在又讲辩证法。（许全兴：《毛泽东晚年的理论与实践》，中国大百科全书出版社 1993 年版，第 353 页）

毛泽东在这里是用表达事物发展过程的三段式公式，来讲欧洲和中国两千四百余年的思想大趋势的特点。战国时代的"百家争鸣"，活跃着对立和对峙的各种学派，思想的长河波翻浪涌，辩驳争鸣精彩纷呈，充满学术生气和思想活力，在矛盾和碰撞中各家学派都得到了长足发展。所以，这个时期的思想界充满辩证精神。这是个需要大思想家并且产生了众多大思想家的时代，"百家争鸣"成了产生大思想家的平台和推动力。这个时期出现的众多学派学说，奠定了中华民族两三千年的思想理论基本框架，活力四射的时代也注定是魅力无穷的时代。

毛泽东把春秋战国时代的"百家争鸣"定位为"这是辩证法"，高屋建瓴，一语中的，把握住了这个时代思想文化发展的本质、内涵和特征。两千年整个封建时代，儒术独尊，经学称霸，一直是统治阶级的意识形态和主流文化，形成了一个自我发展、自我繁殖的封闭文化圈，减弱了、僵化了甚至丧失了儒家学派创立和兴盛时期所表现出的既独树一帜又兼收并蓄的创造性和开放性，体现的是形而上学文化模式。最终将自己退化为文化变革的冲击对象。这就是五四运动"反孔"的深层原因之一。

毛泽东这样分析、评价中国三千年的思想文化史，显然出于对学术自由的十分看重，是提出和推行"百家争鸣"学术发展方针的需要，也就是需要"现代的辩证法"。他的这种追求，发生很早，可以上溯到五四运动时期。1919 年 7 月 21 日，他在《健学会之成立及进行》一文中说：

> 自由讨论学术，很合思想自由、言论自由的原则。人类最可宝贵，最堪自乐的一点，即在于此。学术的研究，最忌演绎式的独断态度。中国什么"师严而后道尊"，"师说"，"道说"，"宗派"，都是害了"独断态度"的大病，都是思想界的强权，不可不竭力打破。像我们反对孔子，有很多别的理由。单就这独霸中国，使我们思想界不能自由，郁郁做二千年偶像的奴隶，也是不能不反对的。（《毛泽东早期文稿》，湖南出版社 1995 年第 2 版，第 368 页）

显然，毛泽东很早就已经发现儒术的"独霸中国"，没有学术自由，没有思想自由，没有学界内部的对垒冲突，争辩争鸣，就没有学术进步和思想进步，并终将导致民族文化的萎败倾向和国民心理的奴化痼习。所谓"演绎式的独断态度"，也就是思想文化领域的形而上学。因此，毛泽东十分赞赏和珍爱春秋战国时代的"百家争鸣"自由讨论的学术局面，并将它加以改造利用，制定了"百花齐放，百家争鸣"的"双百"方针，用以指导中国艺术和学术的发展。

二十二种子书与先秦子学中的"人民性"

毛泽东如此评价春秋战国时代的"百家争鸣"学术活动和文化现象，源于他从启蒙时代就开始了的对先秦诸子学说的学习和思考。

毛泽东最早阅读的先秦子书是儒家的《论语》和《孟子》。这个情况，毛泽东在延安时有回忆。

1936年10月，美国记者埃德加·斯诺到陕北采访，毛泽东一连几夜，叙述了他自幼年以来的半生经历。其中他说：

> 我八岁那年开始在本地一个小学里读书，一直在那里读到十三岁。清早和晚上我在地里劳动。白天我读儒家的《论语》等"四书"。（《毛泽东一九三六年同斯诺的谈话》，人民出版社1979年版，第5—6页）

"四书"包括《论语》《孟子》《大学》《中庸》。毛泽东少年时代读过的《论语》，现存下册，系宋朱熹所辑《论语集注》本，石刻线装，封面有毛泽东用毛笔书写的"论语下 咏芝"——"咏芝"是毛润之的另一种读音和写法。内容包括"《论语》卷之六至卷之十"。这半部《论语》现在收藏于韶山纪念馆。

少年毛泽东先后在韶山冲南岸、关公桥、桥头湾、钟家湾、井湾里、乌龟井、东茅塘七处私塾读书，上了六年学，他所读的主要是儒家经典——"四书五经"。对这六年的私塾读书经历，毛泽东后来形象地概括为"读了六年孔夫子"。他追忆道：

> 我过去读过孔夫子的书，读了"四书五经"，读了六年。背得，可是不懂。那时候很相信孔夫子，还写过文章。（1964年8月18日，毛泽东在北戴河《关于哲学问题的谈话》）

毛泽东读了六年私塾，读《论语》《孟子》《左传》这些书，背诵如流。后来他说起自己的幼年，学的是"子曰：学而时习之，不亦说乎"（《论语》首篇首句）这一套，这种学习的内容虽然陈旧了，但是对他识字学文化大有好处。

毛泽东探索先秦子学之路就是从韶山冲的私塾开始的，他最初读到的是儒家孔子、孟子两位大师的著作。

进入青年期，毛泽东有五年在湖南省立第一师范读书。此时，他已经能从研究国学的视角有计划地读先秦子书。1916 年 2 月 29 日，毛泽东致信同学萧子升谈"中国应读之书"。其信前半部分已亡佚，后半部分是：

> 右经之类十三种，史之类十六种，子之类二十二种，集之类二十六种，合七十有七种。据现在眼光观之，以为中国应读之书止乎此。苟有志于学问，此实为必读而不可缺……惟此种根本问题，不可以不研究。故书之以质左右，冀教其所未明，而削其所不当，则幸甚也。（《毛泽东早期文稿》，湖南出版社 1995 年第 2 版，第 37 页）

毛泽东选出应读书七十七种，可注意的是"子之类二十二种"。可惜的是，信的前半部分遗失了。从行文看，毛泽东在上引的信文前面，似开列了经、史、子、集七十七种书目，但现存手稿部分缺失，就不能下断语了。

尽管如此，我们的判断仍然可以找到依据。

我国古代子书创作第一个高峰期即在春秋战国"百家争鸣"时期。汉代史学家班固即在《汉书·艺文志》中设了《诸子略》《兵书略》等类目，著录当时诸子类著作情况。为了更好地提高研读实效，古代学者尝试在卷帙浩繁的子书中选编精华。清代光绪元年（1875）至光绪三年（1877），浙江书局分册辑刊而成的诸子丛书《二十二子》较有特色，也最为引人注意。《二十二子》所收子书具有较高的代表性。以中国古代哲学为主，兼及中国历史、文学、政治学、社会学、天文学、军事学、医学等。研读子书，应该从先秦子书入手，方能理清诸多学派的各自源头。《二十二子》所收先秦子书，如《老子》《庄子》《管子》《列子》《墨子》《荀子》《尸子》《孙子（兵法）》《晏子春秋》《吕氏春秋》《商君书》《韩非子》等，均为先秦诸子百家的代表作（《尸子》较弱一些）。儒家的代表人物孔子、孟子的《论语》和《孟子》，因为属于经学范围，《二十二子》丛书没有收入。但是，毛泽东所列书目有"经之类十三种"，"十三经"是个固化了的概念，其中必定包括《论语》和《孟子》。这样，毛泽东所列国学七十七种书目，先秦子书占十四种。这些著作奠定了中国古代思想文化的基本内容与主要范畴，可以大致了解我国子书开创期的主要线索及其发展脉络，有助于人们从较广的学术视野观察中国古代文化。

毛泽东与萧子升商讨"中国应读之书",其中"子之类二十二种"与《二十二子》仅仅是偶然巧合呢,还是毛泽东把《二十二子》作为了选书参考呢?看毛泽东从儒家《十三经》中确定"经之类十三种"的思路脉络,毛泽东极有可能受《二十二子》的启发,确定了"子之类二十二种"。《二十二子》风行于清末民初,正在湖南省立第一师范学校读书的毛泽东,很有可能在学校图书馆接触到这套丛书,作为自己选书的蓝本。

过了二十年,毛泽东已是政党领袖。此时,他从中国革命的实际需要出发,指出了要用马克思主义观点总结包括先秦子学在内的中国历史经验。1938年10月14日,在党的六届六中全会上,毛泽东郑重提出:

> 今天的中国是历史的中国的一个发展;我们是马克思主义的历史主义者,我们不应当割断历史。从孔夫子到孙中山,我们应当给以总结,承继这一份珍贵的遗产。这对于指导当前的伟大的运动,是有重要的帮助的。(《毛泽东选集》第二卷,人民出版社1991年第2版,第534页)

在这里,毛泽东把儒家的开山祖师孔夫子作为"历史的中国"的标志性人物,与近代伟大的资产阶级革命家孙中山相提并举,可见毛泽东对儒家学派、对先秦诸子在中国思想文化发展中的作用是十分看重的。中国的思想文化史,乃至中国的全部历史,不从孔夫子理起,不从先秦子学理起,是茫无头绪的,也说不清来龙去脉。毛泽东这个判断,是最有历史洞察力的。

正是在毛泽东这个指示的引导下,曾经在北平大学里开过先秦诸子课的陈伯达,于1939年春天,一连写了《老子的哲学》《孔子的哲学思想》《墨子哲学思想》等总结先秦诸子哲学思想的学术论文。毛泽东在审读这些文章时,写下六七千字的修改意见,对孔子和墨子哲学中不少具体观点做出了新颖独到的评论。指出孔子的功绩不只在教育普及一点,孔子在认识论与社会论上"有它的辩证法的许多因素,例如孔子对名与事、文与质、言与行等等关系的说明";指出墨子是"中国的赫拉克利特"(古希腊唯物主义哲学家),是"古代辩证唯物论大家"。(《毛泽东文集》第二卷,人民出版社1993年版,第156—165页)

此期前后,毛泽东又在下力气讨论先秦兵家代表人物孙武子的《孙子兵法》。那时他正在总结研究中央苏区反"围剿"革命战争和抗日战争的经验教训和战略问题。毛泽东多次写信给在西安做统一战线工作的叶剑英和刘鼎,要他们购买一批军事书籍来。1936年9月26日给刘鼎写信,告诉他:"不要买普通战术书，只要买战略书，买大兵团作战、战役学书。中国古时兵法书如《孙子》等也买一点。写信到南京国府路军学研究社，请他们代办。"（夏征难：《毛泽东与中外军事遗产》，大连出版社1997年版，第65页）同年10月22日，毛泽东又致信叶剑英、刘鼎："我们要的是战役指挥与战略的，请按此标准选买若干。买一部《孙子兵法》来。"（《毛泽东文集》第一卷，人民出版社1993年版，第453页）毛泽东在上述两封信中，都明确提到《孙子兵法》，从中反映出他对《孙子兵法》的重视之程度和要求之迫切。他认为《孙子兵法》是"战略书"，认为孙武子是"中国古代大军事学家"（《毛泽东选集》第一卷，人民出版社1991年第2版，第201页）。1938年5月26日至6月3日，毛泽东在延安抗日战争研究会上作《论持久战》的讲演，强调"知彼知己"对认识战争现象的重要，他说："孙子的规律，'知彼知己，百战不殆'，仍是科学的真理。"（《毛泽东选集》第二卷，人民出版社1991年第2版，第490页）

抗日战争初期，毛泽东对先秦子学的研究进入了一种新的境界。

毛泽东历来主张对历史遗产，对传统文化，要汲取精华，剔除糟粕。他自己也做这方面的工作，对先秦子学采取批判继承的态度。1958年他在审订中宣部部长陆定一的《教育必须与生产劳动相结合》一文时，加写了一段话，其中说道：

> 中国教育史有人民性的一面。孔子的有教无类，孟子的民贵君轻，荀子的人定胜天……诸人情况不同，许多人并无教育专著，然而上举那些，不能不影响对人民的教育，谈中国教育史，应当提到他们。（《毛泽东文艺论集》，中央文献出版社2002年版，第191页）

这里虽然是从教育史的层面切入，但是毛泽东事实上指出了儒家三位巨子即孔、孟、荀三人的学说中"有人民性的一面"，"影响对人民的教育"。我们所看重的不仅是毛泽东所举的例证，还有这个评价所包含的评价先秦子学的方法论意义：毛泽东所肯定的正是儒家三位巨子学说中的平民教育思想、民本思想和古代唯物论观点，这显然是儒家学派的思想精华。这种唯物史观的研究方法，完全适用于对先秦子学全部学派和全部著作的研究。

毛泽东是思想巨人，但是他很服膺先秦子学的博大精深，建构自己的思想体系时，常常将先秦子书带在身边，随时参考。1959年10月23日，毛泽东从北京出发到南方视察，外出前他列了一个很长的书单。在他指名要带走的书籍中，先秦诸子和涉及研究先秦子学的著作主要有：

《荀子》《韩非子》《论衡》《张氏全书》（张载），关于《老子》的书十几种。

标点本《史记》《资治通鉴》。

冯友兰：《中国哲学史》。

范文澜：《中国通史简编》。

吕振羽：《中国政治史》。

郭沫若：《十批判书》《青铜时代》《金文丛考》。（龚育之、逢先知、石仲泉著：《毛泽东的读书生活》，三联书店1986年版，第18—19页）

从这个书单摘要中可以看出，毛泽东所带的先秦子书，有儒家的《荀子》，有法家的《韩非子》，有道家的《老子》——而且有"十几种"之多。有司马迁的《史记》，有先秦诸子的传记和学术活动史料。

冯友兰、范文澜、吕振羽和郭沫若四人，或是哲学史家，或是政治史家，或是历史学家，都是现当代中国治史的顶级人物，他们的著作《中国哲学史》《中国通史简编》《中国政治史》《十批判书》等，大都对先秦诸子的学说做过系统的梳理和透彻的分析。这些史学哲学著作对晚年毛泽东的子学观影响甚大。

1959年12月10日至1960年2月9日，毛泽东着眼检讨我国和苏联在社会主义经济建设中的经验教训，先后在杭州、上海和广州，组织读书小组研读苏联《政治经济学（教科书）》（下册）第三版。在研读时的谈话中，毛泽东评价儒家鼻祖孔子："孔子也因为在许多国家受了挫折，才转过来决心搞学问。他团结了一批'失业者'，想到处出卖劳动力，可是人家不要，一直不得志，没有办法了，只好搜集民歌（《诗经》），整理史料（《春秋》）。"毛泽东评价法家政治家李斯说："李斯的《谏逐客书》，有很大的说服力，那时候各国内部的关系，看起来是领主和农奴的关系，每个家族都有自己的战车、武士，一个国家统一的程度很差。李斯是拥护秦始皇的，属于荀子一派的，主张法后王。"（《瞭望》1991年第35期，转引自盛巽昌等：《毛泽东这样学习历史，这样评点历史》，人民出版社2005年版，第234—235页）毛泽东引用《老子》中的名言"千里之行，始于足下"来说明社会主义的分配原则眼前利益要服从长远利益；引用《孟子·滕文公上》的名言"物之不齐，物之情也"来说明社会主义计划经济活动中平衡与不平衡的关系。这里涉及儒道法三家的老子、孔子、孟子、李斯和他们的著作（子书）。（《读苏联〈政治经济学教科书〉的谈话（节选）》，《毛泽东文集》第八卷，人民出版社1999年版，第136、119页）

法家厚今薄古，儒家厚古薄今

毛泽东晚年于十年内乱的"文革"中，对先秦子学，主要是对儒法两家的评价陷入一种极端：他从政治需要出发，在"文革"动乱难于掌控的情况下，又错误地发起了"评法批儒""批林批孔"运动，绝对肯定法家，绝对否定儒家，使其儒法观完全倾斜，脱离了学术轨道。

"文革"之初的毛泽东就开始否定孔子的"圣人"地位。1966年11月20日，毛泽东在会见参加武汉地区座谈会的曾思玉、王六生、刘建勋等人时说：

> 我劝同志们看看鲁迅的杂文。鲁迅是中国的第一个圣人。中国第一个圣人不是孔夫子，也不是我。我算贤人，是圣人的学生。(《毛泽东同参加武汉地区座谈会人员谈话记录》，逄先知、金冲及：《毛泽东传（1949—1976）》下卷，中央文献出版社2003年版，第1609页)

1968年10月13日，毛泽东在中共八届十二中全会开幕式上的讲话中，提到范文澜的《中国通史简编》和郭沫若的《十批判书》，就当代几位学者"崇儒反法"史学观点散论漫谈起来。毛泽东认为范文澜对儒家、法家都给予了地位：

> 范老基本上也是有点崇孔啰，因为你那个书上有孔夫子的像哪。……但是，在范老的书上，对于法家是给了地位的，就是申不害、韩非这一派，还有商鞅、李斯、荀卿传下来的。(许全兴：《毛泽东晚年的理论与实践》，中国大百科全书出版社1993年版，第450—451页)

这次谈话，只是随便提到先秦思想史儒法两家，毛泽东并未想号召人们去钻进故纸堆，研究老古董，展开批判。

但是，"九一三"林彪事件之后，出于"文革"形势难以掌控，毛泽东扬法批儒倾向急剧升温。1973年5月的一天，江青看望毛泽东，见毛泽东那里放着大字本的郭沫若《十批判书》。毛泽东给了江青一本，并说："我的目的是为了批判用的。"他还把自己写的一首诗念给江青听：

郭老从柳退，不及柳宗元；

名曰共产党，崇拜孔二先。（许全兴：《毛泽东晚年的理论与实践》，中国大百科全书出版社 1993 年版，第 448 页）

毛泽东的四句诗，批评郭沫若的《十批判书》崇儒抑法贬秦，肯定柳宗元的《封建论》赞郡县制废分封制。从思想史的角度说，毛泽东明确亮出了褒法贬儒的思想旗帜。

1973 年 5 月 20 日到 31 日，中共中央召开工作会议，主要议题是为召开中共十大做准备。在会上，毛泽东要求政治局的同志，当然也包括中央委员和候补委员在内，都要认真看书学习，不要光抓生产，还要注意路线、意识形态、上层建筑，要懂得历史，学点哲学，看些小说。5 月 25 日晚，毛泽东在中央政治局会议上讲话。他说：

郭老的《十批判书》有尊孔思想，要批判；但郭老功大过小，他在中国历史的分期上，为殷纣王、曹操翻案，为李白籍贯作考证，是有贡献的。对中国的历史要进行研究，从孔夫子到孙中山，从乌龟壳（甲骨文）到现在，都要进行研究、总结，要有知识。（《周恩来年谱(1949—1976)》（下卷），中央文献出版社 1997 年版，第 595 页）

此处，毛泽东一方面说要批判"尊孔思想"，另一方面又说"从孔夫子到孙中山，从乌龟壳（甲骨文）到现在，都要进行研究、总结"，这与 1938 年他在中共六届六次会议上的提议"从孔夫子到孙中山，我们应当给以总结，承继这一份珍贵的遗产"（见本节前面的述评），思想观点完全一致。

7 月 4 日，毛泽东在中南海游泳池住处召见了王洪文、张春桥两名"文革"新贵。毛泽东谈话中有一段说：

什么郭老、范老、任继愈、杨柳桥之类的争论。郭老又说孔子是奴隶主义的圣人。郭老在《十批判书》里头自称是人本主义，即人民本位主义。孔夫子也是人本主义，跟他一样。郭老不仅是尊孔，而且还反法，尊孔反法，国民党也是一样啊！林彪也是啊！（《毛泽东年谱（1949—1976）》第六卷，人民出版社 2013 年版，第 485 页）

毛泽东把"尊孔反法"与政治运作扭结到一起。8月5日，毛泽东召见江青，对她说：

> 历代政治家有成就的，在封建社会前期有建树的，都是法家。这些人都主张法治，犯了法就杀头，主张厚今薄古。儒家满口仁义道德，一肚子男盗女娼，都是主张厚古薄今的。（《毛泽东年谱（1949—1976）》第六卷，人民出版社2013年版，第490页）

这次谈话中，毛泽东的扬法贬儒已达极点。"九一三"事件中，林彪一伙攻击他是"当代的秦始皇"。对手的比附和攻击，激起了他的愤慨。这使他的评法批儒论始皇，不少为争辩与批驳的激愤之语，很难说是深思熟虑后的准绳之言。这些话语在1973年产生了令人遗憾的后果。

1974年1月18日，毛泽东批准下发了本年第一号中共中央文件，就是由江青直接指挥编辑的材料《林彪与孔孟之道》（之一）。中央通知说："林彪是一个地地道道的孔老二的信徒，他和历代行将灭亡的反动派一样，尊孔反法，攻击秦始皇，把孔孟之道作为阴谋篡党夺权、复辟资本主义的反动思想武器。"于是，一场比"评法批儒"更为荒谬的"批林批孔"运动在全国蔓延开来，这里的儒法之辩已经毫无学术味道。

从上述引语中可以看出，毛泽东"评法批儒"好强调儒家"法先王"，厚古薄今，复古倒退；法家"法后王"，厚今薄古，改革进步。这里藏着隐忧，即担心否定"文革"。当时的思维定式是：拥护维护"文革"的即是思想激进的左派，是革新派；抵制反对"文革"的即是观念保守的右派，是复辟派。这个评批目的，这个政治功利，这个价值取向，使"评法批儒"一开始就不是在争论学术是非，而是一种政治运作，是在较量政治短长。"四人帮"借题发挥的"影射史学"乘机甚嚣尘上。现在回头看，毛泽东晚年那一场评批运动虽然声势浩大，但是并未给毛泽东增加新的荣誉，实事求是地讲，那是他先秦子学品读史上的"滑铁卢"。

"文革"中带有浓烈政治色彩的"评法批儒""批林批孔"运动，不可能正确评价儒家、法家思想，不可能批判地继承儒法两家思想的精华，并给予其在我国思想文化史上弥足珍贵的一席之地。今天，它们的阴影早已渐去渐远。整体扫描毛泽东品读先秦子学的"全息"图像，仍然可以使我们在拂去灰尘后看到耀眼的光芒。

晚年毛泽东读先秦子书的情况，还有一种记载。毛泽东的图书管理员徐中远先生编制的《毛泽东晚年读过的新印大字线装书目录》，提供了较为全面的信息。从 1972 年 7 月 8 日到 1976 年 8 月 31 日，给毛泽东特别印制的大字本线装书，涉及先秦各家子书的有如下之著作：

道家有研究老子的著作：《老子简注》，高亨注译，1 册；《老子校诂》，马叙伦校，1 函 5 册。

儒家有批判孔孟的著作：《四书评》，（明）李贽著，1 函 4 册；《从银雀山竹简看秦始皇焚书》，卫今著，1 册；《鲁迅批判孔孟之道的言论摘录》，上、下册；《鲁迅批孔反儒文辑》，上、下册；《关于孔子杀少正卯问题》，赵纪彬著，1 函 5 册；《孔丘教育思想批判》，冯天瑜著，1 函 6 册；《批林批孔文章汇编》（一）（二），上、下册。与此相关的还有两种书籍，大约当时是供"批判参考"之用：《十批判书》，郭沫若著，1 函 8 册；《五四以来反动派、地主资产阶级学者尊孔复古言论辑录》，1 册。

法家有商鞅和韩非的著作：《商君书注释》，高亨注译，1 函 6 册；《商君书·更法》，（战国）商鞅著，1 册；《论商鞅的历史功绩》，陕西师大师生著，1 册；《论商鞅》，梁效著，1 册；《韩非子》，1 函 6 册；《韩非子·孤愤》，1 册。

兵家有孙武和孙膑的著作：《孙子兵法》，1 函 1 册；《孙膑兵法》，1 函 1 册；银雀山汉墓竹简（《孙子兵法》《孙膑兵法》），1 函 10 册。

杂家有吕不韦的著作：《吕氏春秋集释》，许维遹，1 函 10 册。（徐中远：《毛泽东晚年读过的新印大字线装书目录》，《毛泽东晚年读书纪实》，中央文献出版社 2012 年版，第 496—500 页）

这些特制的大字线装书，涉及先秦道、儒、法、兵、杂五家。其中没有印制儒家诸子的著作，只有研究或批判儒家（主要是孔子）的著作，研究的如郭沫若的《十批判书》，批判的如《孔丘教育思想批判》——这是"评法批儒""批林批孔"特殊政治生活衍生的畸形文化现象。其他四家则是原著或注释类、研究类的著作同时印制，供毛泽东和中央高层领导阅读使用。尽管其间抹上了政治运作色彩的阴影，从中我们还是可以看出毛泽东终身不忘地关注先秦子学的浓厚情趣。

毛泽东一生品读先秦子书的实践活动，构成了"毛泽东品先秦诸子"丛书写作的对象和材料。据初步梳理统计，毛泽东品评引用先秦诸子代表性著作数量相当可观：

儒家孔子的《论语》达 180 次，其中肯定性评价引用 160 次，否定批评性引用只有不到 16 次，还不到十分之一（毛泽东评论孔子生平数十次不在本书之列）。

儒家孟子生平事迹和《孟子》达 108 次，其中肯定性评价引用达 105 次，否定批评性引用只有 3 次。

儒家荀况生平事迹和《荀子》5 次。

道家老子生平事迹和《老子》达 55 次，其中肯定性评价引用 51 次，否定批评性引用只有 4 次。

道家庄子生平事迹和《庄子》达 50 次，其中肯定性评价引用 48 次，否定批评性引用只有 2 次。

道家列子著作《列子》达 18 次，全部是正面肯定性的。

墨家墨子生平事迹和《墨子》8 次，7 次是正面肯定性的。

兵家孙武子生平事迹和《孙子兵法》达 99 次（包括品评引用战国兵家、孙武后代孙膑生平事迹 7 次），其中肯定性评价引用 97 次，否定批评性引用只有 2 次。

法家商鞅生平事迹和《商君书》3 次。

法家申不害生平事迹 3 次。

法家韩非生平事迹和《韩非子》17 次。

法家李斯生平事迹和《谏逐客书》3 次。

杂家管仲生平事迹和《管子》11 次。

纵横家鬼谷子、苏秦、张仪、子贡、鲁仲连、叔孙通生平事迹 7 次。

毛泽东对先秦儒、道、兵、法、墨、杂、纵横家诸子代表性人物 20 人生平事迹和著作，品评引用共达 567 次之多。其中肯定性评价引用 539 次，否定批评性引用只有 28 次。

这组数据说明，毛泽东在品读先秦子学著作中，真正贯彻了汲取精华、剔除糟粕的批判继承性原则，做到了旧籍新解、古为今用。有人因为毛泽东在五四运动和"文革"中说过一些"批孔"的话，就判定毛泽东是全面"反孔派"；还有人因为毛泽东在著作和谈话中引用不少孔孟语录，就判定这是把马克思主义"儒家化"。其实，这两种说法都偏离了历史事实。如何继承传统文化遗产，如何借鉴旧时代思想家的思维成果，毛泽东可谓深思熟虑。他紧密联系中国革命和建设的实际，运用唯物史观，艰辛开拓，不懈努力，进行理论创立和文化整合，真正弘扬中华民族的优秀思想文化传统，使先秦子学得到现代阐释和现代转换，作为马克思主义中国化的养分和沃土，寻求到中国风格和中国气派。

品读卷

Mao Zedong Pin Mengzi

毛泽东品孟子

看到了孟子的出生地

（品读史之一）

司马迁作《史记》，他在《太史公自序》中说到为什么给孟子、荀况作传时，强调了这样的理由：

> 猎儒墨之遗文，明礼义之统纪，绝（魏）惠王之利端，列往世兴衰。作孟子荀卿列传第十四。

从这段高度概括浓缩的话来看，司马迁认为孟子是战国时代（与魏惠王同期）伟大的思想家，先秦儒家学派的重要代表人物，对思想文化建设贡献巨大。

长期以来，孟子被人们尊为"亚圣"。他对后世儒学，特别是对宋明理学有着深刻的影响，是中国思想史上重量级人物。

孟子，名轲，表字是什么，说法不一。《孔丛子》一书称字子车。晋人傅玄作《傅子》说他字子舆。古人很重视表字。然而，司马迁的《史记·孟子荀卿列传》里对孟子的字没记载。第一个为《孟子》作注的东汉人赵岐的《孟子题辞》也说得很清楚："孟子名轲，字则未闻也。"也有的史籍载，表字无传。看来，孟子表字，有待进一步考证。

孟子的生卒年，古今有多种推断。通行的说法大致有两种。一是《邹县志》的《孟子年表》，认为生于周烈王四年（公元前 372），死于周赧王二十六年（公元前 289），终年 84 岁。另一是钱穆的《先秦诸子系年》，则认为孟子约生于周安王十二年（公元前 390），卒于周赧王十年（公元前

305）。研读《孟子》七篇的人物和事迹，多与钱穆的说法相吻合。

孟子，战国时邹人。关于他的家世，后代知道得很少。他的父母，可信的记载不多。据《春秋演孔图》以及《阙里志》说，父亲名激，字公宜；母亲仉（音掌）氏。

相传孟子的先祖是春秋时鲁国的新兴贵族。鲁桓公后裔分化三大家族（即仲孙氏、叔孙氏、季孙氏），号称"三桓"，都曾以世卿身份长期执掌鲁国的政权。其中仲孙氏又名孟孙氏，孟子即孟孙氏的后代。其先祖墓地在鲁，他的母亲仉氏死后也葬于鲁。到战国中期，历经近一个半世纪的光阴，孟子出世时，家道已衰落了。可以说孟子是没落贵族的后裔。也可能正是由于这一原因，孟子的祖上从鲁国迁到邹国居住，故司马迁的《史记·孟子荀卿列传》和赵岐的《孟子题辞》都说："孟子，邹人也。"

邹为古国名，邹国是与鲁国邻近的一个小国，春秋时称邾国，位于现今的山东省邹县南。邹县离孔子故乡曲阜不远，所以孟子自己也曾说："近圣人之居若此其甚也。"（《孟子·尽心下》）距离圣人孔子居住的地方非常近。

孟子儿时的教育，是在家乡于母亲的督导下完成的。

孟子虽是贵族的后代，但其少时，家道早已中落。为《孟子》一书作注的汉代学者赵岐指出：孟子生有善质，早年丧父，"幼被（受）慈母三迁之教"。（《孟子题辞》）童年时代，孟轲的父亲就过早地去世了，留下孤儿寡母，相依为命。从此，生活与教养的重担，落到了母亲仉氏一人肩上。母亲对孟子期望很高，为培养孟子花了不少心血。

西汉末年，学者刘向在《列女传》里记有孟子在幼小时，孟母为了给儿子找一个良好的学习环境，曾三次搬迁。

孟子幼年时，他的家住在比较偏僻的城外乡下，"其舍近墓"，离坟地不远，出殡、送葬的人经常从他家门前经过。小小的孟轲常常可以看到落葬的仪式。孟子小时模仿能力强，和左邻右舍的孩子嬉游时，常做"为墓间之事"。（《列女传·母仪》篇）孟母看过很担心，认为这样长此以往，对孟子的健康成长不利，于是，迁居到城里的集市附近。

但是，集市商人迎来送往，叫卖声不绝于耳。孟轲又模仿商人，"为贾人炫卖之事"。孟母见此情景，觉得身居闹市也不利于孩子成长。于是决定再次搬家。经过一番选择，最后迁到城东的学宫之旁。

学宫内传来琅琅的读书声，深深地吸引了小小的孟轲，他时常跑到学宫门前张望。有时看到老师带领学生演习周礼，也让他十分羡慕。孟母说：

这才是我儿应该居住的地方。

耳濡目染，幼年的孟轲渐渐对礼产生了兴趣。孟轲长大些后，便进入这所学宫读书，开始学习《诗》《书》《礼》、射、御诸门功课。这就是有名的《孟母三迁》的故事。

西汉初学者韩婴的《韩诗外传》中记载孟母"断织""买东家豚肉"及"不敢去妇"的故事。其中"断杼教子"的故事说：孟子小时候不知努力学习，时常中断自己的学业。孟母为了教育他，有一次，竟一剪将自己织布机上的织线剪断了。孟子见此情景，惊呆了，忙问：为什么要断布？孟母教育他说：让你念书，获得知识，是为了使你成才，现在你光知贪玩而不思上进，就像我割断布机上的布一样，只能成为废物。这番话，对孟子触动很大。从此，孟子便埋头于诗书之中，一心发愤苦读。

严格的家庭教育，使孟子自幼便受到了儒家思想的熏陶。

1920 年 4 月 11 日，毛泽东离开北京前往上海。途经山东境内，曾中途下车，到曲阜拜谒了孔子的故里和坟茔，还看了孟子的出生地。虽然，这时他已经进一步接触了马克思主义，很想走俄国十月革命的道路。但是，这不影响他到山东去游览两位文化伟人生活的地方。他后来同美国记者斯诺谈到这次孔子、孟子故乡行，他说：

> 在前往南京的途中，我在曲阜停了一下，去看孔子的墓，我看到了孔子的弟子濯足的那条小溪和孔子幼年所住的小镇。在有历史意义的孔庙附近的一棵有名的树，相信是孔子栽种的，我也看到了。我还在孔子的一个著名弟子颜回住过的河边停留了一下，并且看到了孟子的出生地。（逢先知主编：《毛泽东年谱》上卷，人民出版社 1993 年版，第 57 页）

从毛泽东与斯诺的谈话中，可以看出他不是一般的参观旅游，而是带着倾慕之心，凭吊古代圣人孔子和孟子。他瞻仰邹县"孟子的出生地"，总是想了解孟子的生平事迹和他的著作学说吧。

品读卷

"四书五经"与《孟子》经

（品读史之二）

随着时光的流逝，孟子的知识也在不断增进。为了加深对儒学的理解，他决定离开学宫，直接向孔门求教。孟子在十五六岁时去了鲁国。"受业于子思的门人"（《史记·孟子荀卿列传》），即接受了子思弟子的教育，系统地学习《诗》《书》《礼》《乐》《易》《春秋》六经。

子思为一代大儒，孔子之孙。名叫孔伋，又名子思，已去世。如今他的学生在曲阜城南讲学，孟子登门拜访，便入子思一系的儒学之门，开始接受更系统的儒家教育。故后人以"思孟"并称，除这种师承关系外，从思想倾向看，孟子与子思确实有诸多的相近之处。

不过，孟子虽然受学于子思之门，但其志向并不仅仅是做子思的再传弟子，而是进一步上承孔子，他以自学的方式继承并发展了孔子思想。孟子对孔子推崇备至，在《孟子》一书中，引述和赞美孔子的言论几乎随处可见。他自己最大的愿望，是效法孔子。尽管由于时代的前后悬隔，孟子未能直接亲炙孔子，但却始终以孔子的"私淑"后学自居。孟子自己曾经说过："予未得为孔子徒也，予私淑诸人也。"（《孟子·离娄下》）

学业的长进，使孟子名声大震，他周游列国，聚众讲学，推行为政之道，讨论各种社会问题，并有了立功立言的观念。他一生著书七篇，编为《孟子》一书。

毛泽东何时开始读《孟子》一书呢？

他到孟子的出生地是在 1920 年，那时他已是 27 岁的年轻人。毛泽东读《孟子》一书，时间要比这早得多，要往前推 20 年。

早年，约 1900 年前后，毛泽东七八岁的时候，在湖南湘潭韶山冲附近南岸私塾接受启蒙教育时，开始读的是《三字经》，而后是《论语》《孟子》。后转到关公桥等私塾就读，继续攻读"四书五经"。少年毛泽东在韶山，先后念了六年私塾，后来他概括为"学了六年孔夫子"。

1964 年 8 月 18 日，毛泽东在北戴河关于哲学问题的讲话中，还追忆说：

我过去读过孔夫子的四书五经，背得，可是不懂。

所谓"四书"，是指《大学》《中庸》《论语》《孟子》；所谓"五经"，是指《诗经》《书经》《易经》《礼记》《春秋》。

1913 年夏，毛泽东考入湖南省立第四师范学校预科（翌年春并入湖南省立第一师范）。他在湖南长沙省立第一师范读书时的《讲堂录》中，曾记录有关《孟子》的话：

《孟子》经
睊睊胥谗，睊睊，侧目貌。
流连荒亡，从流下而忘反，谓之流；从流上而忘反，谓之连；从兽无厌，谓之荒；乐酒无厌，谓之亡。
苟，可也，苟矣富人。
思戢用光，思安集其人民，以光大其国家也。（《毛泽东早期文稿》，湖南出版社 1995 年第 2 版，第 604 页）

上述内容，见《孟子·梁惠王下》。

我国旧时书籍的四部分类法，即"经，史，子，集"。此处的"经"字，及《讲堂录》后面"子""集"字，明显表示毛泽东或其老师把《孟子》归入经类。

《孟子》一书，在汉代被认为是辅翼"经书"的"传"，和孔子的《论语》并列。至五代，后蜀主孟昶更下令将《易》《书》《诗》《仪礼》《周礼》《礼记》《公羊传》《穀梁传》《左传》《论语》《孟子》十一经书写刻石，这可能是《孟子》被列入"经书"的开始。

毛泽东在记录《孟子》原文的同时，还带有注释。如"睊睊胥谗"句，毛泽东注释，睊睊，侧目貌，即因愤恨而侧目相视的样子。

《讲堂录》是毛泽东在长沙求学期间的笔记，主要是国文和修身的听课笔记，也包括一些做人和治学的随感、读书札记，内容十分庞杂。这一部分，原件并没有标明具体时间，经考证，作于 1913 年 10 月至 12 月期间。

毛泽东还在《讲堂录》中记录了《孟子·梁惠王下》摘句并注：

> 干戈戚扬。戚，斧。扬，钺也。
> 残贼，贼仁者谓之贼，责义者谓之残。
> 镒，二十两也。
> 孟子对曰：取之而燕民悦，则取之。古之人有行之者，武王是也。取之而燕民不悦，则勿取。古之人有行之者，文王是也。
> 如水益深，如火益热，亦运而已矣。
> 曾子曰：戒之戒之！出乎尔者，反乎尔者也。
> 君子不以其所以养人者害人，二三子何患乎无君。（《毛泽东早期文稿》，湖南出版社 1995 年第 2 版，第 606 页）

这段摘录中，除"责义者谓之残"句中，"责"，《孟子》原文为"贼"。其他均与《孟子》原文相同。

由此可见，学生时代的毛泽东，就已经熟读"四书五经"，对《论语》《孟子》这些儒学经典，更是耳熟能详。以孔孟为代表的儒家思想，已深深地融入青少年毛泽东的血液中。从他后来在湖南省立第一师范时期留下的几篇著作来看，仍是言必称孔孟。如 1917 年 4 月发表在《新青年》刊物上的《体育之研究》一文，即征引"四书五经"达八九处之多。在《伦理学原理》一书写的批语，所运用的哲学范畴，如"良能""良知""尽心""知性"以及"养吾浩然之气"等大都出自《孟子》。尽管毛泽东对这些经书不感兴趣，但他能背诵如流，这使他受益匪浅，并使他对历史遗产产生了浓厚的兴趣，随着年龄的增长，这种兴趣有增无减，到老不衰。

作为一个马克思主义者，毛泽东总是努力把学习马克思主义理论同批判地继承中国文化遗产结合起来，而在中国文化遗产中，他所最熟悉的又莫过于孔孟之书。所以，他后来的著述，无论是延安时期的作品，还是晚年的即兴讲话，往往还是喜欢征引一些孔孟的话。对于孔子、孟子，不论是褒、是贬，是扬、是抑，这种对先贤的倾慕情结，都让他一生难以释怀。即便是日后成了创造性的马克思主义者，做了中华人民共和国的领袖，当他外出视察工作时，临近圣人的发祥地，也会情不自禁地驻足，迈进这昔日的邹鲁之地。

《孟子》七篇言王政之要

（品读史之三）

1913年，毛泽东在长沙读书时的《讲堂录》中，记录如下内容：

> 农事不理则不知稼穑之艰难，休其蚕织则不知衣服之所自。《豳风》陈王业之本，《七月》八章只曲详衣食二字。《孟子》七篇言王政之要，莫先于田里树畜。（《毛泽东早期文稿》，湖南出版社1995年第2版，第597页）

学生时代的毛泽东非常简明扼要地概括说："《孟子》七篇言王政之要，莫先于田里树畜。"如何理解这句话？

《孟子》七篇，指《孟子》一书的体例。司马迁在《史记·孟子荀卿列传》中，说孟子晚年，因年事已高，遂不再出游，与"万章之徒序《诗》《书》，述仲尼之意，作《孟子》七篇"。

但是，班固的《汉书·艺文志》却说是十一篇。为什么多出四篇，据东汉赵岐说，七篇之外，另有外书四篇，即《性善辩》《文说》《孝经》《为政》，而且认为这四篇是"后世依仿而托也"，是赝品，故不予注解，后因而亡佚。至于现在所传《孟子外书》四篇，梁启超早已指出，是明代人姚士舜伪撰，乃"伪中出伪"。

"言王政之要"，是说《孟子》一书的主要思想内容，谈的是"王政"，也就是"王道"和"仁政"。这是孟子思想的核心。然孟子仁政学说的首要问题，是讲田里树畜，即农业、林业和牧业。

孟子所说的"王道"，就是指"仁义""仁政"，这是他效法先王的中心内容。他认为，每个人都有不忍心干的事，把它扩大到应该做的事情上去，便是仁，每个人都有不肯干的事，把它扩大到使其肯干的事情上去，便是义。

孟子主张"王道"的同时，是反对"霸道"的。孟子所说的"霸道"，就是指为争私利而采取的恶劣残暴的手段，当时主要是指各诸侯国间的兼并战争。孟子提出了"保民而王"的口号，他认为统治者只有施仁政，除暴政，早点结束兼并战争，才能使百姓安居乐业，才能巩固统治者自己的王位，也才能统一天下。

可以看出，孟子以仁政为中心内容的王道，固然是要维护封建统治者的统治，同时也要实现"平天下""安百姓"的愿望。孟子在总结历史经验教训时说过，"尧舜之道，不以仁政，不能平治天下"（《孟子·离娄上》），就是有尧舜之道，如果不行仁政，也不能管理好天下。

《孟子》"言王政之要，莫先于田里树畜"。孟子提倡王道理想，也就是实行"仁政"主张。他认为首先要发展农业，重视农业生产，按时耕作，解决老百姓吃饭问题。同时，还应注意林业、渔业、畜牧业的发展，他认为不论是农、林、牧、副、渔，生产都必须适时，同时搞好，以收到最大的生产效益。

他曾经告诫国君和诸侯："易其田畴，薄其税敛，民可使富也。食之以食，用之以礼，财不可胜用也。"（《孟子·尽心上》）就是说，搞好耕种，减轻税收，可以使百姓富足。按时食用，依礼消费，那么，财物是用不尽的。老百姓吃穿不愁，人民安居乐业，只有做到"保民"才能坐稳王位，巩固国君的统治地位。

怎样发展农业？孟子提到一些最重要的措施：首先要给人民一定的"恒产"，恒产就是土地。孟子认为，要实行仁政，首先就必须由国家向老百姓提供一份赖以生存的、为生活所必需的产业作为物质基础。这是在齐宣王向他表示"愿夫子辅吾志，明以教我。我虽不敏，请尝试之"的情况下提出来的。齐宣王为孟子的仁政理论所打动，希望孟子辅佐他，实施一下仁政试试，孟子首先就提出了此说：

"无恒产而有恒心者，惟士为能。若民，则无恒产，因无恒心。苟无恒心，放辟邪侈，无不为已。及陷于罪，然后从而刑之，是罔民也。焉有仁人在位罔民而可为也？是故明君制民之产，必使仰足以事父母，俯足以畜妻子，乐岁终身饱，凶年免于死亡；然后驱而之善，故民之从之也轻。"（《孟

子·梁惠王上》)

百姓有了土地，生活就有了保证。好年成，可以生活得富裕些，歉收年，也不至于饿死。上可以赡养父母，下可以抚养子女。有了这样足以维持个人及家庭生活的"恒产"，人民就会安心在这里长期生活下去。这就是所谓有"恒产"，才有"恒心"。这样老百姓才能"驱而向善"，易于接受统治。

孟子还提出，有了生活保证以后，就要进行教育。"饱食暖衣，逸居而无教，则近于禽兽。"（《孟子·滕文公上》）富裕以后，如果不进行教育，人就会变得像禽兽一样，不懂礼义，缺乏道德。因此，孟子十分重视对人民进行伦理教育。

毛泽东在湖南一师读书时，对《论语》《孟子》等"四书五经"，已是非常熟悉了，如这里谈到的"《孟子》七篇言王政之要"，真是一语中的，指出了孟子仁政学说的核心问题。

孟子主张"法先王"

（品读史之四）

1958年11月20日，毛泽东召集柯庆施、李井泉、王任重和陶鲁笳四人，到他在武汉东湖畔的住所开座谈会。

在这次座谈会上，毛泽东详细地谈了自己对商纣王、秦始皇、曹操这三位历史人物的评价。

谈到秦始皇，毛泽东说：

人们从书中得知，秦始皇有焚书坑儒的恶行，因此把他看作是大暴君、大坏人。焚书坑儒当然是坏事，它把蓬蓬勃勃发展起来的百家争鸣的生动局面给挫折了。但我们对什么事都应当有分析，秦始皇并不是不问什么书都焚，也不是不问什么儒都坑。他焚的是"以古非今"的书，坑的是孟子一派的儒，其实只有460人。孟子主张"法先王"，所以孟子一派的书是"以古非今"的。而荀子一派则相反，主张"法后王"，推行法家一派的学说。秦始皇是主张"法后王"，反对"法先王"的。所以，他并不坑荀子一派的儒，也不焚荀子一派的书。秦始皇"以古非今者族"的主张值得赞赏，当然，我并不赞成秦始皇的滥杀人。当时，要由奴隶制国家转变为封建制国家，不实行专政是不行的。但对孟子一派采取焚书坑儒的办法，太过火了。政治上要实行专政，文化上要提倡百家争鸣、百花齐放，我们现在就是这样。这一条秦始皇是办不到的。（陶鲁笳：《毛主席教我们当省委书记》，中央文献

出版社 1996 年版，104 页）

1964 年 8 月 30 日，在一次谈话中说到黄河流域的水利建设时，毛泽东又发挥道：

> 齐桓公九合诸侯，订立五项条约，其中有水利一条，行不通。秦始皇统一中国，才行得通。秦始皇是个好皇帝，焚书坑儒，实际上坑了 460 人，是孟夫子那一派的。其实也没有坑光，叔孙通就没被杀么。孟夫子一派主张法先王，厚古薄今，反对秦始皇；我们有许多事情行不通，秦始皇那时也有许多事情行不通。（陈晋：《毛泽东之魂》，中央文献出版社 1997 年 9 月版，第 287 页）

这两次谈话，涉及内容广泛。这里我们只关注毛泽东对孟子的评价。两次谈话都认为孟子有"法先王"的思想和政治倾向。

"法先王"是厚古薄今的，"法后王"是厚今薄古的。毛泽东认为，"法先王"的是儒家，"法后王"的是法家。毛泽东所指的"法先王"还是"法后王"，其根本的区别在于是厚古薄今还是厚今薄古，也就是遵守祖宗成法还是创新变法。

儒家是崇奉先王之道的。孔子就"祖述尧舜，宪章文武"（《礼记·中庸》）。与孔子一样，孟子崇尚古圣先王，开口"言必称尧舜"（《孟子·滕文公上》），闭口必"法先王"。这体现了他的圣人历史观。

孟子所崇尚的古圣先王有：尧、舜、禹、稷、商汤王、周文王、周武王、周公等，在《孟子》一书中，赞扬古圣王的道德和功绩有很多处，其中以称道尧舜为最。"尧舜之道，不以仁政不能平治天下。"（《孟子·离娄上》）孟子之所以崇尚古圣先王，其目的是在道德上学习尧舜的高大德行；在政治上，效法尧舜实行仁政治民，两方面都以尧舜作为效法的榜样。

孟子一方面抬高了圣人的作用，另一方面又贬低人民群众的作用，说什么"行之而不著焉，习矣而不察焉，终身由之而不知道者，众也"（《孟子·尽心上》），认为众庶百姓，只知道去做而不明白做的道理，习惯于去做而不去考察它的所以然，一生都从这条道路走去，却不知道走的是什么道路。孟子的一褒一贬反映了他的英雄史观的唯心史观。

但是，他提出"法先王"是借古言今，而不是复古，他所说的"法先王"，是借用远古先王的典章制度来治理国家。所以，"法先王"是孟子仁政王道的思想根源。他以远古的尧、舜、禹、汤、文王、武王作为最高标准，劝告当时的国君效法，提醒当时的统治者要吸取商汤、武王与夏桀、殷纣正反两方面的历史经验教训。孟子总结历史的经验教训时说："桀纣之失天下也，失其民也；失其民者，失其心也。"（《孟子·离娄上》）

有一次，齐国的大夫陈贾来见孟子，提出这样一个问题："周公是怎样的人？"孟子回答说："古代的圣人。"

陈贾又问："他派管叔监督殷国，管叔却率领殷遗民造反，有这回事吗？"孟子明确回答说："有的。"

陈贾说："周公是早预见到管叔会造反，却偏要派他去的吗？"孟子纠正说："周公是不曾预见到的。"

"这样说来，圣人也会有过错吗？"陈贾提出这一尖锐的问题。

"周公是弟弟，管叔是哥哥，难道弟弟能疑心哥哥会造反吗？周公这种错误，难道不也是合乎情理的吗？而且，古代的君子，有了过错，随即改正；今天的君子，有了过错，竟将错就错。古代的君子，他的过错，好像日食月食一样，老百姓个个都看得到；当他改正的时候，个个都抬头望着。今天的君子，不仅将错就错，并且还编造一套假道理来为错误辩护。"孟子借古言今开导陈贾说。

孟子认为，治理国家不依据先王之道是极为笨拙的。孟子的"法先王"有积极的一面，只是把它作为推行仁政的号召力罢了，而不是复古。

应当说，孟子的政治主张有进步的积极的一面，但是不可否认，他也有因循守旧、墨守成规的一面。

战国时各诸侯国为了强盛，纷纷掀起变法。商鞅为秦变法，开阡陌，行法制，讲究用兵，讲究富国，使秦孝公称霸。而孟子游说列国诸侯时，则主张恢复井田制，大官有世代相传的田土。（《孟子·滕文公上》第五章）这就是把封建地主制退到封建领主制，不论井田制在滕国能不能实行，在当时各大国是不可能实行的。井田和商鞅的开阡陌正是针锋相对的。孟子在经济上提出的"井田制"，显然有保守色彩，未免迂阔。

孟子把孔子的仁学运用到政治生活中去，在政治上，提出"法先王"。齐宣王喜好"齐桓晋文之事"，期望富国强兵，在争战中获胜，进而由称霸走向图王。而孟子却要效法先王，大谈他的"仁政"主张。（《孟子·梁惠王上》）在"政事"方面，他严厉批评王公大臣，斥之为"污君""不肖者"，并且声言对无德之君可以"易位"，有时竟弄得齐宣王或"勃然变色"，或无言以对，只好"王顾左右而言他"。（《孟子·梁惠王下》）

孟子认为"仁者无敌"，还告诉梁惠王"王如施仁政于民……可使制梃以挞秦、楚之坚甲利兵矣"（《孟子·梁惠王上》第五章）。孟子重视民心，这是正确的。但战争时期，民心不是决定胜负的唯一因素。孟子所说的梃，即是木棒，用木棒和人多数众并着坚厚的盔甲、执锐利的戈矛的敌兵相战，除非敌兵倒戈，木棒是无战胜希望的。可见，孟子的木棒制胜，这种比喻恐怕连他自己都觉得可笑。

孟子主张"仁战"，反对不义的战争。齐将匡章领兵伐燕，五十天几乎灭亡燕国。（《孟子·梁惠王下》第十章）可是孟子却说"善战者服上刑"（《孟子·离娄上》第十四章）。"善战者"，指包括法家、兵家在内的诸侯发动兼并战争的人。因为他们"争地以战，杀人盈野；争城以战，杀人盈城"，因此他们应当受到最重的刑罚。

孟子接着说"连诸侯者次之，辟草莱、任土地者次之"。"连诸侯者"，指纵横家公孙衍、张仪而言。他们为当今诸侯"辟土地""求为之强战"，他们对诸侯发动兼并战争，起了助纣为虐的作用，孟子称他们是诸侯的"良臣"，"古之所谓民贼"，因此他们应当受到次一等的刑罚。"辟草莱，任土地"，朱熹注："辟，开垦也。任土地，谓分土授民，使任耕稼之责，如李悝尽地力、商鞅开阡陌之类也。"辟草莱，指开垦荒地；任土地，指分土授民，都是"尽地力"，乃是富国之道。不如此，不足以富国；不富国，不足以强兵。孟子却以为这些主张和措施虽然意在发展生产，但并不是为百姓着想，而是为了统治者的私利，所以持反对态度，甚至也认为是有罪的，当受再次一等的刑罚。这和当时情势不合，与诸侯所希望的恰恰相反。

由此可见，孟子"法先王"的一些政治、军事、经济主张是保守的，甚至是倒退的，至少是不合当时形势的。所以，毛泽东对孟子这种厚古薄今的主张，以历史唯物主义的观点，一针见血地指出孟子一派主张"法先王"是不对的。毛泽东认为儒家是"法先王"，都是主张厚古薄今的。

毛泽东还对儒家进行了区分。谈到过这样的意思：秦始皇用李斯，李斯是法家，是荀子的学生，荀子是儒家的左派。显然，毛泽东认为儒家中的右派是孔子、孟子。这种划分的依据在于是取法先王还是取法后王。

毛泽东对孟子的"法先王"持否定态度，这与他一生坚持革命而不保守、坚持向前看而不回头看、坚持理论创新而不思想守旧的政治思想立场有关。但是在今天，对孟子的"法先王"要做具体分析，不能一概而论。有时，孟子的"法先王"是看到了社会问题而找不到解决的办法，而回过头去向古人求法，这就易于厚古薄今，抱残守缺，实践上也是消极促退的；有时，孟子的"法先王"只是一种躯壳，一种形式，骨子里是着眼现实，是扫荡社会的腐败黑暗污泥浊水，有积极促进社会发展的作用。这两者有时搅和在一起，不细致区分往往不易识别。

滕文公请孟子讲学

（品读史之五）

孟子 30 岁左右时，学业有成，便效法孔子，在邹邑开始授业讲学，达十多年之久。据《孟子》一书记载，他授业弟子有名可查的如公孙丑、万章、公都子、乐正子等 13 人。弟子虽没有孔子那么多，但先后也有几百人。

孟子先后到过齐国、宋国、薛国、邹国、鲁国，然后到滕国。

孟子到滕国办学问政的史事，毛泽东很关注。于是有这样一场妙趣横生的对话：

1958 年 8 月，毛泽东乘坐专列到达山东兖州车站，在这里，他接见了济宁地区有关领导人。被接见的五位同志中，王吉德引起毛泽东的格外注目。原来，王吉德在田间同群众一块儿劳动，刚被省里的吉普车接来不久。毛泽东见他裤腿挽着，腿上还有泥点点，慈祥地说："不用问，你是个农民出身。"

毛泽东问："你是哪里人？"

王吉德回答："微山县南庄人。"

毛泽东又问："微山湖的鲤鱼是四个鼻孔，你知道不知道？"

王答："不知道。"

毛泽东笑了，赞誉："你这个人很实在，知之为知之，不知为不知。"毛泽东递给他一支烟问："你担任什么职务？

"我是滕县县委第一书记。"

毛泽东幽默地笑着说："噢！那你就是滕小国的国王了！"大

家被毛泽东的话语逗笑了。

接着毛泽东又问："滕小国在哪个地方？"

"在滕县县城西十几里的滕城村。"王吉德回答。

毛泽东又问："孟子在滕小国的古迹还有没有？"

"还有，滕城有文公台，县城内有铁牌坊。"

毛泽东说："铁牌坊与孟子无关系。滕文公请孟子来讲学，孟子馆于上宫嘛！上宫还有没有？"

"我不知道，没有注意过。"……

接着，毛泽东又说："当地方官，就应该了解地方的历史嘛！"

（山东省档案馆编：《毛泽东与山东》，中央文献出版社 2003 年版，第 84—85 页）

公元前 322 年，孟子到了滕国（今山东滕州西南），被待为上宾。住在"上宫"，即上等馆舍。滕文公对孟子的到来，非常重视。他不仅在生活上给孟子以优厚的礼遇，还亲聆教诲，专门向孟子请教三次。

第一次，滕文公问治国大事。孟子告诉他："民事不可缓也。"认为当务之急是关心老百姓的事情，使他们安居乐业。为此，首先要使民有恒心，必须制民恒产，即给人民一定量的土地，男耕女织，建立一种"出入相友，守望相助，疾病相扶持"（《孟子·滕文公上》）的社会关系。滕文公听了，十分赞赏。

第二次，滕文公问孟子：滕是一个小国，处在齐国和楚国的中间，是服侍齐国呢，还是服侍楚国呢？孟子回答说：这个问题不是我的能力所能解决的。如果一定要我谈谈，那就只有一个主意："凿斯池也，筑斯城也，与民守之，效死而民弗去，则是可为也。"（《孟子·梁惠王下》）深挖护城河，加固城墙，和老百姓共同守城，老百姓宁肯牺牲也不离开，那就有办法了。

第三次，滕文公派滕国大臣毕战去向孟子请教井田制问题。孟子说：你的君主准备实行仁政，选择你来问我，你一定要好好干！接着又指出，施行仁政，应当从划分整理田界开始。孟子一方面主张"制民之产"，即分给农民耕田，发展土地私有制，另一方面他又保留了"井田制"，以私田来养公田。

孟子在滕待有两年左右的光景，虽然受到滕文公的敬重，然而，滕国方圆不足五十里，又处于齐楚两个大国之间，处处受其威胁，尽管滕文公有心施仁政，但又不能不担心国家的安全，所以孟子的主张仍然难以实现。

这里不难看出，孟子的仁政理想与现实相脱节。孟子的儒学虽善，却不合时宜。

此时，梁（魏）惠王"卑礼厚币以招贤者"（《史记·魏世家》）。孟子听说后，公元前320年，由滕国去了梁（魏）国。

毛泽东所说"滕文公请孟子讲学"，即指公元前322—前320年，孟子游说滕国，客居上宫时，滕文公曾三次请教孟子事情。毛泽东对孟子到滕国的史实了解很细，他问"滕小国在哪个地方"，他又问"滕文公请孟轲讲学的遗迹上宫还有没有"，他要求地方官"就应该了解地方的历史"，可见在这方面他是带了头的。

孟轲好辩不得谓之佞

（品读史之六）

孟子的个性是什么？他的学生公都子反映外界人们都说孟子"好辩"（喜好争辩）。

青年毛泽东好学上进，较为赞赏孟子喜争好辩的辩士风格。

1915年7月，在湖南一师读书时，毛泽东给学友萧子升写信，信中说：

> 孟轲好辩，不得谓之佞；予贡存鲁、乱齐、破吴、强晋而霸越，不得谓之佞也。……苏张纵横，其舌未淑也，离朱巧察，其目不眯也。凡此用而弥盛者，所在多有，搅神之说，不足信矣。（《毛泽东早期文稿》，湖南出版社1995年第2版，第13页）

"孟轲好辩"语见《孟子·滕文公下》第九章：

> 公都子曰："外人皆称夫子好辩，敢问何也？"
> 孟子曰："予岂好辩哉？予不得已也。天下之生久矣，一治一乱。当尧之时，水逆行，泛滥于中国，蛇龙居之，民无所定。下者为巢，上者为营窟。《书》曰：'洚水警余。'洚水者，洪水也。使禹治之。禹掘地而注之海，驱蛇龙而放之菹。水由地中行，江、淮、河、汉是也。险阻既远，鸟兽之害人者消，然后人得平土而居之。
> "尧、舜既没，圣人之道衰，暴君代作。坏宫室以为污池，民

无所安息；弃田以为园囿，使民不得衣食。邪说暴行又作，园囿、污池、沛泽多而禽兽至。及纣之身，天下又大乱。周公相武王诛纣，伐奄三年讨其君，驱飞廉于海隅而戮之，灭国者五十，驱虎、豹、犀、象而远之，天下大悦。《书》曰：'丕显哉，文王谟！丕承者，武王烈！佑启我后人，咸以正无缺。'

"世道衰微，邪说暴行有作，臣弑其君者有之，子弑其父者有之。孔子惧，作《春秋》。《春秋》，天子之事也。是故孔子曰：'知我者其惟《春秋》乎！罪我者其惟《春秋》乎！'

"圣王不作，诸侯放恣，处士横议，杨朱、墨翟之言盈天下。天下之言不归杨，则归墨。杨氏为我，是无君也；墨氏兼爱，是无父也。无君无父，是禽兽也。公明仪曰：'庖有肥肉，厩有肥马；民有饥色，野有饿莩，此率兽而食人也。'杨墨之道不息，孔子之道不著，是邪说诬民，充塞仁义也。仁义充塞，则率兽食人，人将相食。吾为此惧，闲先圣之道，距杨墨，放淫辞，邪说者不得作。作于其心，害于其事；作于其事，害于其政。圣人复起，不易吾言矣。

"昔者禹抑洪水而天下平，周公兼夷狄，驱猛兽而百姓宁，孔子成《春秋》而乱臣贼子惧。《诗》云：'戎狄是膺，荆舒是惩，则莫我敢承。'无父无君，是周公所膺也。我亦欲正人心，息邪说，距诐行，放淫辞，以承三圣者，岂好辩哉？予不得已也。能言距杨墨者，圣人之徒也。"

本章主要是孟子议论，说他好辩的问题。作为一个儒家学说的传人、杰出的思想家，孟子要宣传自己的主张，因此也颇遭人们的非议。孟子在回答他的学生公都子的提问时回答了这个问题：他不是故意好辩，而是为了像大禹、周公、孔子一样，为了捍卫仁政的理想，为了造福于世人，而挺身好辩的。

春秋末年战国初年，墨家学派就已与儒家并称两大显学。由于儒、墨两家代表不同的阶级阶层利益，所以他们在许多问题的看法上存在着分歧。儒、墨两家的争论，在墨子死后，还一直继续着。正当儒、墨相争不可分割时，杨朱学派又异军突起，颇有影响，以至形成儒、墨、杨三家鼎立之势。

孟子一方面与墨家学派相争，一方面又与杨朱学派展开辩论。当时，孟子说："杨朱、墨翟之言盈（充满）天下。天下之言不归杨，则归墨。"（《孟子·滕文公下》）孟子又说："逃墨必归杨。"（《孟子·尽心下》）可见，在战国时代，杨、墨两大学派的思想具有巨大的影响。可以说是对儒家学说威胁最大的两个学派。此外，还有农家学派、名家学派、道家学派和法家学派等，都很活跃，跃跃欲试准备主宰学术界。

随着诸子的蜂起及百家争鸣的展开，儒家逐渐受到了各种学派的冲击，其显学地位开始受到挑战。面对百家争鸣对儒家的冲击和挑战，如何重振儒学？这便是孟子所面临的重要时代问题。

对于孟子的好辩，当时许多人不大理解，包括孟子的一些学生在内。一次，孟子的学生公都子问孟子："别人都说您喜欢辩论，是这么回事吗？"

对此，孟子做了一番解释。他说：我不是喜欢辩论，是不得已啊！自从尧舜死了以后，圣人之道逐渐衰落，太平之世遭到破坏，而荒谬的理论、残暴的行为相继而起，圣人的学说不能发扬。眼看着邪说横行，猖乱横生，我只好挺身而出了。

孟子接着说：自从尧、舜、孔子死了以后，天下再没有出现圣王，诸侯无所忌惮，一般士人也乱发议论，杨朱、墨翟的学说充满天下，于是所有的主张不属于杨朱派，便属于墨翟派。杨派主张个人第一，这便否定对君主的尽忠，就是目无君主，墨派主张天下同仁，不分亲疏，这便将否定对父亲的尽孝，就是目无父母。目无君主，目无父母，那就成了禽兽了。

在孟子看来，"杨墨之道不息，孔子之道不著，是邪说诬民，充塞仁义也"（《孟子·滕文公下》）。杨朱、墨翟的学说不消灭，孔子的仁道学说就无法发扬，从而造成邪说欺骗了百姓，而阻塞了仁义的道路。

孟子又说：仁义的道路被阻塞，就等于率领野兽来吃人，人与人互相残杀。我对此深为忧虑，要捍卫古代圣人之道，反对杨朱、墨子的学说，驳斥荒谬言论，使他们的邪说不得兴起。他们的邪说，不仅有害于事情，也有害于政治。

孟子又接着说：即使圣人再度兴起，也会同意我这番话的。像杨墨这样目无君主、目无父母的人，正是周公所要惩罚的。我也要端正人心，消灭邪说，反对偏激的行为，驳斥荒唐的言论，来继承大禹、周公和孔子三位圣人的事业，难道是喜欢辩论吗？我是不能不辩论的呀。

因此，孟子认为自己能够以言论反对杨朱、墨子，是上承周公、孔子之道，是"圣人之徒"的职责。

孟子的一生，确实为此做了不懈的努力。

墨家学派以"兼相爱""交相利"为基本主张，将原始的人道原则与现实的功利原则结合起来，从而既满足了人们对仁爱的渴求，又合乎人们求利的需要，在理论上颇具吸引力，其声势不弱于儒家。

墨家提倡兼爱，其"兼爱"的主要内容是不分人己、亲疏、厚薄，一视同仁。二是爱人和利人是结合在一起的。墨子认为，天下祸害的根源，在于"别"，即有等级差别。因此，他主张用"兼爱"来代替等级差别。

与墨家相反，孟子讲仁爱，是从自己的父母开始，然后爱百姓，以至于爱惜万物，是有先后顺序的；对于父母、百姓、万物，虽说都是爱，但有亲有疏、有厚有薄。

由此可见，孟子讲仁爱是有差等的，而墨家讲兼爱是无差等的，所以，二者是对立的。孟子对墨家的"兼爱"学说，极力反对，毫不妥协。认为墨翟兼爱，强调了人与人之间的平等爱，抹杀了孝亲的爱和仁民之爱的差别，他严厉痛斥墨家不分人己、亲疏、厚薄，一视同仁地爱人，并说"墨氏兼爱，是无父也，……是禽兽也"（《孟子·滕文公下》）。

杨朱，魏国人，是孟子同时代的人。杨朱的著作没有留传下来，只能从《孟子》《庄子》《韩非子》《列子·杨朱》等篇章中，窥见他的思想轮廓。

杨朱学派以利己为原则，突出了个体的权利意识，这在自我往往难以掌握自己命运的战乱之秋，也自有其打动人的地方。

那么，杨朱和孟子之间，是在哪些问题上展开对立的呢？杨朱思想的核心，是"贵生"。从"贵生"思想出发，引出"重己"，重视自己，也就是"为我"。这种"为我"的思想为孟子所反对。

"为我"乃轻物重生，从而导致无君论，取消忠义道德。用今天的话来说，杨朱的为我不为人，置他人的利益和国家的利益而不顾的思想，显然是错误而有害的。因此，遭到了孟子的驳斥。孟子认为，杨朱为我而不利天下，我是一切，指出："杨氏为我，是无君也。"（《孟子·滕文公下》）

孟子对杨、墨学说的批判指责，我们在肯定孟子富于"正义直指，举人之过"（《荀子·不苟》）的同时，还应指出，孟子有的议论，未免有夸大其词之嫌，有些是谩骂、人身攻击，这不利于"百家争鸣"。当然，孟子这样做，是为了维护儒家的学说，出于学派立场。

孟子善争好辩，还可以举两个例子：

第一个例子，是孟子与农家学者陈相的辩论。

孟子在滕国时，系统地推出了他的"仁政"主张，并教以"小国事大国"之道。听说滕国要实行仁政，农家的许行带着几十个信徒从楚国来到滕国，陈良的弟子陈相兄弟也从宋国赶到滕国来。许行主张君民并耕而食，反对不劳而获，主张实物交易，物品在数量上、重量上相等的，则价格相同。陈相兄弟很赞成许行的主张，"尽弃其学而学焉"（《孟子·滕文公上》）。陈相本是学儒学的人，到滕国见到农家许行非常高兴，完全抛弃儒学而拜许行为师，学习农家学说。

孟子与陈相进行辩论，针对许行农家学派的平均主义，"市贾（价）不贰"的主张，孟子强调"物之不齐"的必然性，驳斥许行之说。针对许行的"君民并耕"说，孟子坚持社会分工论，主张"劳心者治人，劳力者治于人"。（《孟子·滕文公上》）不赞成许行的观点，于是与陈相展开了层层辩驳。

孟子先问陈相：你的老师许行一定自己种庄稼养活自己了？

陈相回答：是的。

孟子又问：许行一定自己织布来做衣服了？

陈相答：不是，许行只穿粗布衣服。

孟子问：许行戴的帽子是自己织成的吗？

陈相回答：不是，是用粮食换来的。

孟子问：许行为什么不自己织呢？

陈相解释说：怕耽误庄稼活。

孟子进而问：许行做饭用的锅、耕地用的铁器也是自己造的吗？

陈相回答：不是，这些东西也是用粮食换来的。

孟子又问：许行为什么不亲自打铁，做成各种铁器呢？

陈相只好回答：耕地的人无法兼顾工匠的活。

孟子乘机反问：既然如此，国君难道能一方面耕种，一方面管理国家吗？

陈相无言以对。

孟子由此发了一大通议论，以论证劳心劳力分工的合理性。在这段对话中，知言与善辩完全融为一体；孟子既抓住了农家否定社会分工这一要害，犯颜诘问，步步进逼，又以强有力的逻辑使对方在理论上节节败退，难以招架。孟子之善辩，由此亦可见一斑。

第二个例子，是孟子与梁（魏）惠王的讨论。

战国时群雄角逐，孟子在魏国时，当梁（魏）惠王问他"天下怎样才能安定"时，孟子便回答：天下归于一统，便能安定。（《孟子·梁惠王上》）"如何才能完成天下的统一？"围绕这一时代问题，当时的诸子百家提出了不同的主张，其中的主要分歧存在于儒法之间。法家崇尚暴力，鼓吹耕战，与此相联系的则是"霸道"。作为儒家的传人，孟子对法家的霸道深感不满，并做了种种抨击。针对法家的唯利是图、唯力是求，孟子倡言仁义，以"王道"对抗"霸道"。在他看来，要使天下归于一统，根本的途径便是实行"王道"，而"王道"则具体体现于"仁义"和"仁政"。

从上面的论述中，可以看出孟子站在儒家的立场，对来自各方学派的进攻，逐一加以激烈的抨击和鞭挞。孟子的思想，也是在与这些对立学派的反复驳难、互相攻诘中阐发出来的。

总之，孟子"好辩"，并不是为了一己之私利，而是为了推行仁政，为了"正人心，息邪说，距诐行，放淫辞，以承三圣"（《孟子·滕文公下》）。这种历史责任感和忧国忧民之情，使得他的论辩带有一股凛然正气，他的对手，无论是杨、墨，还是万乘之尊的大国诸侯，在他面前，都不得不自觉理屈，居于下风。

孟子在其《孟子·滕文公下》中说，我不是喜欢好辩，是不得已啊！毛泽东对孟子的善辩，是给予了称赞和肯定的。他在致友人信中说："孟轲好辩，不得谓之佞。"佞，本义为能说会道，引申意为巧言谄媚。毛泽东肯定和称许了孟子的善辩。对《孟子》这部书他也很喜欢，从青年时代起，曾多次在自己的书信、文章和讲话中引用孟子的话，来说明现实问题和事理。

"好辩"是孟子的文化性格和学术品格，这不只是孟子个人的癖好，而是战国时代百家争鸣的学术风气和捍卫学术立场的自觉意识，以及承担文化使命的历史责任感使然。

孟轲"是纵横家"

（品读史之七）

　　20 世纪 60 年代初，毛泽东的老朋友、民主人士章士钊（1881—1973）赠送给毛泽东一部《智囊》（明人冯梦龙编撰）。毛泽东很喜欢这部书，也很认真地阅读，并在其中不少篇目内写下了批语。

　　《智囊》卷十九《语智部·辩才》有一条详叙了孔子的得意门生子贡的一次外交活动。

　　具体过程是：齐国将军田常企图在本国作乱，却害怕高氏、国氏等，为了加强自己的势力，便调部队去攻打鲁国。鲁国是孔子的故乡，孔子得知后，马上派弟子子贡去齐国说服田常。

　　子贡来到齐国，见田常后，说了一番道理：攻打弱小的鲁国即使胜了也不利于加强田常的势力，只有去攻打强盛的吴国又不能取胜时，才能孤立齐国君主，使自己独掌大权。于是田常答应子贡，攻鲁部队按兵不动，等子贡去说服吴王，让吴王救鲁伐齐，然后去迎战吴国。

　　子贡去南方见吴王，利用吴王称霸的野心，又说了一番救鲁伐齐有大利大名可图的道理，还诱惑道：若胜了齐国后乘势攻打晋国，吴国称霸便没有对手了。吴王听了心动，但表示先讨伐完了有图强报复之心的越国之后才动手。子贡又自告奋勇表示去说服越国派兵随吴王一同去打齐国，吴王答应了。

　　子贡去见越王，告诉他吴王担心越王报复要来讨伐越国，现在越国力量还小，为消除吴王的怀疑，必须派兵随吴王攻齐。如果攻齐失败，折损吴兵，有利于越国；如果胜了，再让晋国会同诸侯攻打驻齐的吴国精锐，越军也趁机攻打吴国本土，必胜无疑，越王赞赏不已。这样，吴国发动九郡兵力去讨伐齐国了。

子贡又到晋国，告诉晋国国君做好与吴国打仗的准备。吴军在打败了齐军后，果然又移兵攻打晋国军队，结果吴国军队大败。越王听到这个消息后，立刻渡江袭击吴国，杀了吴王夫差，三年后越国在东方称霸。

冯梦龙在《智囊》中叙述了这个"存鲁、乱齐、破吴、强晋、霸越"的成功的外交故事后，感慨道：子贡所为，"真是纵横之祖，全不似圣贤门风"。

毛泽东读《智囊》，对这段记述很有感触，在旁边批注：

> 什么圣贤门风，儒术伪耳。孟轲、韩非、叔孙通辈，都是纵横家。（《毛泽东读文史古籍批语集》，中央文献出版社1993年版，第65页）

这个批注，表明了毛泽东当时对儒家提倡的圣贤作风的看法和评价。所谓"儒术伪耳"，大概是指作为孔门高足的子贡，为了鲁国的利益，四处游说，挑拨离间，这本身就违反了乐道修身以维系周礼的儒家宗旨。

我们引证这条批语，关注点在毛泽东认为"孟轲……是纵横家"的结论。

所谓纵横家，指战国时以纵横捭阖之策游说诸侯，从事政治、外交活动的谋士，列为诸子百家之一。其主要代表人物是苏秦、张仪等。主要言论传于《战国策》《鬼谷子》。

战国"七雄"，这七个国家所处的地理位置有个特点：以函谷关（在今河南灵宝市东北）为界，西部关中有强秦，东部是其他六个国家。从北向南，燕、赵、韩、魏、齐、楚。六国地连南北，南北为纵，六国联合，成一条直线，共同反对西方的秦国，叫"合纵"。秦在西，向东扩张，拉拢六国中的亲秦派，对付其他各国，各个击破，东西为横，就叫"连横"。

因此，在这种形势下，两个阵营里就会出现智囊人物，出谋划策，游说于诸侯之间，玩弄谋略，凭借谋术，常常为了达到自己的政治目的而不择手段。苏秦搞"合纵"，是站在东方六国一面，主张搞统一战线，以对付强秦；张仪搞"连横"效力于秦国，千方百计要打乱六国联合的阵线，拉拢、离间六国关系，以求逐一吞并，扩大秦国的势力范围。

纵横即合纵连横。《韩非子》说："纵者，合众弱以攻一强也；横者，事一强以攻众弱也。"像苏秦、张仪等，他们或者主张"合纵"，或者主张"连横"，从事这种外交活动的谋士，被称为纵横家。

那么，为什么毛泽东称孟子是纵横家呢？

孟轲被后世儒家尊为"亚圣"，但他也曾游说于列国诸侯之间。韩非是荀子的学生，也跑到秦始皇那里出谋划策。叔孙通是秦末汉初的大儒，先为项羽部属，后归附刘邦，汉朝建立，他与儒生们共立朝仪。在毛泽东看来，这些人的所作所为，其实也是纵横家。

说孟子也是纵横家，即与孟子中年以后游说列国诸侯有关。孟子为了推行自己的政治主张，40多岁开始游说，在外奔波30多年。诸侯多有向他请教治国之道，或向他问政，或向他问礼，或向他问学，或向他问战事。

大约40多岁时，孟子离开家乡邹邑，"遂以儒道游于诸侯"。在《孟子》的许多章节里，都记载着孟子为了传布和捍卫儒家学说，实践自己的政治理想，曾先后到过齐、宋、邹、鲁、滕、梁（魏）等国。他行动起来，跟随的车子有几十辆，随从的弟子有几百人，从这一国吃到那一国，临别时还有很厚的馈赠。他虽然受到各国君主的礼遇和优待，但因当时诸侯国都致力于富国强兵，争取通过暴力的手段实现统一，因而贤士在当时不为统治者所重用，孟子的仁政学说被认为是"迂远而阔于事情"（《史记·孟子荀卿列传》），不合时宜而不被采纳，也就无法实现他的政治抱负。

孟子率领弟子首先慕名来到齐国。齐威王以善于纳谏闻名诸侯。孟子本想通过齐威王施展其"仁政"理想，但是不得其志，齐威王只封孟子为客卿。孟子第一次来齐国，住了三四年时间，由于齐威王一心想的是争霸中原，用武力统一天下，而孟子主张以德服人，实行仁政，所以孟子没有受到齐威王的重用。时逢稷下之学一度衰落，孟子认为在齐国无事可做，便离开了齐国到宋国。

公元前325年，孟子将近50岁了，他率领学生由宋国返回邹国家乡。

刚回到邹国，正赶上邹、鲁两国交战。邹穆公问政于孟子，说："这一次两国冲突，我的官吏牺牲了30多人，老百姓却没有一个为官吏去死难的。杀了他们吧，杀不了那么多；不杀吧，他们瞪着眼睛看着长官被杀却不去营救，实在可恨。您说，怎么办才好呢？"

孟子回答说："当灾荒年岁，你的百姓，年老体弱的弃尸于山沟荒野之中，年轻力壮的便四处逃荒，这样的人有千数了；而你的谷仓中却堆满了粮食，库房里却装满了财宝，这些情况，你的官吏却不来报告，这就是在上位的人不关心老百姓，并且还残害他们。曾子曾经说过：'提高警惕，提高警惕！你怎样去对待人家，人家将怎样回报你。'现在，你的百姓可得到报复的机会了。你不要责备他们吧！你如果实行仁政，你的百姓自然就会爱护他的上级，情愿为他们的长官牺牲了。"

由于孟子回答邹穆公的言语过于直率，引起了邹穆公的不高兴，便停止了对孟子师生的馈赠，因而使孟子绝粮。孟子师生生活无着，在邹国待不下去了。

约公元前323—前320年，孟子在滕国。孟子在滕国与滕文公三次讨论政事的史事，在前面《滕文公请孟轲讲学》一节已经讲到。

据《孟子》记载，公元前316年，燕王哙把王位让给了其相子之，两年后，燕国发生内乱，死者数万人，老百姓怨声载道。

齐国大臣沈同，以个人的身份私下问孟子是否可以伐燕，孟子说：可以。

于是，齐宣王派匡章伐燕，孟子却认为是以暴伐暴。（《孟子·公孙丑下》）齐军三十天内便攻下整个燕国。齐宣王想吞并它，征求孟子的意见，孟子答道："取之而燕民悦，则取之。"认为要视燕国百姓而定。

取燕后，不久，秦、赵、楚等国准备出兵伐齐，面临着诸侯干涉的威胁，齐宣王十分恐惧，忙问计于孟子怎么办。

孟子劝他赶快送回俘虏，速从燕国撤兵，协助燕国另立君主。（《孟子·梁惠王下》）

齐宣王居功自傲，拒不接受孟子的忠告，致使君臣之间矛盾越来越大。齐宣王为了缓和矛盾，准备召见孟子，孟子却称病不朝。齐王派人来问病，并派来了医生。孟仲子使人半路上阻拦孟子，劝他去朝见齐王，孟子却躲起来，到景丑家留宿。面对景丑的指责，他却答以"将大有为之君，必有所不召之臣"（《孟子·公孙丑下》），认为君主不能以爵位尊贵而轻慢臣下。

公元前312年，燕国臣民和诸侯的军队合力反叛，联合攻齐，齐军大败。齐宣王吞并燕国的计划彻底告败。为此，齐宣王自觉"甚惭于孟子"。齐臣陈贾在孟子前替齐王辩护，遭到了孟子的指责。

孟子以仁义之道向齐宣王进行了多次谆谆诱导，希望他回心转意接受自己的政治主张，实行仁政。然而，在伐燕的大事上，宣王没有亲自征求自己的意见；占领了燕国，孟子劝宣王改弦更张立即从燕国撤军，又是迟迟不行；有作为的君主，应当是以贤人为师，登门求教，而宣王仍然高坐朝中，派人召唤。孟子真是心灰意冷，希望破灭了，终于提出辞卿归邹的请求。

自此，孟子辞去了客卿官职，准备离齐返回家乡。齐宣王主动去见孟子，表示挽留，并打算在齐国都城临淄城中给他一幢房舍，予以万钟的厚禄。孟子不理睬齐王的"好意"，决计离齐。

在回邹国的途中，孟子心情非常复杂。他在齐国的西南边邑昼这个地方连住了三晚，希望齐宣王改变态度，亲自来昼挽留他。但齐宣王始终未来，他才在失望中离开了养育他十多年之久的第二故乡齐国。

纵横家虽然都有纵横捭阖参与时政的特点，孟子也曾周游各国，游说诸侯，但是孟子不是纵横家中的成功者，他一生的主要贡献还是在于推行儒家道统，是个"传教之人"，是位了不起的思想家。

孟子是"传教之人"

（品读史之八）

1913 年，毛泽东在湖南长沙第一师范读书时的《讲堂录》中写道：

> 有办事之人，有传教之人。前如诸葛武侯范希文，后如孔孟朱陆王阳明等是也。宋韩范并称，清曾左并称。然韩左办事之人也，范曾办事而兼传教之人也。（《毛泽东早期文稿》，湖南出版社1995 年第 2 版，第 591 页）

毛泽东或他的老师把古往今来的杰出者分为三大类别：

办事之人：如诸葛亮、范仲淹、韩琦、左宗棠。

传教之人：如孔子、孟子、朱熹、陆九渊、王阳明。

办事而兼传教之人：如范仲淹、曾国藩。

孟子被划入"传教之人"的范围。"传教之人"还有四位，为了解这一类人物的特点，可以先看他们简史。

孔子（前 551—前 479），鲁国人，春秋末期创立了儒家学说，弟子和门人编辑其语录成《论语》一书。孔子抱有安邦济世的志向，曾数度出仕，在受挫于鲁国之后，又带着弟子周游列国，为实现其政治理想颠簸奔走于诸侯之间。

朱熹（1130—1200），南宋理学家，被称为集理学之大成者，多有儒学著作，后人辑集有《朱子大全》《朱子语录》。北宋时理学兴起。理学的创始人是周敦颐、张载、程颢、程颐。周张二程都是依据孔孟的基本观点回应了道教、佛教二氏的挑战，为孔孟学说补充了本体论的基础，使儒学的理论体系趋于完整。南宋初年，朱熹集周张二程学说之大成。

陆九渊（1139—1193），南宋哲学家，宣扬简易的内心修养学说。陆九渊的所谓"心学"，就是把"心"作为世界的本体。他说："宇宙便是吾心，吾心即是宇宙。"（《杂说》）所以他提出"心即理"的命题。在陆九渊看来，人世间所有事物的道理无非是我心中的理的体现。

王阳明，即王守仁（1472—1528），明朝理学家，浙江余姚人，创立"心学"，有《王文成公全书》。王阳明提倡"致良知"和"知行合一"的心学，就是要把程颢、程颐和朱熹所说的"理"（封建伦理道德）说成是人心所固有的东西。由于王阳明的心学，基本上是发挥陆九渊的观点，所以二人又合称为陆、王学派。他们的观点与朱学形成对峙的形势。

综上所述，可以看出，所谓"传教之人"，即今人所谓之思想家、教育家是也。孟子亦是此类人物。

孟子"受业于子思之门人"，即接受了子思弟子的教育，成为子思的再传弟子。子思乃一代大儒，孔子之孙。《史记·孔子世家》记载："孔子生鲤，字伯鱼。伯鱼生伋，字子思，年六十二。尝困于宋。子思作《中庸》。"孟子毕生从事教育，以"得天下英才而教育之"自诩，以孔子继承者自命，"乃所愿，则学孔子也"。孟子自己形成了一个学派，形成了别具一格的儒学体系，被称为"孟氏之儒"。他继承孔子仁学思想，政治上主张"仁政"，反对兼并战争。"争地以战，杀人盈野；争城以战，杀人盈城。此所谓率土地而食人肉，罪不容于死。"（《孟子·离娄上》）倡导"法先王"，维护世官世禄制和"劳心者治人，劳力者治于人"的等级制。为推行仁政，提出具有积极意义的"民贵君轻""与民偕乐""尚贤"等政治学说。经济上主张轻赋税，制民之产，"仰足以事父母，俯足以畜妻子"；（《孟子·梁惠王上》）伦理上主张性善，认为人生来具有"恻隐之心""羞恶之心""辞让之心""是非之心"四种善端，并发展为"仁""义""礼""智"四德。发扬人性中固有的善端，人皆可以为尧舜。统治者"以不忍人之心，行不忍人之政，治天下可运之掌上"。（《孟子·公孙丑上》）哲学上认为认识是对自己内心世界的探索，"反求诸己"则可以"尽心""知性""知天"，达到"万物皆备于我"（《孟子·尽心上》）的最高境界。主张"天才论"，"天之生斯民也，使先知觉后知，使先觉觉后觉。"（《孟子·万章下》）"五百年必有王者兴，其间必有命世者。"（《孟子·公孙丑下》）孟子继承和发展了孔子创立的儒家学说，奠定了中国封建社会孔孟之道的基础。仁政思想对发展和巩固封建制度起了积极作用。孟子上承孔子，继承和发展了孔子的思想，传孔子"仁义"之学，进而创立了"孟氏之儒"的学派。孔子死后，儒家分为八派，以"孟氏之儒"影响最大。所以，后人以孔孟并称。

由于孟子学于子思之门人，后世学者将子思、孟子学派省称为"思孟学派"。《荀子·非十二子》将子思孟轲列为一派。《史记·孟子荀卿列传》谓"孟子受业于子思之门人"。朱熹谓子思作《中庸》"以授孟子"。认为"中庸"不但是人的最高道德，而且为宇宙的根本，天下的普遍法则，达到"中和"就可使万物各得其所，发育兴旺。强调"诚"和"至诚"的精神状态，"诚者，天之道也，诚之者，人之道也。"（《中庸》）孟子学说强调发挥主观精神作用，认为人性本善，主张仁政，以民为本位，"民为贵，社稷次之，君为轻"（《孟子·尽心下》）。孟子在思想文化史上产生了深远的影响。思孟学派重要著作有《孟子》和《中庸》。

孟子也不是坐而论道的空谈家，面对战国群雄并起诸子百家争鸣的时局，孟子为了实现其仁政理想，弘扬儒家学说，效法孔子，开门授徒。并在他自己的学术思想形成后，从中年开始游历各国，往返于诸侯之间，宣传他的"仁政""王道"学说，从这一国到那一国，历尽艰辛，时间达三十余年之久，进一步扩大了儒学的影响。与孔子一样，孟子并未局限于对儒学的理论阐述，而是力图将儒家的基本原则化为具体的政治主张，并进而将其推行于天下。

孟子是建立起学术思想体系的学派领袖，是影响了两千余年中国思想史的学界巨人。青年毛泽东或其老师将孟子划入"传道之人"，也就是承认其是伟大的思想家。

品读卷

孔孟有一部分真理

（品读史之九）

1943 年 6 月，一位党内负责人在给一位民主人士的关于"人性"问题的长篇通信中说："一切剥削阶级的学者关于人性、是非、善恶、好恶联系起来所构成的学说，没有一个不是说的错误百出的。"毛泽东读后在一旁批注道：

> 剥削阶级当着还能代表群众的时候，能够说出若干真理，如孔子、苏格拉底、资产阶级，这样看法才是历史的看法。王阳明也有一些真理。

原信中还说："我们决不能把这种哲学（指中国封建阶级的伦理哲学——引注），把孔孟之道，看作是中国文化的优良传统，相反，这恰是中国文化的不良传统。"毛泽东又批注道：

> 孔孟有一部分真理，全部否定是非历史的看法。（陈晋：《毛泽东之魂》（修订本），中央文献出版社1997年版，第278—279页）

这说明毛泽东对孔孟的评价，是一分为二的。

《孟子》一书的内容是极为丰富的，对我们中华民族的影响是深远的，特别是书中的一些人民性、民主性的精华，已成为我们民族优秀文化遗产中不可缺少的组成部分。

先说孟子"有一部分真理"。

首先是孟子重民思想。他说:"民为贵,社稷次之,君为轻。"(《孟子·尽心下》)是说民为国本,民众最为重要;土谷之神,也象征着国家,比起民众来说,是次一等;君主的存亡决定于前二者,因此,君最轻。孟子提出了"民贵君轻"说,劝告统治者要重视人民。他认为残暴的君主是"独夫",人民可以推翻他。这是从君民关系上大胆地论述了民为国本的激进思想。

孟子的"民贵君轻"说,具有其积极的思想意义,为后世许多进步政治家、思想家所汲取。像唐代政治家魏徵把人民比作水,把统治者比作舟。说水可以载舟,也可以覆舟,强调了人民的作用。明清之际的思想家黄宗羲,更是斥责君主专制为"天下之大害",他认为国家政权是属于天下万民的,而非君主一姓所私有。所有这些都是与孟子的思想一脉相通的。直到近代资产阶级改良派谭嗣同,还把"民贵君轻"作为他反对君主专制的思想武器。

在孟子思想中,一方面有"保民而王"的思想,他建议封建君主实行仁政,爱护民众,取得民众支持,借以维护王权的统治,另一方面孟子反对暴君,反对伤民、虐民、残民。孟子的激进的民本思想,虽然曾遭到朱元璋等个别封建帝王的嫉恨,却受到了改革派和进步思想家的青睐,为后代反对封建专制主义和维新变法提供了理论依据。

据记载,明太祖朱元璋读《孟子》读到"君之视臣如土芥,则臣视君如寇仇"等语,大发雷霆,说这不是"臣所宜言",决定"罢其配享",即停止对孟子的祭祀,从孔庙中除掉他亚圣的配享的牌位。后又下令修《孟子节文》,即删去《孟子》有关章节。删节的内容,如《孟子·尽心下》的"民为贵,君为轻"章,《孟子·离娄下》的"君视臣如土芥,则臣视君如寇仇"章,《孟子·梁惠王下》的"闻诛一夫纣"章等。

不可否认,孟子提倡重民是为了"保民而王",然而在神权至上、君权至尊的历史条件下,孟子敢于冲破世俗的传统权威,提出激进的民本思想,这是中华民族文化中极可宝贵的精神财富,其思想影响也是深远的。

在文化生活上,孟子主张国君应当与老百姓共忧患、同欢乐。他曾经劝说梁惠王欣赏台池鸟兽要"与民偕(同)乐"(《孟子·梁惠王上》)。他又劝齐宣王说:"王之好鼓乐""好田猎",应当"与民同乐"。提倡"乐民之乐者,民亦乐其乐;忧民之忧者,民亦忧其忧。乐以天下,忧以天下"(《孟子·梁惠王下》)。国君以百姓的快乐为自己的快乐,百姓也会以国君的快乐为自己的快乐;以百姓的忧愁为自己的忧愁,百姓也会以国君的忧愁为忧愁。以天下人的快乐为快乐，以天下人的忧愁为忧愁。

宋代范仲淹倡导"先天下之忧而忧，后天下之乐而乐"的名言，同孟子"乐以天下，忧以天下"是一脉相承的。孟子生活的时代，距今已经两千多年，可是，他的"乐以天下，忧以天下""与民同乐"的以民为本的思想，却依然闪耀着生命的光辉。

儒家历来强调道德价值观念，追求对理想人格的培养。孟子更注重人的尊严和独立的人格。他鄙视依附权贵。他说："尊德乐义，则可以嚣嚣矣。故士穷不失义，达不离道。……得志，泽加于民；不得志，修身见于世。穷则独善其身，达则兼善天下。"一切都以义为最高标准，决不为势利所动。面对强权威势，要能做到"富贵不能淫，贫贱不能移，威武不能屈"。这种大义凛然的精神一直为后人所称道，同时也鼓舞着后人为正义的事业不屈不挠地去斗争。

孟子还非常注意去培养自己的"至大至刚"的"浩然之气"，追求道德节操的崇高思想境界，这些无不给后人以深刻的影响。其他如尊老爱幼、孝敬父母等也都已成为我们中华民族的传统美德。

再说对孟子思想"部分否定"问题。

孟子提倡"仁战"，反对"霸道"，反对武力兼并，认为只有"不嗜杀人者"才能统一天下。他提倡"王道"，就是"以德服人"，也就是施"仁政"，以达到长治久安。仁政学说是孟子思想的中心内容，是对孔子仁的学说的继承和发展，在刀光剑影的战国时代，虽然被视为"迂远而阔于事情"，得不到实现，但却为后来的一统天下的封建统治者所接受。孟子的仁政思想，其根本局限在于它只片面追求长远利益，而过分忽视眼前利益，既有作为主要一面的积极性，又有一定成分的消极性。

孟子主张恢复井田制，对人民要省刑薄赋，给人民一定的生产资料，使百姓能达到"不饥不寒"，以此来缓和阶级矛盾。这与当时的"开阡陌"开垦荒地，"尽地力"，以强国争霸是相左的，是一种保守的不合时宜的主张，但是他省刑薄赋减轻人民负担的思想有其合理性。

孟子主张性善说，他认为人性生来都是善良的，都具有"恻隐之心""羞恶之心""恭敬之心""是非之心"。这"四心"就是仁义礼智的发端，也就是说，人人都具有仁义礼智的天赋道德意识。孟子又说："人之学者，其性善。"人所以学习，由于人本性是善的。孟子的性善论显然是不对的，是唯心主义的先验论。其实，人性是社会性，是由社会关系和社会环境所决定的。孟子认为人天生具有善性，是人区别于禽兽的本质特征。认为人有道德，动物没有道德，这是人区别于动物的本质特征之一。然而，人的道德不是天生的，它是社会关系的产物。在阶级社会中，道德始终是阶级的道德。

在反对农家许行的"君民并耕"说时，孟子坚持社会分工论，提出了"劳心者治人，劳力者治于人，治于人者食人，治人者食于人"的论点。(《孟子·滕文公上》) 孟子认为：有脑力劳动者，有体力劳动者；脑力劳动的管理人，体力劳动的被人管理；被人管理的养活人，管理人的被人养活。这是天下通行的道理。孟子的这一观点，为社会分工和剥削制度创立了理论根据。其中，他的社会分工论有进步性，而"劳力者治于人""治人者食于人"易为统治阶级所利用，变成剥削、压迫、统治人民群众的口实和理论武器。

孟子过分强调人的精神作用，说"万物皆备于我矣"(《孟子·尽心上》)，是说我具有认识万事万物和万物之理的能力。"万物皆备于我"这一命题，是以我心作为认识的主体、认识的对象和检验认识的标准。认识，是主体对主体的自我认识，而不是主体对客体的认识，这是典型的主观唯心主义认识论，以至在儒家哲学中形成一个唯心主义的理论体系。

孟子毕竟是封建统治阶级的思想家，其学说中有精华，也有糟粕，应给予实事求是的评价。正如毛泽东所指出："孔孟有一部分真理，全部否定是非历史的看法。"对于孟子，和对待孔子一样，毛泽东在批判的基础上，也肯定了他进步、合理、积极的一面。

从前有个圣人叫孟子

（品读史之十）

1939 年 9 月 24 日，毛泽东在延安同美国记者斯诺谈话。其中毛泽东说道：

> 中国从前有一个圣人，叫作孟子，他曾说："明足以察秋毫之末，而不见舆薪。"这句话，形容现在的阿 Q 主义者，是颇为适当的。（《毛泽东文集》第二卷，人民出版社 1993 年版，第 239—240 页）

毛泽东在这里直接称孟子为"圣人"。他引用孟子"明足以察秋毫之末，而不见舆薪"的话要说明的事情，本书中另有评议，这里只讨论孟子为什么是"圣人"问题。

孟子是儒家学派的传人，与孔子并列，被后世儒家尊为"亚圣"。

称孟子为亚圣，首先是东汉人赵岐提出来的。他在《孟子题辞》中说：孟子是"命世亚圣之大才"。亚圣是与至圣相对而言，至圣是孔子，亚圣是儒家第二号圣人。宋代大理学家朱熹对孔子和孟子的评价极高。他说："自尧舜以下，若不生个孔子，后人去何处讨分晓？孔子后若无个孟子，也未有分晓。"（《朱子语类》九十三卷）这是说，在尧舜以后的社会，若是没有孔子，人们不知道在黑夜中走向何处；在孔子以后，若是没有孟子，人们也不知道沿着圣人大道继续前进。北宋元丰六年（1083），封孟子为邹国公。元代明宗至顺二年（1331），加封孟子为亚圣邹国公。明世宗罢其封爵，只称亚圣。

孟子一生最尊崇的人物是孔子，他说："乃所愿则学孔子也。"最大的愿望是学孔子。但他生距孔子一百多年，他非但够不着直接跟孔子学习，据考证，当他出生时，连孔子的孙子子思也已去世多年了。所以司马迁说孟子"受业子思之门人"。孟子自己也说："予未得为孔子徒也，予私淑诸人也。"

由于年代的前后悬隔，孟子未能直接跟孔子学习，然而，孟子的一生都在努力上承孔子。孟子"受业子思之门人"，不只是接受了子思的思想，更重要的是他通过学习孔子的思想和事迹，以自学的方式继承和发展了孔子的思想，从而形成了自己的思想体系，创立了"孟氏之儒"的学派，进而跻身于儒学"亚圣"的学术高位。

孟轲很自负，俨然以孔子学说、儒家道统的传人自居，以救世者自命。他说："五百年必有王者兴，其间必有名世者。由周而来，七百有余岁矣。以其数，则过矣；以其时考之，则可矣。夫天未欲平治天下也；如欲平治天下，当今之世，舍我其谁也？"（《孟子·公孙丑下》）

在《孟子·尽心下》第三十八章，孟子还说："由尧舜至于汤，五百有余岁；若禹、皋陶，则见而知之；若汤，则闻而知之。由汤至于文王，五百有余岁，若伊尹、莱朱，则见而知之，若文王，则闻而知之。由文王至于孔子，五百有余岁，若太公望、散宜生，则见而知之；若孔子，则闻而知之。由孔子而来至于今，百有余岁，去圣人之世若此其未远也，近圣人之居若此其甚也，然而无有乎尔，则亦无有乎尔。"这段话重点在后面，其意思是从孔子一直到今天，一百多年了，离开圣人的年代不远，距离圣人的家乡如此接近，却没有承继圣人之道的，那也就没有承继的人了。当然，和孔子出生地最近的而有名望的儒者，除了孟子还有谁呢？那么，孟子这段话又暗示着什么呢？除了他，还会有谁是孔子的继承者呢！

应当说孟子一生不仅学孔子，而且一生都在为捍卫和振兴儒学而奋斗。

自孔子创立儒学，大致奠定了儒学的基本框架，但它在理论上还有待于展开。孟子由师从孔子门人子思、私淑孔子等方式而接受了儒家的基本原则，由此出发，又进一步从天与人、群与己、主体自由与外在天命等关系上，对儒家学说做了系统的阐发，并使之得到了多方面的展开。

在齐国，有一次齐王子垫问孟子：士人做什么事情呢？孟子说："尚志。"即士人要使自己的心志和行为高尚。王子又问：怎样做才是心志行为高尚呢？孟子主张以仁安身，以义而行。（《孟子·尽心上》）孔子"贵仁"，即非常重视仁的思想。孟子继承了孔子的这一思想，在强调仁的同时，又提出了仁义并重的思想。

孟子继承和发展了孔子的德治思想，发展为仁政学说，成为其政治思想的核心。他把"亲亲""长长"的原则运用于政治，以缓和阶级矛盾，维护封建统治阶级的长远利益。孟子一方面严格区分了统治者与被统治者的阶级地位，认为"劳心者治人，劳力者治于人"，并且模仿周制拟定了一套从天子到庶人的等级制度。这些思想、主张比较符合统治阶级的胃口。

可以说，正是在孟子那里，儒学获得更为丰富的内容，逐渐趋于完备和定型。孟子不仅使儒学的传统得到了承继，而且使之在百家争鸣中保持了某种理论上的优势。

在孟子生活的时代，百家争鸣，"杨朱、墨翟之言盈天下"。孟子站在儒家的立场加以激烈抨击。在孟子看来，凡是不利于儒家学说的"邪说""淫辞""言行"，自然都要加以排斥和批判的。

孟子在战国时代有好辩之名，这里的辩，即是一种学术思想上的争论。纵观孟子一生，他几乎与当时各派都展开过不同形式的论战。在滕国，他曾与农家的陈相就社会分工等问题进行争论，肯定了劳心者治人、劳力者治于人的合理性；当告子在人性问题上对性善说提出异议时，孟子反复诘难，以论证人性本善；听到景春盛赞纵横家，孟子立即予以回驳，以为公孙衍、张仪一味取悦诸侯，只是"妾妇之道"，根本不能算大丈夫；至于墨子、杨朱之说，孟子更是拒之不遗余力。总之，好辩的形式所内含的历史意义又是对儒学的维护和弘扬。

经过孟子这番努力，在后来的封建社会中，尤其是西汉之后，无论是法家的霸道，或是墨家的"兼爱"，几乎都被作为与正统观念不符的异端来对待。

从先秦乃至整个中国文化史看，孟子的一生始终与儒学息息相关。时代向儒学提出了严峻的挑战，孟子则通过正面的理论建树与积极的理论争鸣，即"距杨墨""放淫辞"，通过论战，以拒斥儒家之外的各种学说与观点，对这种挑战做出了历史的回应。孔子开创的儒学之所以能挺立于百家争鸣之中，并得以延续和发展，确乎有赖于孟子的努力。

从这里也可以看到，孟子继承发展了孔子创立的儒家学说，是经过一番奋斗的。也可以这样说，自孟子开始形成了儒家的道统，即孔孟之道。唐代崇奉儒家的韩愈，说过这样的话："尧以是传之舜，舜以是传之禹，禹以是传之汤，汤以是传之文、武、周公，文、武、周公传之孔子，孔子传之孟轲。"（《原道》）也正是这种独特的历史作用，使孟子几乎与孔子并列，成为儒家文化的象征，被封建统治者奉为仅次于"至圣"孔子的"亚圣"。

正是在这个意义上，毛泽东有些自豪地说："中国从前有一个圣人，叫作孟子。"

孔子、孟子、老子都要讲

（品读史之十一）

对孟子，尤其对孟学的思想体系，毛泽东并不一味地赞扬和肯定，有时也持严厉的批判态度。不过这种批判不是简单的抛弃，而是取其精华、剔其糟粕的扬弃。

1957 年毛泽东在省、市委书记会议上的讲话中曾说：

> 百花齐放、百家争鸣中对知识分子不敢改造。马寒冰等 4 同志对文艺工作的意见不好。苏联下面赞成百花齐放、百家争鸣，上面有人说："只能放香花，不能放毒草。"我们的意见，只有反革命的花不让他放，但是他要用革命的面目放就得让他放。田里有禾、有草，只准放禾，不准放草，事实上办不到。草翻转过来就是好肥料。我们作家的任务就是要和杂草做斗争。年年长草，年年除。只讲唯物主义，不讲唯心主义，只讲辩证法，不讲形而上学，你就不知道反面的东西，正面的东西也不能巩固。因此，不仅要出孙中山全集，蒋介石全集也要出。黑格尔、康德、孔子、孟子、老子、二程、朱王，都要讲。有人说，自从提出百花齐放、百家争鸣以后，文学衰落了。陆定一同志的报告才只有 5 个月，就单单文学衰落了？哪有那么快。（盛巽昌等：《毛泽东这样学习历史　这样评点历史》，人民出版社 2005 年版，第 157 页）

毛泽东在这里是讲"百花齐放，百家争鸣"。他因此形成一个新的观念：

"只讲唯物主义，不讲唯心主义，只讲辩证法，不讲形而上学，你就不知道反面的东西，正面的东西也不能巩固。"意思是正面的东西要讲，反面的东西也要讲。毛泽东又举例说明，"不仅要出孙中山全集，蒋介石全集也要出。黑格尔、康德、孔子、孟子、老子、二程、朱王，都要讲。"

这里共举了 11 个人。孙中山是资产阶级的民主革命家，他的全集应该是"正面的东西"居多。蒋介石刚刚被解放战争赶到一群海岛上去，政治上他是国民党右派的代表，他的全集无疑"反面的东西"不少，所以只配"也要出"三个字。其他 9 人都是中外思想大家，黑格尔和康德是西方哲学家、思想家，老子是道家学派的开山鼻祖，而孔子、孟子、程颢、程颐、朱熹和王阳明都是儒学代表人物。对这三种人的学说"都要讲"。这些不同国别不同历史时期的思想家，他们的著作情况复杂得很，不好仅用"正面的东西"与"反面的东西"这简单的方法界定，也不能仅用是香花还是毒草的标签来鉴定。

我们要关注的仍然是毛泽东对孟子书的评价。显然，《孟子》一书的内容不好一下子断定是"正面"或是"反面"的东西，但是它一方面有唯物论和辩证法，另一方面也有唯心论和形而上学，则是肯定的。从毛泽东讲话的口吻来看，从他"只讲——不讲——就会如何"的推理方式来看，从他"不仅要出""也要出""都要讲"三种著作三种不同对待方式来看，毛泽东对这 11 个人的著作和思想，是作为旧时代遗留下的地主阶级和资产阶级的意识形态来看待的。因此，它们是与社会主义经济基础不相适应的旧的上层建筑的意识形态部分。它们中的唯心论和形而上学都可以讲，但要作为唯物论和辩证法的反证明，为巩固"正面的东西"服务。

孔孟为代表的儒家学说影响更大

（品读史之十二）

　　1952 年 10 月，毛泽东路过曲阜，参观了孔庙。

　　据李家骥回忆：许世友向毛泽东介绍山东的文化古迹时常说，"到山东不看孔庙不好"。毛泽东当时不假思索地说："对，应当再拜访一下孔老夫子。"

　　毛泽东说"再拜访"，是因为大约 30 年前，毛泽东曾经到过曲阜，拜访过孔子。

　　10 月 28 日，毛泽东吃过早饭后说："我们走，我们到曲阜看孔夫子去。"

　　曲阜，孔子，毛泽东并不陌生。在南行的专列上，毛泽东与罗瑞卿、许世友谈了曲阜的来历和历史沿革。最后他说：

　　　　周王朝时封周公于鲁。因当时中央离不开他，就命周公的儿子伯禽在这里建国，他就是鲁国第一位国君了。曲阜作为王都前后有 700 年，创造了灿烂的文化，对后世有重大影响。特别是孔子和孟子为代表的儒家学说，影响更大，一直是中国统治阶级的思想。

　　到了曲阜，下了火车，在孔庙主体建筑大成殿前，毛泽东肃穆仰视了片刻说：

　　　　"大成"是孟子对孔子的评价。孟子说："伯夷，圣之清者也；

伊尹，圣之任者也；柳下惠，圣之和者也；孔子，圣之时者也。孔子之谓集大成。"这里，孟子把孔子和几位先圣先贤进行比较，找出了"圣"之所在。伯夷，因反对周武王消灭商王朝，逃避到首阳山，不食周粟而死，孟子谓其"清者"；伊尹，是商初大臣，辅助商王太甲，因这位王破坏法制，被他放逐，代理其政，三年后太甲悔过，又接回复位，孟子谓其"任者"；柳下惠，是春秋时鲁国大夫，以学习讲究贵族礼节而著称，齐攻鲁，他派人到齐劝说退兵，孟子说他是"和者"；只有孔子集先圣先贤之大成，是圣人中最适合于时代的人。他把孔子推到了最高境界。

毛泽东边走边看，对旁边的人解释说：

由于孔子的思想比较符合统治阶级的胃口，历代统治阶级给孔子戴了很多高帽子。即孔子被后世称之为"圣人"。（山东省档案馆编：《毛泽东与山东》，中央文献出版社 2003 年版，第 36、38 页；盛巽昌等编著：《毛泽东这样学习历史 这样评点历史》，人民出版社 2005 年版，第 114—117 页）

毛泽东再次参观孔庙，谈了孔子，谈了孟子对孔子历史地位的评价，还谈到了孔子和孟子为代表的儒家学说对后世的影响。

儒学的创始人孔子，一生并不得志。出仕受挫，愤而去鲁，携弟子周游列国，到处碰壁，其政治主张无人采纳，无奈返鲁，晚年继续讲学，修《春秋》，订《诗经》。孔子门生记录收集孔子言论与弟子言论，整理成《论语》一书。它是儒家经典，反映孔子多方面的思想，对后世影响甚大。

和孔子一样，孟子一生也颇为不得志。他率门徒游说诸侯各国，企图推行自己的政治主张，遍历齐、魏、宋、鲁、滕、邹诸国，奔波了二十多年，而始终实现不了自己的"仁政"理想。

当时孟子所游诸国，最能有所作为的是齐国，孟子自己也说过，"以齐国来统一天下，'易如反掌'"。孟子再一次来到齐国，被齐宣王封为客卿。但最后还是因齐宣王不能采纳他的政治主张而离职出走。这时他已 60 多岁了，从此便不再出游。

孟子的主张没有得到实行的机会，晚年时终告失望，只好归隐故乡，一边从事教学，一边同他的弟子万章、公孙丑等人深入研究学术，著书立说。记叙他一生的行事，阐述其思想学说。可能如《史记·孟子荀卿列传》所说的，"退而与万章之徒，序《诗》《书》，述仲尼之意，作《孟子》七篇"。

《孟子》一书是"拟圣而作"，它既吸收《论语》中的精华，也接受了《大学》《中庸》的一些观点。在《孟子》一书中，反映最突出的是仁义思想。仁是儒家学说的中心，孔子常讲仁很少讲义，孟子则仁义并重，既讲仁又讲义。

孔孟的儒家思想，在先秦被视为"迂远而阔于事情"，未受到统治者的重视。但是，在他们死后，儒家学说却成了封建统治阶级的正统思想，垄断中国长达两千多年之久。

赵岐在《孟子题辞》中指出：孟子逝世，儒家大道被废，到了秦代，焚书坑儒，"孟子徒党尽矣"。秦始皇以儒家为主要打击目标，作为儒学的正传，孟子一系不免首当其冲，所受打击也格外大。

秦亡之后，汉代兴起，除秦暴政，重视道德，于是儒学复兴，《孟子》一书被称为《传》。

汉高帝开始接受儒家的仁义思想和礼仪制度，较重视文化建设及意识形态的工作。汉文帝时，设置博士七十人，《孟子》与《论语》《孝经》《尔雅》，均置博士，叫"传记博士"。从一般诸子到立于学官，其地位无疑有了很大提高。著作与人往往是命运与共的，著作的提升，同时也意味着对作者的重视。

汉武帝为了适应稳定封建秩序的需要，接受了儒者董仲舒"罢黜百家，独尊儒术"的建议。从此，孔子和孟子开始成为封建统治者尊崇的偶像。东汉著名哲学家王充在《论衡·对作》篇说："杨墨之学不乱儒义，则孟子之传不造。"

儒学是中国文化的主体。孔子创立儒家，其意义不仅仅在于一个学派的诞生，而且由于儒家讲学之风的影响，促成了诸子争鸣的形成和百家的诞生，带来了中国学术繁荣的第一个高潮。春秋末年，儒学与墨家学说就已成为中国两大显学。

孟子崛起于战国时代，辟杨墨、攻异端，捍卫了儒学的显学地位，也扩大了儒学的影响。孟子成了先秦时期儒家著名代表人物。韩非说："自孔子之死也，有子张之儒，有子思之儒，有颜氏之儒，有孟氏之儒，有漆雕氏之儒，有仲良氏之儒，有孙氏之儒，有乐正氏之儒。……儒分为八。"孙氏指孙卿，即荀子。八儒之中，孟荀两家影响较大。孟子、荀子对儒家思想加以总结和改造，又吸收了一些其他学派的积极合理的成分，使儒学体系更加完整，儒家的思想更能适应社会的需要。战国后期的儒学发展成为诸子百家中的蔚然大宗！

孔孟的思想对后世儒学，特别对宋明理学有着更深的影响。《孟子》一书在中国文化史上占有重要的地位，所产生的影响也是广泛而深远的。自"罢黜百家，独尊儒术"的汉武帝始，儒学为统治者所重视，《孟子》就已成为儒家道统的经典。故在汉代便有赵岐注本流行于世，赵岐把"拟圣而作"的《孟子》与《论语》并列。"孟子退自齐梁，述尧舜之道而著作焉，此大贤拟圣而著作焉。"

孟子与孔子并称为孔孟，大概始于唐朝。唐代著名思想家与文学家韩愈是提倡儒家道统说的，他认为要恢复和继承儒家正统，必须从学习孟子开始，"求观圣人之道者，必自孟子始"。韩愈把孟子看作道统的最后一人，"功不在禹下"。还说，由于有孟子，"至今尚知尊孔氏，崇仁义，贵王贱霸"（《与孟尚书书》）。他经常把孟子的名字和孔子并提，此后，孔子、孟子的思想学说被称为孔孟之道。

韩愈认为，儒家有一个源远流长的道统，它开始于尧、舜，经过禹、汤、文、武、周公，传到了孔子，孔子又将其传给了孟子，孟子死后，这一道统便中断了。后世的儒家虽不乏其人，但即使像荀子、扬雄这样的所谓大儒，也往往思想粗糙杂芜，含糊不清，难以与孟子相比。应当指出，韩愈等对孟子的推崇，还只是一种个人的主张，这种主张在当时并没有取得官方认可。韩愈的道统说，则更多地显示出思想史的意义，而没有转化为具体的政典条文。

到五代时，后蜀主孟昶命毋昭裔，楷书《易》《书》《诗》《仪礼》《周礼》《礼记》《公羊传》《穀梁传》《左传》《论语》《孟子》十一经刻石，宋太宗时又加翻刻，这便是《孟子》列入"经书"的开始，表明孟子和《孟子》这一部书，在统治阶级的心目中更居重要地位。

到南宋孝宗时，理学家朱熹在《礼记》中选取《大学》《中庸》两篇，认为是曾子和子思的作品，与《论语》《孟子》合在一起，称为"四书"，于是《孟子》的经典地位更加巩固了。

到明、清两代，规定科举考试中，八股文的题目从"四书"中选取，而且要"代圣人立言"，这样《论语》《孟子》便成了明清两代士子们的必读之书。

也因此，《孟子》一书在几千年的流传中，其注本不下几十种。其中比较重要的有三部书，即东汉人赵岐的《孟子章句》，南宋人朱熹的《孟子集注》和清代焦循的《孟子正义》。各家之注《孟子》，并非仅仅是一种文字上的解释，而且包含着对其义理的推崇和弘扬。而众多注本的出现，使《孟子》一书的思想对中国历史和文化的影响日益扩大，地位日益提高，被人们视为经典。正如《孟子译注》的作者杨伯峻所说的那样："孟子作为孔子之学的继承者和弘扬光大者，是整个中国文化的'道统'之声。"

从汉代儒学处于独尊的地位起，至唐、宋、明、清时代，两千多年来，儒家学说经历了历代封建统治者及其文人进行的涂抹改装，尤其是汉儒和宋明理学家的修饰打扮，他们想借助"至圣"和"亚圣"的威灵来维护封建统治，才逐渐形成较为完整的封建统治阶级的正统思想。

毛泽东一生酷爱读书，不仅熟读儒家经典《论语》与《孟子》，而且深通经史，所以他以一种深邃广博的历史视野，以一种洞彻上下两千年思想史的眼光，评价孔孟为代表的儒学对后世影响更大，一直是中国统治阶级的思想。这个评价，孔孟当之无愧。

引用卷

Mao Zedong Pin Mengzi

毛泽东品 孟子

卷一　梁惠王上

不远千里而来

（引用之一）

《孟子》原分七篇，朱熹作《四书集注》时把《孟子》每篇分为上下篇，这样后人讲《孟子》，就按十四篇讲。

《梁惠王上》是《孟子》十四篇的第一篇，朱熹把它分为七章。"不远千里而来，亦将有以利吾国乎"一句，出自《孟子·梁惠王上》第一章首段：

> 孟子见梁惠王。王曰："叟！不远千里而来，亦将有以利吾国乎？"
>
> 孟子对曰："王！何必曰利？亦有仁义而已矣。王曰：'何以利吾国？'大夫曰：'何以利吾家？'士庶人曰：'何以利吾身？'上下交征利而国危矣。"

孟子以尧舜之道的仁义主张为上，所以以梁惠王问利国对以仁义为第一篇。

孟子以仁义王道之术游说诸侯。

梁惠王即魏惠王，因魏国的都城在大梁（今河南省开封），所以称"魏"为"梁"，魏惠王又称梁惠王。

当时，孟子是由滕国来到魏国的。滕国在齐国和楚国之间，所以梁惠王说他"不远千里而来"，即不顾路途遥远，千里迢迢来到此处。孟子在滕国时虽然受到滕文公的敬重，在滕国待有两年多，然而，他的政治主张仍然不能实现。据《史记·魏世家》记载：梁惠王晚年，为振兴国家，"卑礼厚币以招贤者。邹衍、淳于髡、孟轲皆至梁"。孟子听到梁惠王招贤消息后，便率领弟子和随行人员"后车数十乘，从者数百人"（《滕文公》下）浩浩荡荡来到了魏国。

公元前 320 年，孟子来到魏国。时年孟子 70 岁，故惠王称他为"叟"，叟是长老的称号。孟子 40 多岁出游列国诸侯，历经近 30 年的游说生涯，孟子在诸侯国间已有很高的声望，其"游说团"的规模较比孔夫子周游列国时，也要大得多。对于孟子的到来，梁惠王很期待，也很高兴，很热情地欢迎说："老先生，您不辞辛苦千里而来，对我的国家一定会带来很大的利益吧？"

针对梁惠王一开口就谈"利"，孟子听了有点不高兴地说：何必谈利呢？只有仁义罢了。如果惠王说以什么利于我的国家，大夫说以什么有利于我的封地，士和老百姓说以什么有利于我本身。上下互相争利，那国家就危险了。

孟子奉劝梁惠王只能讲仁义，不能讲利，认为如果讲利，就会引起争夺，招致政权颠覆。从表面看来，孟子似乎认为利是万恶之源，义与利是对立的。其实，孟子这里所说的"义"，指当时的道德规范和社会准则。它是统治阶级的长远利益与整体利益的表现。孟子所谓"利"，实际指的是统治者的个人私利以及所代表的小集团利益。这从"何以利吾国""何以利吾家""何以利吾身"之"利"的内涵中可以看得很清楚。因此，孟子在这里崇义而抑利，实际是反对统治者为一己之私利而置整体利益、长远利益于不顾。他认为如果统治者带头追求个人或小集团的私利，全国人人争而仿效，那么就会使国家受到根本性的损害。因而他提倡"义"，要用"义"来规范人们的行为。

孟子对梁惠王强调义，反对把利摆在首位，是针对当时政治情况而言的。战国时，各诸侯国在贪欲的驱使下，互相争夺、杀戮，血洒宫廷，尸暴荒野。诸侯争霸，只追求私利，不讲仁义，这样，不但使新兴地主阶级刚建立起来的政治统治无法巩固，而且也给人民带来灾难。孟子为克服这种灾难性的社会现象，遂提出讲"义"而不讲"利"。因为造成互相杀伐的根源就在于追求私利，而且永远不会得到满足。其实，孟子并不完全不讲利。义，也是一种利，不过是指统治阶级的长远利益与整体利益。

抗日军兴，大批青年长途跋涉来到延安抗日救国，这情形使毛泽东想起两千年前孟子千里迢迢从滕国赶到魏国见魏惠王的故事。

1945 年 2 月 15 日，毛泽东在给中共中央所做的报告《时局问题及其他》

中，回忆青年们奔赴延安的情景时说：

> 1937年、1938年，进抗大的学生过五关斩六将，像潮水一样涌向延安，滔滔而来，源源不断。我那时不太忙，给他们三天一小讲，五天一大讲，所讲的大都忘记了，但有一点我还记得。我说同志们从广东、广西、湖南、湖北、云南、贵州、绥远、新疆，'不远千里而来，亦将有以利吾国乎？'抗战的事是为了国家。(《毛泽东文集》第三卷，人民出版社1993年版，第258页)

在这里，毛泽东引用《孟子·梁惠王》上篇中的这一句话，肯定了青年们为寻求救国救民的正确道路来到延安的正确选择。

不过，毛泽东这里所说的利，与孟子所谓的利，含义是不同的。毛泽东对于这些从四面八方"不远千里而来"到延安的知识青年，在政治上和生活上都给予了十分的关怀，并明确指出"抗战的事是为了国家"，肯定他们是为寻求救国救民的正确道路来到延安的。

"黄河之滨，集合着一群中华民族优秀的子孙，人类解放救国的责任，全靠我们自己来担承。"正如这首抗大校歌中所唱的那样，他们担负着"人类解放救国"的责任。

七七事变后，日本帝国主义大规模的全面侵华战争爆发。由于国民党当局由消极抗战到实行片面抗战的路线，加之战争初期敌强我弱的总形势，抗日正面战场的战局处于非常不利的境地，许多重要城市和富饶地区相继失陷。在这样民族危亡的紧要关头，中国共产党在七七事变发生的第二天就通电全国，号召"全中国同胞，政府，与军队，团结起来，筑成民族统一战线的坚固长城，抵抗日寇的侵掠！"并在随后提出建立广泛的抗日民族统一战线的主张，树立起团结抗战的伟大旗帜。延安成为当时爱国青年心目中的"圣地"，一批又一批爱国人士，特别是青年知识分子，在这面旗帜的感召下，经过长途跋涉，历尽艰难，从祖国各地纷纷涌入延安。

毛泽东非常珍视这些来自全国各地的青年人，把他们看作是革命队伍中的新鲜血液。他提倡在延安开办各类学校，将这些热血青年培养成各方面的专门人才。当时，在毛泽东亲自领导开办的学校就有中国人民抗日军政大学、陕北公学、青年干部训练班、鲁迅艺术学院、马列学院、中共中央党校、中国女子大学等。毛泽东和党中央的一些负责人，经常到这些学校去讲课。他们讲课的内容十分广泛，包括政治、军事、哲学、历史等。

引用卷

毛泽东曾对各队党组织的负责人说：这批革命青年千里迢迢来到延安很不容易啊！从西安到延安走了 800 里，这就是一个考验，政治上不坚定是走不到的。要好好教育、培养这些人，尽快发展他们入党。工作之余，他还常常走到他们中间去，与他们无拘无束地畅谈。

对于青年们来到延安之后感到理想与现实之间的距离，毛泽东循循善诱地给予开导。他形象地说："清凉山上插了一面旗子，叫作新民主主义，中国要独立，要民主，要解决民生问题，这些对不对？很对。有没有希望？很有希望。叫不叫光明？叫光明，十分光明，不是九分光明。"同时他又指出："但是你们跑到延安来，幻想得很好，把延安看作天堂，这样想就错了。延安不是天堂，也不是地狱，是人间，在天之下、地之上。我一点没有讲错，正确的方法是把延安看作中国社会的一部分。"在毛泽东的领导和关心下，这些不远千里而来的青年知识分子在延安接受了革命的洗礼，使他们经受住了战争的考验，在革命的大家庭中迅速成长，逐渐成了党的坚强力量。

从品读《孟子》的角度来理解毛泽东对《梁惠王上》第一章思想的运用，明显可以看出毛泽东对孟子义利观的改造和超越。魏惠王期待孟子的到来"有利吾国"，孟子则答以"何必曰利"，真有点"王顾左右而言他"。毛泽东则明确肯定青年们到延安来有利于抗战，而抗战就是爱国。毛泽东是借孟子之词而反用孟子之义。

以五十步笑百步

（引用之二）

《孟子·梁惠王上》第三章，孟子创造了一个典故：以五十步笑百步。孟子记载：

> 梁惠王曰："寡人之于国也，尽心焉耳矣。河内凶，则移其民于河东，移其粟于河内。河东凶亦然。察邻国之政，无如寡人之用心者。邻国之民不加少，寡人之民不加多，何也？"
>
> 孟子对曰："王好战，请以战喻。填然鼓之，兵刃既接，弃甲曳兵而走。或百步而后止，或五十步而后止。以五十步笑百步，则何如？"
>
> （惠王）曰："不可；直不百步耳，是亦走也。"
>
> （孟子）曰："王如知此，则无望民之多于邻国也。"

孟子主张实行仁政兴国，反对战争破坏生产。有一次，梁惠王向孟子诉苦说：我治理国家，真是费尽了心力。河内（今山西安邑一带）有了灾年，我就把那里的人民迁移到河东（今河南济源一带），同时还把粮食运到河内。河东有了灾年，也是这样办理。我考察了邻国的政治，没有一个国家像我这样对老百姓用心的。可是，邻国人民不见少，我国人民也不见多，这是为什么呢？

孟子回答说：惠王你好战啊，请允许以打仗来比喻吧！战鼓咚咚一响，双方枪刀一交锋，这时就丢下盔甲兵器向后逃跑。有的一口气跑了一百步才停下来，有的一口气跑到五十步停了下来。跑五十步的人耻笑跑一百步的人，你说对吗？

惠王说：当然不对，只不过他没有跑一百步罢了，也是逃跑了呀！

孟子说：惠王如果懂得了这个道理，那就不要再希望你的老百姓比邻国多了。

这里主要是写孟子与梁惠王谈怎样取得民心的问题。孟子打了个很妙的比喻来说明这个问题：好比两军打仗士兵败北，逃跑了五十步的人嘲笑跑一百步的人胆小，行不行呢？逃跑"五十步"和逃跑"一百步"，从现象看虽有差别，但他们都是向后逃跑，本质上并没有什么不同。意思是梁惠王治理的魏国和其他诸侯国本质上是一样的，都是主张好战，都是想通过武力来征服对方，所以，没有更多的百姓归附。

孟子指出了百姓的厌战情绪，反映了人民的"反战"思想，在一定程度上，为人民说了话。尽管孟子批评了梁惠王好战，但梁惠王好战之心不死，仍伺机以待。在孟子看来，梁惠王为争夺土地，驱使他的百姓去作战，使他们暴尸郊野，骨肉糜烂，这和其他诸侯没什么两样。

怎样使别国的百姓来归附呢？孟子认为，应该实行王道仁政，减少和避免战争，注重生产，发展农牧业，并注意节俭，再对百姓加以教育，才可以获得民心，从而统治天下。

毛泽东曾经引用过"以五十步笑百步"这个典故。

1973 年 7 月 4 日，毛泽东召见王洪文、张春桥，说："你们两位是负责搞报告和党章的（指党即将召开的第十次全国人民代表大会文件——引者注），今天找你们来谈几件事。近来外交部有若干问题不大令人满意，大概你们也知道吧？"

毛泽东对外交部的批评是由外交部一期《情况简报》引起的。毛泽东不同意这期简报对苏美关系的分析。

毛泽东又说："又是外交部的一个什么屁司，说是田中不能上台，上台也不能改善中日关系。"在座的一位工作人员插话："二部认为田中上不了台，外交部认为田中要上台，但中日关系不会很快改变。"

　　毛泽东接着说："以五十步笑百步，弃甲曳兵而走，逃到五十步的笑一百步的。这是以数量而论。如果拿性质论，都是逃兵，你去翻那个《孟子》。"（贾思楠：《毛泽东人际交往实录》，江苏文艺出版社 1989 年版，第 306—307 页）

毛泽东谈日本政局和中日关系时，引用《梁惠王上》中"五十步笑百步"这个典故，批评外交部对日本政局和中日关系的分析错了。因为，当时外交部某司认为田中不能上台，上台也不能改善中日关系；总参二部认为田中上不了台、"中日关系不会很快改变"。二者的意见差不多：田中上不上台，中日关系都难以改善。所以说是"五十步笑百步"，实质上都是错误的。

　　那么，事实如何呢？事实上，后来田中上台了，中日两国恢复邦交，关系很快得到了改善。事实说明了毛泽东的判断是正确的。毛泽东明察秋毫的洞察力与别人是不一样的。

　　孟子用"以五十步笑百步"批评魏惠王好战政策比别的诸侯国差不多少，因此不能更多地赢得民心，争取民众。但是，他批评错了。在兼并战争统一战争兴起的战国时代而主张"反战"，其政治设计难于为魏惠王接受；毛泽东用"以五十步笑百步"批评外交部某司与总参二部对日本政局和中日关系的判断错了，结论是田中上台能够改善中日关系。毛泽东批评对了，中日邦交正常化正是在毛泽东主席与田中首相的交往中实现的。

引用卷

不违农时

（引用之三）

　　《孟子·梁惠王上》第三章记载：孟子在魏国时，一次梁惠王向孟子请教治理国家的道理。孟子先用"五十步笑百步"的故事批评梁惠王不应好战，应该注重发展农业生产，不仅要懂得发展生产、爱护百姓的道理，而且要努力去做。然后孟子说：

　　　　不违农时，谷不可胜食也；数罟不入洿池，鱼鳖不可胜食也；斧斤以时入山林，材木不可胜用也。谷与鱼鳖不可胜食，材木不可胜用，是使民养生丧死无憾也。养生丧死无憾，王道之始也。

　　孟子的话大意是说：在农忙季节，不征兵服役影响农业生产，按时耕作，那么粮食就吃不完；不用太密的网在池塘里捕鱼（网眼大四寸，捕长一尺以上的大鱼，让小鱼逃走），这样，就经常有鱼鳖吃；按时进入山林砍伐（春夏是草木生长季节，不准砍伐树木，到秋冬季节，草木凋零，那时才能进入砍伐），这样就有用不完的木材。有吃不完的粮食与鱼类，又有用不完的木材，百姓养生送死就没有什么遗憾了。这就是实行王道的开始。

　　孟子认为不论是农、林、牧、副、渔，生产都必须适时，同时又要保养资源，才能收到最大可能的生产功效，享有长远的经济利益。这一论述，是古人的生态平衡环境保护理论，就是在今天也还具有深刻的现实意义。

　　孟子提倡王道理想，也就是实行"仁政"主张。他认为实行王道首先要"不违农时"，按时耕作，保证百姓有饭吃，有衣穿，有房住，这样百姓生老病死就无后顾之忧了。用今天的话说，就是要保证百姓生活的物质需求。要保证物质需求，就要保护生产资源与生活环境，如孟子所说的按时捕鱼，按时砍伐，等等，以保证自然资源的可持续性发展。

"不违农时"，现在用来说明不违背农业生产的自然规律。

1948 年 10 月 10 日，毛泽东在《中共中央关于九月会议的通知》一文中引用了此语：

> 目前解放区的经济状况和财政状况，存在着很大的困难，虽然我们的困难比较国民党的困难要小得多，但是确实有困难。这主要是物资和兵员不足供应战争的需要，通货膨胀已到了相当大的程度，而我们的组织工作特别是财经方面的组织工作不够，则是形成这种困难的原因之一。我们相信这些困难是能够克服的，并且必须克服这些困难。在克服困难的斗争中，必须反对浪费，厉行节约：在前线注意缴获归公，爱护自己的有生力量，爱护武器，节省弹药，保护俘虏；在后方，减少国家机构的开支，减少不急需的人力和畜力的动员，减少开会时间，注意农业的季节，不违农时，节省工业生产的成本，提高劳动生产率，全党动员学习管理工业生产、农业生产和做生意，尽可能地将各解放区的经济加以适当的组织，克服市场上的盲目性，并同一切投机操纵的分子进行必要的斗争。从这一切着手，我们就必能克服自己面前的困难。（《毛泽东选集》第四卷，人民出版社 1991 年第 2 版，第 1348 页）

毛泽东引成语"不违农时"，强调要注重发展农业，要注意农业的季节，按照农业生产的自然规律去搞好农业。民以食为天。农业是国民经济的基础。要发展农业，必须做到不违农时。

毛泽东还指出，目前解放区的经济状况和财政状况，都存在着很大的困难，因此，他强调"必须反对浪费，厉行节约"。节省生产成本，努力提高劳动生产率。同时，他还号召全党要学习管理工业生产、农业生产和做生意，要尽一切努力克服眼前的困难，全面抓好农业、工业及商业，尽可能地将各解放区的经济工作做好。

在相当长的历史时期，中国一直是农业大国。"不违农时"的农业生产理念和规律，可谓来之已久，根深蒂固。毛泽东在中华人民共和国成立后的经济发展纲领中，不仅提出"以工业为主导"，而且提出"以农业为基础"。"不违农时"还是必须时刻注意的。即使在电子时代，农业已相当现代化，"不违农时"仍然是不可不遵循的农业生产规律。

施仁政于民

（引用之四）

"施仁政于民"的治政措施，是孟子在《梁惠王上》第五章提出来的：

> 梁惠王曰："晋国，天下莫强焉，叟之所知也。及寡人之身，东败于齐，长子死焉；西丧地于秦七百里；南辱于楚。寡人耻之，愿比死者壹洒之，如之何则可？"
>
> 孟子对曰："地方百里而可以王。王如施仁政于民，省刑罚，薄税敛，深耕易耨，壮者以暇日修其孝悌忠信，入以事其父兄，出以事其长上，可使制梃以挞秦、楚之坚甲利兵矣。"

有一次，孟子谒见梁惠王，梁惠王向孟子述说：晋国的强大，原是没有哪个国家能比得上的，这是您所知道的。

梁惠王所说的晋国，这里指魏国。说的是他祖父（魏文侯）掌管魏国时，魏最强大。当时韩、赵、魏三国，系由晋国分出，称为"三晋"，故魏国自称为晋。

魏国在魏（梁）惠王时期，受到齐、秦、楚三个大国的攻击侵掠，国力损失很大：

公元前341年马陵之役。当时魏军以庞涓和太子申为统帅，齐军以田忌为大将，孙膑为军师，魏伐邯郸，齐围魏救赵，两军战于马陵，魏大败，庞涓自杀，太子申被虏杀。

公元前340年，秦军屡击败魏军，迫使魏国多次割地，献出河西郡一部分地区。

公元前 323 年，楚国与魏国在襄陵交战，魏军被楚将昭阳所败，八邑沦亡。

所以，梁惠王接着说：但是，到我当君主这个时候，东边败给了齐国，连大儿子都牺牲了；西边又败给秦国，丧失河西之土地七百里；南边又受辱于楚，被楚国抢走了八个城池。我认为这是奇耻大辱，我真想替所有的战死者报仇雪恨，您说我该怎么办才好呢？

魏国到梁（魏）惠王时，国势由强转弱，以至连败于齐、秦、楚各国。梁惠王感到非常耻辱，尽管魏国在当时较比秦国、齐国、楚国的势力弱，但梁惠王好战之心不死，并不甘心失败，还想以武力为死难者报仇雪恨，又一时拿不定主意，所以他征求孟子的意见。

孟子回答说："有纵横百里的地方，就可以兴王道。大王如果向百姓实行仁政，减轻刑罚，减少赋税，让老百姓能精耕细作，使年轻的人在闲暇时间来讲求孝顺父母，敬爱兄长，为人忠诚守信，而且运用这些道德，在家侍奉父兄，在外用来对待上级，这样，就是让他们造木棒也可以抗击拥有坚实盔甲、锐利刀枪的秦国、楚国军队了。"

孟子并不赞成梁惠王用武力来报仇雪恨。他历来反对诸侯间的兼并战争，在孟子看来，凡是屠杀和掠夺人民的战争，就是"不仁"战争，他说："争地以战，杀人盈野；争城以战，杀人盈城，此所谓率土地而食人肉，罪不容于死。"（《孟子·离娄上》）认为战争"殃民"，好战者是有罪的。所以他主张兴"王道"，向梁惠王建议"施仁政于民"。孟子所谓施仁政，就是"省刑罚，薄税敛，深耕易耨"，老百姓孝悌忠信，入以事其父兄，出以事其长上。这是孟子"仁政"学说的主要部分。

孟子认为，如果为了实行王道而兴仁义之师，小可以敌大，弱可以胜强。他还比喻说，大王如果向百姓实行仁政，就是让他们造木棒也可以抗击拥有坚实盔甲、锐利刀枪的秦国、楚国军队了。

为了说明这个道理，孟子一方面指出战争给人民带来的灾难和危害，另一方面主张实行仁政，争取民众，去夺取政权和统一天下。战国时代，各诸侯国为一己的私利与贪欲，强凌弱，众暴寡，战乱频繁，兼并战争不断，苛税徭役繁重，土地荒芜，老百姓处于水深火热之中。所以，孟子呼吁统治者应该施行仁政，提出了减轻刑罚和赋税，让百姓能深耕细作的"保民"措施，以救民于水火。统治者这样做才能得民心，得民心者得天下，才能如孟子所说"仁者无敌"。

不可否认，孟子劝梁惠王实行"仁政"，有人民性的一面，更多的还是为统治阶级着想。其目的还是让百姓在国家内忧外患时能为国家效力。当然，这种轻徭薄赋、与民休息的仁政，对国家、对百姓都是有利的，因此，对后世影响很大。

革命政府的大仁政

1942 年 12 月，毛泽东在《抗日时期的经济问题和财政问题》一文中说：

> 有些同志不顾战争的需要，单纯地强调政府应施"仁政"，这是错误的观点。因为抗日战争如果不胜利，所谓"仁政"不过是施在日本帝国主义身上，于人民是不相干的。反过来，人民负担虽然一时有些重，但是战胜了政府和军队的难关，支持了抗日战争，打败了敌人，人民就有好日子过，这个才是革命政府的大仁政。(《毛泽东选集》第三卷，人民出版社 1991 年第 2 版，第 894 页)

《抗日时期的经济问题和财政问题》，是毛泽东在陕甘宁边区高级干部会议上所做报告《经济问题与财政问题》的第一章。在讲到财政问题时，毛泽东在报告中解释说："陕甘宁边区的财政问题，就是几万军队和工作人员的生活费和事业费的供给问题，也就是抗日经费的供给问题。这些经费，都是由人民的赋税及几万军队和工作人员自己的生产来解决的。"

抗战时期，1937 年至 1940 年，陕甘宁边区的财政来源主要是依靠外援。外援有两部分，一部分是国民政府给八路军的军饷，一部分是海外华侨和后方进步人士的捐款。外援占边区财政收入 50% 到 85%。当时，虽然困难，但精打细算，尚可维持，甚至略有结余。

1941 年后，边区财政出现了严峻的形势，毛泽东在报告中回顾当时困难状况时曾说："我们曾经弄到几乎没有衣穿，没有油吃，没有纸，没有菜，战士没有鞋袜，工作人员在冬天没有被盖。"

为什么会出现这样严峻的形势？

随着日本对华政策的改变，国民党的政策也转为"消极抗日，积极反共"。1941 年 1 月皖南事变后，国民党停发了八路军的军饷。同时，在国民党顽固派对边区进行的军事包围、蚕食政策和经济封锁下，边区政府的外援完全中断。由于局势吃紧，从前线调部队保卫边区，使非生产人员达七万余人。非生产人员的增加，加重了边区的财政困难。

陕甘宁边区地处偏僻，经济落后，工商业基础薄弱，政府财源困乏。抗战前边区没有工业，抗战开始后发展起来的工业也很薄弱。薄弱的工商业经济无力给政府增加更多的财源。

1941年后，由于外援中断，边区的财政来源只好靠各种税收和公营企业的发展来提供。这样必然增加赋税，从而加重了边区百姓的负担。

抗战初始，经过一段休养民力，边区经济比之抗战前已有所好转。尽管征粮数额成倍增加，但因农业经济发展而实际征收比例下降了，农民负担相应也减轻了。在当时，地方政府总是考虑休养民力，总怕群众负担重了，而对战时特殊环境考虑则较少。这种狭隘的"仁政"思想也是造成边区财政匮乏的又一因素。

因此，毛泽东在边区高级干部会议上所做的报告中，批评了这种狭隘的"仁政"观点。他说："有些同志不顾战争的需要，单纯地强调政府应施'仁政'，这是错误的观点。"毛泽东认为，抗战时期，由于战争需要人民负担虽然一时加重了，但是却帮助政府和军队渡过了难关，支持了抗日战争。从长远看这才是革命政府的大仁政。

毛泽东同时指出："另外的错误观点，就是不顾人民困难，只顾政府和军队的需要，竭泽而渔，诛求无已。这是国民党的思想，我们决不能承袭。""我们一时候加重了人民的负担，但是我们立即动手建设了公营经济。""我们的自给经济愈发展，我们加在人民身上的赋税就可以愈减轻。"毛泽东还说："虽在困难时期，我们仍要注意赋税的限度，使负担虽重而民不伤。而一经有了办法，就要减轻人民负担，借以休养民力。"

在边区高干会议上，毛泽东提出了"发展经济，保障供给"的总方针，发展经济是解决边区财政困难的最根本途径。为了发展经济，解决财政困难，中央和边区政府采取了一系列措施，如调整财政政策，增加税收，政府发行公债；军队开展了大规模的生产运动，开荒种地，掀起了经济建设的高潮；边区政府办了许多的自给工业，加大了对经济建设的投入等。但在粮食方面主要还是依靠老百姓。

毛泽东在报告中强调了这一点：陕甘宁边区虽然是没有直接遭受战争破坏的后方环境，但是地广人稀，只有一百五十万人口，供给这样多的粮食，是不容易的。老百姓为我们运公盐和出公盐代金，1941年还买了五百万元公债，也是不小的负担。为了抗日和建国的需要，人民是应该负担的，人民很知道这种必要性。在公家极端困难时，要人民多负担一点，也是必要的，也得到人民的谅解。但是我们一方面取之于民，一方面就要使人民经济有所增长，有所补充。使人民有所失同时又有所得，并且使所得大于所失，才能支持长期的抗日战争。

在毛泽东"发展经济，保障供给"的正确方针指引下，发展起来的陕甘宁边区和敌后各抗日根据地的生产运动，取得了巨大的成绩，不但使根据地军民胜利地度过了抗日战争的最困难时期，而且给中国共产党在后来对于经济建设工作的领导积累了丰富的经验。

这是"革命政府的大仁政"！相对于此的应该是"小仁政"。事实上，毛泽东发展了孟子的"仁政"思想，把"仁政"区分为两个层次：在进行抗日战争的历史条件下，片面考虑民众负担减轻赋税徭役是小仁政，而全力以赴克服困难夺取抗战胜利则是革命政府要考虑的大仁政。当然，实行"大仁政"并不是不关注民生，它的正确含义包括：一方面，为了抗日和建国的需要，在公家极端困难时要人民多负担一点是必要的；另一方面，也要使人民经济有所增长，有所补充。使人民有所失同时又有所得，并且使所得大于所失。

施仁政于人民内部

"施仁政"还有个所"施"对象问题。

1949 年 6 月 30 日，毛泽东在《论人民民主专政》一文里指出：

> 军队、警察、法庭等项国家机器，是阶级压迫阶级的工具，对于敌对的阶级，它是压迫的工具，它是暴力，并不是什么"仁慈"的东西。"你们不仁。"正是这样，我们对于反动派和反动阶级的反动行为，决不施仁政。我们仅仅施仁政于人民内部，而不施于人民外部的反动派和反动阶级的反动行为。(《毛泽东选集》第四卷，人民出版社 1991 年第 2 版，第 1476 页)

毛泽东在《论人民民主专政》一文里引用孟子"施仁政"的观点意在说明，"仁政"在阶级社会是有阶级性的，超阶级的"仁政"是不存在的。我们只施仁政于人民内部，对反动派和反动阶级的反动行为，是不能施仁政的，必须实行坚决的、彻底的专政。

这里毛泽东使用"施仁政"这一词语，在于讲述共产党领导的新中国所实行的人民民主专政的性质。新中国必须强化人民的国家机器，借以巩固国防和保护人民利益；而对于敌对的阶级，对于反动派和反动阶级的反动行为，不能讲"仁慈"，也"决不施仁政"。

毛泽东还谈到了对于反动阶级和反动派的人们的改造工作，也是"施仁政"。他说：

> 对于反动阶级和反动派的人们，在他们的政权被推翻以后，只要他们不造反，不破坏，不捣乱，也给土地，给工作，让他们活下去，让他们在劳动中改造自己，成为新人。他们如果不愿意劳动，人民的国家就要强迫他们劳动。也对他们做宣传教育工作，并且做得很用心，很充分，像我们对俘虏军官们已经做过的那样。这也可以说是"施仁政"。（《毛泽东选集》第四卷，人民出版社1991年第2版，第1477页）

毛泽东又进一步解释说，这种对于原来是敌对阶级的人们"施仁政"，是"强迫"性的，和我们对于革命人民内部的自我教育工作，不能相提并论。这种对于反动阶级的改造工作，只有共产党领导的人民民主专政的国家才能做到。

共产党领导的新中国是属于人民的。人民的国家是要保护人民的利益的，对于人民内部的教育是民主的方法，而不是强迫的，这体现了人民民主专政的性质。毛泽东关于人民民主专政的论述，丰富了马列主义的学说，而且是我国政权建设的长期指导方针。

孟子强调"施仁政于民"，毛泽东强调"施仁政于人民内部"。这里"民"与"人民"概念的历史内容显然有很大的不同，但并不是对立和相反，而是沿袭、发展和延伸。儒家民本思想最具人民性。但是，毛泽东对孟子的"仁政"思想也绝不是照搬，他提出"对于反动派和反动阶级的反动行为，决不施仁政"，这是为了巩固人民的民主政权，也因为他们被排除在"人民"之外。他的"仁政"观又是辩证的：反动派和反动阶级放下武器了，不再有反动行为了，就要"很用心，很充分"地"强迫他们劳动，也对他们做宣传教育工作"，这也是对他们"施仁政"。

大仁政与小仁政必须兼顾

抗日战争时期，毛泽东遇到了"大仁政"与"小仁政"的问题；抗美援朝战争中，毛泽东再次遇到了"大仁政"与"小仁政"的问题。

1953 年 9 月 12 日，毛泽东在中央人民政府委员会第二十四次会议上，做题为《抗美援朝的伟大胜利和今后的任务》的报告，他指出：

> 抗美援朝是施仁政，现在发展工业建设也是施仁政。所谓仁政有两种：一种是为人民的当前利益，另一种是为人民的长远利益，例如抗美援朝，建设重工业。前一种是小仁政，后一种是大仁政。两者必须兼顾，不兼顾是错误的。那么重点放在什么地方呢？重点应当放在大仁政上。

抗美援朝战争，是 20 世纪 50 年代初，在中国人民取得国内革命战争胜利之后，中国人民志愿军奉命出兵朝鲜，为援助朝鲜，保家卫国，与美国为首的"联合国军"进行的一场反侵略的正义战争。

从 1950 年 10 月至 1951 年 6 月，中朝两国人民、两国军队并肩作战，连续进行了五次战役，将以美国为首的"联合国军"从鸭绿江边赶到"三八线"附近。迫于内外压力，美国政府不得不调整战略，进行边谈边打。直至 1953 年 7 月 27 日，战争双方在朝鲜停战协定上签字。至此，历时两年零九个月的抗美援朝战争宣告结束。

这场战争，志愿军得到了解放军全军和全国人民的全力支持，得到了以苏联为首的社会主义阵营的配合。这场战争的胜利是全国人民支援，中朝两国人民并肩战斗的结果。

志愿军出国作战，就地补给或取之于敌都较困难，一切作战物资基本上靠国内供应。当时，中国刚刚解放，还处于一穷二白的局面，人民生活还很困难。打仗要用钱。如毛泽东在报告中所说："去年和前年，我们多收一点农业税，就是因为抗美援朝要用钱。"

由于抗美援朝战争的需要，国家征收的农业税重了一点，人民的负担比以前加重了。党内个别领导干部及党外一部分朋友，则要求政府"施仁政"。这些人更多是从老百姓的利益着想，而轻视了战争时期的特殊需求。对此，毛泽东在《抗美援朝的伟大胜利和今后的任务》的报告中批评了这种要求，指出"抗美援朝是施仁政"。

毛泽东说：

> 去年、前年收的农业税重了一点，于是有一部分朋友就说话

了。他们要求"施仁政"，好像他们代表农民利益似的。我们赞成不赞成这种意见呢？我们是不赞成的。当时，必须尽一切努力来争取抗美援朝的胜利。对农民说来，对全国人民说来，是生活暂时困难一点，争取胜利对他们有利，还是不抗美援朝，不用这几个钱对他们有利呢？当然，争取抗美援朝的胜利对他们有利。

在毛泽东看来，当时抗美援朝与国内建设，与人民生活相比较，一种是为人民的长远利益，另一种是为人民的当前利益，两者谁重要，当然抗美援朝更重要。同样需要施仁政，重点应当放在抗美援朝这个大仁政上：

> 要施这个最大的仁政，就要有牺牲，就要用钱，就要多收些农业税。

毛泽东还指出：

> 有的朋友现在片面强调小仁政，其实就是要抗美援朝战争别打了，重工业建设别干了。我们必须批评这种错误思想。

由此，毛泽东联想到十余年前，抗日战争时期，同样出现过这种现象。他说：

> 一九四一年，陕甘宁边区征了二十万石公粮，一些人就哇哇叫，说共产党不体贴农民。共产党的个别领导干部也提出所谓施仁政问题。那时我就批评了这种思想。当时最大的仁政是什么呢？是打倒日本帝国主义。如果少征公粮，就要缩小八路军、新四军，那是对日本帝国主义有利的。所以，这种意见，实际上是代表日本帝国主义、帮日本帝国主义忙的。（毛泽东在中央人民政府委员会第二十四次会议上的报告，题为《抗美援朝的伟大胜利和今后的任务》，见《毛泽东选集》第五卷，人民出版社1977年版，第104—106页）

毛泽东的"仁政"思想是一贯的。在他看来，抗日战争和抗美援朝战争等凡属正义的战争，都是"最大的仁政"。

在抗美援朝取得了伟大胜利后，在中央人民政府委员会第二十四次会议上，毛泽东在报告中总结和回顾了这段历史，以马克思主义的辩证唯物主义观点，科学地分析了抗美援朝与国内建设与人民生活的辩证关系，即如何正确区分和处理好大仁政和小仁政的关系问题。

这里，涉及孟子的"仁政"观。

毛泽东认为，正义战争是"最大的仁政"。他说："说到'施仁政'，我们是要施仁政的。但是什么是最大的仁政呢？是抗美援朝。"在毛泽东看来，战争就是政治，抗美援朝战争就是当时最大的政治。

抗美援朝战争，事关国家民族的生死存亡，显然，"尽一切努力来争取抗美援朝的胜利"，对全国人民有利，符合人民的长远利益，是当时压倒一切的政治问题，因此是"最大的仁政"。反之，不抗美援朝，危害国家和人民的根本利益就是最大的不仁不义。

毛泽东又指出，大仁政与小仁政"二者必须兼顾，不兼顾是错误的"。但是，"重点应放在大仁政上"。"照顾小仁政，妨碍大仁政，这是施仁政的偏向。"否则，"抗美援朝战争就不能打了，或者不能那样认真地打"。毛泽东说，打仗要用钱，"要施这个最大的仁政，就要有牺牲，就要用钱"，但是人民"生活暂时困难一点"，牺牲一些眼前的利益，却可以支持战争的胜利，从而获得全国人民的长远的利益。

孟子的"仁政"思想，是执政用权思想。在孟子那里，"仁政"是个笼统的概念。毛泽东接过"仁政"这个概念和思想，对它进行了具体区分。同样是要对人民施行的仁政，但是有两种：一种是为人民的当前利益，是小仁政；一种是为人民的长远利益，是大仁政。因为事物有主要矛盾与次要矛盾，军国政事也有大事与小事，把"仁政"区分为大小之别，处理政事就有了轻重缓急，就能抓住主要矛盾，就能抓住建设和工作的重点，也才能把人民的当前利益和长远利益统一起来。

仁义不施，攻守之势异也

孟子的"仁政"思想对后世影响深远。中国思想史上，"仁政"与"暴政"是一组对立的范畴。人们读史，总结历代兴亡经验，也常用这对范畴来衡量是非功过。

毛泽东读秦史，也曾经用这个观点解剖秦朝的二世而亡。

1959 年 4 月，在上海会议上，毛泽东在讲话中提问：

为什么秦朝在秦始皇死后，不到三年就灭亡了？

秦后两千余年来，许多政治家、历史家、思想家对此做过多方面的研究。毛泽东对汉朝贾谊的《过秦论》最为赞赏。他说：

> 贾谊是政治家、历史家，他写的《过秦论》是以人民的力量和人民的向背为基本立足点，来观察国家兴衰、帝王成败的。所以，《过秦论》最后的一句话概括秦朝速亡的原因是："仁义不施，攻守之势异也。"用现在的话说，就是对人民施行暴政，丧失了民心。这是值得后世汲取的深刻教训。（陶鲁笳：《毛主席教我们当省委书记》，中央文献出版社1996年版，第106页）

毛泽东对于贾谊《过秦论》中的分析表示心折。

毛泽东读《旧唐书·朱敬则传》，里面载有朱敬则给武则天的一份上书。这份上书认为，秦始皇重用的李斯行申韩之法，追求计日程功，乃是不得已的"救弊之术"。法家的刻薄寡恩和崇尚诈力，适合于屠灭诸侯时的形势，而一旦天下安定，则应易之以宽泰醇和的政治气氛。朱敬则分析秦朝灭亡的原因是"不知变"，即秦统一六国后，依然是用严刑、施刻薄、重兵战，而不"易之以宽泰，润之以醇和"，即不施"仁政"，其失败是必然的。

朱敬则的观点大多是对贾谊《过秦论》的发挥，毛泽东看出两者之间的思想联系，在《朱敬则传》旁批道：

> 贾谊云："仁义不施，而攻守之势异也。"（《毛泽东读文史古籍批语集》，中央文献出版社1993年版，第226页）

毛泽东赞同贾谊和朱敬则对秦朝灭亡政治原因的分析。

秦王朝二世而亡，前后只有十五年，属于典型的短命王朝。对于秦王朝灭亡的原因，总结得最深刻的无过于西汉才子贾谊所作的《过秦论》。该文追述了从秦孝公到秦始皇等历代帝王励精图治、兼并天下的历程，尽力渲染秦始皇底定天下后的国力之强、防御之固，然后笔锋一转，沉痛地写道：

> 秦王怀贪鄙之心，行自奋之智，不信功臣，不亲士民，废王

道而立私权，禁文书而酷刑法，先诈力而后仁义，以暴虐为天下始。夫并兼者高诈力，安定者贵顺权，此言取与守不同术也。秦离战国而王天下，其道不易，其政不改，是其所以取之守之者无异也。孤独而有之，故其亡可立而待。

贾谊的《过秦论》，其精警之处在于揭示秦始皇未能分清打天下与坐天下的区别，不懂得"高诈力而贱仁义"用之于兼并之世尚可，而用之于安定之时则不可。正确的办法是逆取之后要转而采用顺守之策，废除苛政，与民休息，把赢得民心作为巩固政权的根本之图。而秦始皇则迷信法家的法、势、术，"孤独而有之"，从而使国家陷入无休止的"折腾"之中，这正是秦始皇事业迅速归于失败的症结。

贾谊极为看重民心向背在夺取和巩固政权中的作用。他认为，陈胜、吴广这些人的能量与原来的六国是无法相提并论的。秦国能战胜六国统一天下，却挡不住陈胜、吴广等"氓隶之人，迁徙之徒"所激起的反抗怒潮。所以再强大的政权一旦失去民心，也会土崩瓦解。

后世帝王吸取了暴秦二世而亡的教训，纷纷采取"外儒内法"或"外道内法"的综合统治方略。虽然政权的本质没有改变，但至少表面上投下了道德的影像，多少能给被统治者以安慰和期待。

对此，长期处于敌强我弱环境中的毛泽东自然深有感慨。共产党之所以战胜国民党，根本的原因也在于国民党失去了民心，而共产党却代表了新生的希望，所以最终能转弱为强。他对贾谊《过秦论》的认同和重视，是基于历史的通感和通识，并非是单纯的就事论事。

毛泽东同意贾谊和朱敬则对秦亡原因的分析，这个分析中的指导原则正是孟子的"仁政"观。秦统一六国后，秦始皇、秦二世没有把握历史发展大趋势，不懂"攻守之势异也"。坐天下安定和平之时，未变更打天下兼并战争之策，所谓"仁义不施"也！用毛泽东的话说就是"施行暴政，丧失了民心"。这里，仁政与暴政的对比，也就是成功与失败原因的探析！这似乎是一条普遍规律，虽然，每个历史时期仁政与暴政的具体内容有变化有区别，但是基本原则是通用的。

对于孟子的"仁政"思想，毛泽东是承认的接受的，并且借鉴到实践中来。各种敌人辱骂共产党人实行"暴政"，革命队伍内部的不同意见呼吁施行"仁政"，也促使毛泽东对这个问题做过缜密、慎重、深邃的思考。不过，他运用马克思主义唯物史观，将孟子的"仁政"思想改造为新的执政理念。他把"仁政"不仅区分出"大仁政"与"小仁政",而且区分出施行"仁政"的对象有"人民内部"与放弃反动行为的接受改造教育的"反动派与反动阶级"的分子,而对继续反动行为的"反动派与反动阶级"则实行专政。在这样新的"仁政"理念指导下,毛泽东从理论与实践的结合上正确地处理了抗日战争、抗美援朝战争、工农联盟、社会主义时期两类不同性质的矛盾,即对人民实行"仁政"(民主)、对敌人实行专政等极其重大的历史性课题。可以说,树立新的"仁政"观,是毛泽东品读《孟子》最有收获的亮点。

明察秋毫而不见舆薪

（引用之五）

《孟子·梁惠王上》第七章记载：

齐宣王有一次见人牵着牛从大殿前走过，听侍臣说要用牛血祭钟。宣王犹疑了一下说："别宰了，看它哆哆嗦嗦的样子，怪可怜的。"为了不废除祭钟仪式，宣王命杀羊去代替牛。

不久，齐宣王接见孟子。他想以齐桓公、晋文公为榜样，做一番霸主的事业，希望孟子给予指教。所以，宣王开口便对孟子说："齐桓公、晋文公在春秋时代称霸的事迹，您能讲给我听听吗？"

孟子用遁辞避开说："孔子的弟子没有谈到齐桓公、晋文公的事迹，所以也没有传给后代，我也不曾听说过。大王如果一定要我说，我可以讲讲用道德的力量来统一天下的王道，好吗？"

宣王问道："用道德怎样才能统一天下呢？"

孟子回答说："施行仁政，百姓生活安定了，就能统一天下。"

宣王问："像我这样的人，能够使百姓的生活安定吗？"

孟子毫不犹疑地说："能够。"

宣王问："您根据什么说我能够呢？"

孟子说："我曾听说大王不忍心用牛血祭钟，不知道真有这回事吗？"

宣王回答："有这回事。"

孟子说："凭这样的心肠足可以使天下归服了。大王这种不忍之心正是仁爱之心啊！"

宣王听了高兴地说："《诗经》说，'别人存啥心，我能揣摩到'。您就很能揣摩到别人的心啊！您说得很对，我确实有不忍之心，可是我不大明白，我这种心思却和王道吻合，又是什么道理呢？"

孟子思索了一下回答说："假定有一个人向大王报告，我的力气能够举起三千斤，却拿不起一根羽毛；我的眼力能够看清秋天鸟儿身上的细毛，但一车子柴火摆在眼前却瞧不见。你会相信吗？"

宣王说："不会相信。"

孟子坦率地说："一根羽毛拿不起来，只是不肯用力气罢了；一车子柴火都瞧不见，那是不肯用眼睛看一看罢了。如今大王的不忍之心能使牲畜沾光，却不能使百姓得到好处。依我看，大王大概不是不能，而是不肯对老百姓施加恩惠吧。所以王没有使天下归服，是不肯做，而不是不能做。"

宣王说："不肯做和不能做的情形有什么不同呢？"

孟子答道："把泰山夹在胳膊下而跳过北海，告诉人说：'我办不到。'这是真的不能。为老年人折树枝，告诉人说：'我办不到。'这是不肯做，不是不能做。因此，大王没有使天下归服，不是胳膊下夹着泰山而越过北海一类，而是属于不替老年人折取树枝一类。"

宣王似乎懂得了这个道理，没有再继续辩护。

"明足以察秋毫之末，而不见舆薪"这句话，就出自《孟子·梁惠王上》第七章：

> （孟子）曰："有复于王者曰：'吾力足以举百钧，而不足以举一羽；明足以察秋毫之末，而不见舆薪。'则王许之乎？"
>
> （齐宣王）曰："否。"
>
> （孟子）曰："今恩足以及禽兽，而功不至于百姓者，独何与？然则一羽之不举，为不用力焉；舆薪之不见，为不用明焉；百姓之不见保，为不用恩焉。故王之不王，不为也，非不能也。"

《孟子》这段话的意思，前面所讲的故事中已经有了。

孟子用这个显然违背常理的现象试图说明"不肯做"和"不能做"的区别，以说服齐宣王接受仁义霸天下的建议。

孟子与梁惠王的对话是围绕着如何实行仁政而展开的。在孟子看来，梁惠王没有实行仁政，不是不能做，而是不肯去做。

《孟子·梁惠王上》这篇文章比较集中地阐明了孟子的仁政思想，以不忍人之心，行不忍人之政，这是孟子思想的一个主要内容。其实，孟子劝说齐宣王施仁政，在诸侯混战的战国时代，各诸侯国相互兼并，只有靠武力才能解决生存问题，而想通过施仁政达到统一天下，长治久安，这显然是不合时宜的。本篇主旨是关于王道政治的说教，但作者行文却没有采取抽象说理的方式，而是采用许多形象的比喻，写得十分生动感人；文意层层推进，显得条理清楚，结构谨严。

两千年前，孟子用"舆薪之不见，为不用明焉"批评齐宣王对仁政王道视而不见；抗战初期，毛泽东用"明足以察秋毫之末，而不见舆薪"批评国民党中的顽固派分子对抗日统一战线采取不承认主义。

1939 年 9 月 24 日，毛泽东在同美国记者斯诺谈话时说：

> 中国早已有实际上的统一战线，在大多数人民的心中、口中、文字中、行动中，也已有了名义上的统一战线，这就是说，在大多数人的心中、口中、文字中、行动中，已有了名义上与实际上的统一战线。但是，在一小部分人中间，他们也许实际上承认了统一战线，而在名义上却是不愿承认的，在他们的口头上与文字上是没有什么统一战线的。我们从前对于这些人的这样一种态度，称之为阿 Q 主义。……中国的若干阿 Q 主义者中间，我想很有一些可能进步的人，如果说，他们现在还不承认有所谓统一战线甚至于有所谓共产党存在的话，那末，谁也不能排除，于将来的某年某月某日，他们也能在名义上、实际上都承认共产党与统一战线的存在。中国从前有一个圣人，叫作孟子，他曾说："明足以察秋毫之末，而不见舆薪。"这句话，形容现在的阿 Q 主义者，是颇为适当的。（《毛泽东文集》第二卷，人民出版社 1993 年版，第 239—240 页）

抗战爆发后，中国共产党和其他社会进步人士为促成抗日民族统一战线而多方奔走。国民政府在强大的舆论压力面前也不得不做出"赞成"的姿态以"迎合"形势的发展。1937 年 9 月 20 日，国民党中央通讯社发表了周恩来在七月庐山谈判时向蒋介石提交的《中共中央为公布国共合作宣言》。次日，蒋介石又发表了《对中国共产党宣言的谈话》。其间虽对中共仍有指责，但不得不在事实上承认了共产党在全国的合法地位，指出了团结救国之必要。至此，以国共合作为基础的抗日民族统一战线正式形成。

国民党虽然在事实上承认了共产党的合法地位，但并不肯平等对待之。

随着抗日战争进入相持阶段，蒋介石逐渐感到日本军事进攻的威胁已较原来大大减轻，而中国共产党领导的抗日根据地和游击战争在敌后的迅速发展却使他越来越忧心忡忡。在合作抗日的同时，他们仍大肆鼓吹"一个主义""一个政党""一个领袖"的理论，并在国民党五届五中全会上制定了"溶共""限共""防共""反共"的方针，进一步限制共产党及其民主运动。蒋介石在开幕词中虽然谈到要抗战到底，不能半途而废，但他把抗战到底解释为只恢复到七七事变以前的状态。

对于国民党"两面派"的做法，毛泽东早有认识。他多次在会议上发言，要求广大党员干部既要认识到国民党是当前中国最大的、享有统治权的政党，没有他们的参加，全民族的抗日统一战线就难以形成的现实，同时也要注意到以蒋介石为代表的国民党对共产党及其武装力量的限制始终没有停止过的事实。因此，制定党的具体政策时，就要综合"联合"与"斗争"的两重性，恰当地处理好两种关系的"度"。与此同时，面对日益恶化的国内政治形势和愈演愈烈的军事摩擦，中国共产党本着"坚持抗战，反对投降；坚持团结，反对分裂；支持进步，反对倒退"的政治原则，给了国民党以有力的批驳和反击。

毛泽东等领导人还同中外新闻界人士广泛接触，通过他们向全国乃至全世界人民宣传中国共产党坚持团结抗战的立场。

1939 年 9 月下旬，斯诺通过种种关系得以辗转到达延安，与毛泽东再次相逢。斯诺此次在延安访问了十多天。其间，毛泽东和他有过两次谈话。在 24 日谈话的一开始，斯诺就告诉毛泽东，他在重庆曾访问过张群将军，张群说，现在没有什么统一战线的问题，中国只有一个合法的党——国民党，一个合法的政府——国民政府。"边区政府"都是完全非法的，终究必将被取消。蒋鼎文将军在西安也告诉他说，中国除国民党外，再没有其他合法的党了，共产党在与蒋委员长表示一致之后已不复存在，因此，现在是没有什么统一战线的问题的。斯诺还谈到，蒋介石自己最近也对一位德国记者说："现在中国已经没有一个共产党员剩下来了。"这显然是否认共产党的合法地位，因此，也否认了统一战线的观念。

对国民党中顽固派分子这种掩耳盗铃的做法，毛泽东进行了有理有据的反驳。毛泽东批评他们是"不见舆薪"的阿 Q 和希特勒。

毛泽东与斯诺此次会谈之时，中国的全面抗战已进行两年多（1937 年7 月至 1939 年 9 月），统一战线与共产党在"名义上""实际上"早已存在，但是国民党右派如张群、蒋鼎文之流，对统一战线与共产党就是视而不见听而不闻，采取"不承认主义"。这实际上是在破坏抗战民族统一战线。

毛泽东把那些对统一战线视而不见的人斥之为阿Q主义者，对斯诺说："在一小部分人中间，他们也许实际上承认了统一战线，而在名义上却是不愿承认的，在他们的口头上与文字上是没有什么统一战线的。我们从前对于这些人的这样一种态度，称之为阿Q主义，因为在鲁迅先生小说中所描写的那个阿Q，就是天天说自己对、自己胜利，而人家则总是不对、总是失败的。"

为了说明这种阿Q精神的危害，毛泽东又举了希特勒的例子。希特勒不承认有苏联这个国家，只认为"这是个名称"，但最终却发现实际上存在这个国家，无奈地接受了这个现实。接着毛泽东引用孟子"明足以察秋毫之末，而不见舆薪"这句话，说明国内的某些人，之所以无视统一战线和共产党合法地位的存在，其实不是没有能力看不见，而是不愿看，或不肯看。他们就像孟子所说的"明足以察秋毫之末，而不见舆薪"的人一样，以一种自欺欺人的态度来否认统一战线的存在，他们的言行是不符合中国抗战时期客观现实的。但最终，这些充当着阿Q角色的人，终将会有像希特勒一样受了教育而发生某种觉悟的时候，终究会有接受统一战线存在的事实。

出于维护抗日统一战线大局的考虑，毛泽东认为像张群、蒋鼎文之流的话，大多数有良心有诚意的国民党员都不会说的，因为他们都是懂得抗战第一、团结第一的人。至于作为国民党党魁的蒋介石，更不会讲。当然，如果蒋介石真的讲了的话，就请他改正。只要能真心悔改，一定还会受到全国人民的爱戴。

毛泽东引用孟子的话，指出有些顽固派分子虽然明察秋毫但是"不见舆薪"，使斯诺对中国共产党、统一战线、抗战前途有了更为深切的认识。同时，也充分表达了中国共产党坚持团结抗战的决心和诚意，对于争取国内外各方面的同情与合作起到了重要的作用。

社会养老与"老吾老，幼吾幼"

（引用之六）

"老吾老，以及人之老；幼吾幼，以及人之幼。"语出《孟子·梁惠王上》第七章：

> 老吾老，以及人之老；幼吾幼，以及人之幼。天下可运于掌。《诗》云："刑于寡妻，至于兄弟，以御于家邦。"言举斯心加诸彼而已。故推恩足以保四海，不推恩无以保妻子。古之人所以大过人者，无他焉，善推其所为而已矣。

孟子在魏国时，梁惠王常言利以求富国，孟子否定讲"利"，认为提倡仁义才能富国强兵。由于政见不合，孟子的学说自然得不到梁惠王的认可。

梁惠王死后，太子襄王即位。孟子同他有过一次交谈。主要讲天下怎样才能安定的问题。这次交谈，给孟子留下了很差的印象。孟子回来对弟子说：梁襄王，离远看他不像人君的样子，走到跟前也看不到他的威严，简直不像一个君主。

从《梁惠王上》篇看来，孟子在魏国实行仁政的希望破灭了。那时"齐（国）稷下学士复盛"。孟子听到这个消息后，遂带领弟子们，从魏国第二次前往齐国。

此时，正是齐宣王二年。上述孟子这段话，即齐宣王想效法齐桓公、晋文公，就如何"王霸天下"一事，寻问孟子。在这次对话中，孟子没有正面回答齐宣王的问题，而是故意岔开话题，由浅入深，循循诱导，逐步阐述以仁义道德的力量来统一天下的"王道"。

孟子说：尊敬自己家里的长辈，从而推广到尊敬别人家里的长辈；爱护自己家里的小孩，从而推广到爱护别人家里的小孩。如果一切政治措施都能这样，有推己及人之心，统一天下就轻而易举了。《诗经》上说的先给妻子做好榜样，再推广到兄弟，再进而推广到封邑和国家，就是指的这种推恩思想。所以，能够这样由近及远地推恩于人，就足以安定天下；不这样，就连自己的妻子儿女都保护不了。古代的圣贤之所以远远超过别人，没有别的奥妙，只是善于推广他的善行罢了。

这样推己及人，再继续往下推，推到天下人民，用仁爱精神对待自己所管辖的人民，这样才能得到百姓的拥护和爱戴，自然也就得到了天下，这是孟子"仁政"学说的主要内容之一。

齐宣王提到的齐桓公、晋文公，皆是春秋时的霸主。齐宣王热衷霸道，效法先王；孟子提倡王道，反对霸道，故对宣王所提"王霸天下"之事，避而不谈。孟子反对用武力征服别人，以为"以力服人"则心里不服；只有"以德服人"，才能使人心服。以德服人，是儒家的传统。它的好处就在于能够争得民心，得到民众的支持。孟子认为"仁者无敌"。靠武力征服，即使暂时取得胜利，也不会长久。

孟子的推恩思想，体现了儒家的传统。儒家反对单纯使用刑罚等暴力手段，而强调用道德教化去争取人民的服从和拥护。这种主张对于缓和阶级矛盾，稳定封建的政治、经济制度发挥了很大的作用。在长期的中国封建社会中，一些非儒家的派别之所以敌不过儒家，儒家在汉武帝之后始终能保持独尊的地位，以致儒家思想成为封建社会的道统，都和这种仁政思想有极为密切的关系。

对孟子"推恩老幼"的思想，毛泽东也曾借鉴过。

1958 年 11 月到 12 月，中央在制定《关于人民公社若干问题的决议》。其间，毛泽东在修改《决议》时，提到建立敬老院与幼儿园问题：

> 要办好敬老院，为那些无子女依靠的老年人（"五保户"）提供一个较好的生活场所。

> 托儿所，幼儿园……我们所举办的这类事业，则是社会主义性质的，便利于社会主义事业的发展，便利于人类个性的解放，真正彻底地解放了妇女群众，并使儿童教养得更好些，因而得到

全体劳动人民，首先是妇女群众的热烈欢迎。（《建国以来毛泽东文稿》，第七册，中央文献出版社 1992 年版，第 572—573 页）

1958 年 11 月，湖北省委制定《关于做好当前人民生活的几项工作的规定》。其中有：

"关心老年人和妇女儿童。第一，办好敬老院，使无依无靠的老人，老有所养；第二，办好托儿所和幼儿园……"毛泽东为这个文件制定了标题——"关于人民生活问题"，并批示："此件很好。"（《建国以来毛泽东文稿》，第七册，中央文献出版社 1992 年版，第 555—556 页）

1958 年 11 月下旬，武昌会议和八届六中全会在湖北省武昌举行。

11 月 30 日下午，毛泽东于八届六中全会期间，主持召开党中央政治局常委和各协作区主任会议。毛泽东讲：

今年夏、秋两季，我们国家出现了两个大问题，一为人民公社，二为以钢为纲。城市要不要办公社？肯定要办。但可以等候一下，资产阶级知识分子听了思想很混乱，要作酝酿，要使人懂得，要把问题讲清楚。

生活集体化，以家庭问题为中心，展开回答。杜勒斯攻击我们，一有机会就整我们的人民公社，说我们一是奴隶劳动，一是破坏了家庭。这要回答。其实资本主义国家早就消灭了家庭，完全是金钱关系，真正不忠不孝，不仁不义，父不认子，子不认父，老子讨饭，儿子不管，下饭馆了，各人开账。我们现在是社会养老，"老吾老以及人之老，幼吾幼以及人之幼"。（李锐：《大跃进亲历记》（下），南方出版社 1999 年版，第 370 页）

毛泽东讲话中谈到我国实行社会养老问题时，引用了《孟子·梁惠王上》第七章"老吾老以及人之老，幼吾幼以及人之幼"这句话。毛泽东所说的社会养老，是指我国实行的社会养老保险制度。它是国家根据人民的体质和劳动力资源情况，规定一个年龄界限，当劳动者达到这个年龄界限时作为年老丧失劳动能力，解除劳动义务，由国家和社会提供物质帮助，保障其晚年基本生活的一种社会保障制度。

我们的国家，人民当家做主。人与人之间，是平等互助的关系。社会主义实行按劳分配，保障人民的利益，最大限度地满足人民的需求，努力做到老有所养、幼有所教。毛泽东引用孟子推恩老幼的思想，在于进一步佐证我国社会设立敬老院和幼儿园的必要性。

孟子不但有推恩老幼的理论，而且设计了具体蓝图。在《梁惠王上》篇第三章，记载孟子对梁惠王说：

> 五亩大的宅园，在里面种植桑树，50岁的人就能穿上丝绵袄了。鸡狗和猪等家畜，不扰乱它们养育的时节，70岁的人就能吃上肉了。百亩大的农田，不去妨碍农夫适时耕种，8口人的家庭就可以免于饥饿了。认认真真地办学校，反复用孝悌的道理来教导子弟，须发斑白的老人就不必背着或顶着重物在路上行走了。（"五亩之宅，树之以桑，五十者可以衣帛矣。鸡豚狗彘之畜，无失其时，七十者可以食肉矣。百亩之田，勿夺其时，八口之家可以无饥矣。谨庠序之教，申之以孝悌之义，颁白者不负戴于道路矣。"）

孟子这段话，讲的其实就是社会保障。即，要老有所养，老百姓的温饱问题得到解决。这是孟子为梁惠王设计的理想蓝图，也可以看作是中国传统的养老之法。它是孟子"老吾老以及人之老，幼吾幼以及人之幼"的仁政学说的具体体现。

然而，孟子所生活的战国时代，战争频繁，生产力低下，老百姓吃饭问题都解决不了，孟子设计的蓝图虽然不高，也难以实现。

尊老爱幼是中华民族的优良传统。孟子的理想蓝图，只有在今天共产党领导下的新中国才能得以全部实现。毛泽东时代就尝试探索它的具体办法。令人欣慰的是，从毛泽东谈到的"社会养老"到今日的中国，尤其经过三四十年的改革开放，综合国力大幅度提高，居民生活水平也有相当幅度的改善。中央提出建立农村养老保险，努力让全体人民"老有所养、病有所医、住有所居"。儿童入托入园条件更臻完善。这是党和政府的重大惠民政策，是健全我国社会保障体系的重大制度建设，这是人类的进步。

毛泽东品《孟子》

独夫民贼敢于进犯则取自卫立场

（引用之七）

"独夫民贼"一语，是由"独夫"和"民贼"两个词语组成。"独夫"一语，出自《孟子·梁惠王下》第八章：

> 齐宣王问曰："汤放桀，武王伐纣，有诸？"
> 孟子对曰："于传有之。"
> 曰："臣弑其君，可乎？"
> 曰："贼仁者谓之'贼'，贼义者谓之'残'。残贼之人，谓之'一夫'。闻诛一夫纣矣，未闻弑其君也。"

"民贼"一语，出自《孟子·告子下》第九章：

> 孟子曰："君不乡道，不志于仁，而求富之，是富桀也。'我能为君约与国，战必克。'今之所谓良臣，古之所谓民贼也。"

在《孟子·梁惠王下》篇中，孟子认为破坏仁爱的人叫"贼"，破坏道义的人叫"残"。既谓之"贼"，又谓之"残"的人叫"一夫"。一夫也就是"独夫"。孟子明确界定了破坏"仁爱"和"道义"的人，就是独夫。

在《孟子·告子下》篇中，孟子指出那些不向往道德，无义于仁的，助纣为虐，不惜发动战争肆意掠夺土地和财富的臣子，就是残害百姓的人，就是民贼。

后来，独夫民贼连用，比喻十分孤立、暴虐无道、祸国殃民的统治者。

从这里可以看到，孟子认为：实行仁义的有道的君主，是君；破坏仁义的无道的君主，不是君，而是独夫，可以把他流放，也可以把他杀掉。"汤放桀，武王伐纣"这样的行为，不是弑君，而是诛杀独夫。在古代君民等级森严的情况下，孟子在民贵君轻的思想基础上，大胆地承认了人民有权杀死暴君。他认为残害人民的就不是"君"，而是独夫，是民贼，可以人人得而诛之。这种具有人民性的激进思想，反映了孟子政治思想中比较进步的一面，是可贵的。

1945 年 8 月 13 日，毛泽东在《蒋介石在挑动内战》一文中说：

> 无怪中国法西斯头子独夫民贼蒋介石，在敌人尚未真正接受投降之前，敢于"命令"解放区抗日军队"应就原地驻防待命"，束手让敌人来打。

同月 16 日，毛泽东在《评蒋介石发言人谈话》一文中又说：

> 共产党主张成立联合政府，就为制止内战。现在蒋介石拒绝了这个主张，致使内战有一触即发之势。然而，制止蒋介石这一手，是完全有办法的。坚决迅速努力壮大人民的民主力量，由人民解放军占大城市和解除敌伪武装，如有独夫民贼敢于进犯人民，则取自卫立场，给以坚决的反击，使内战挑拨者无所逞其伎。(《毛泽东选集》第四卷，人民出版社 1991 年第 2 版，第 1137、1150 页)

1945 年 8 月 10 日，在刚刚传来日本政府乞降的消息的时候，为迫使日伪军迅速投降，我八路军总部向各解放区抗日部队发布向日伪军加紧进攻的命令，要求各解放区武装部队向敌伪所占地区和交通要道展开积极进攻。

然而，蒋介石却慌了手脚，他明白已退缩在西南和西北地区的国民党主力部队，是难以很快开到华北、华中和东北由日本占领的各主要城市和交通线受降的。为了抢夺抗战胜利的果实，8 月 11 日蒋介石发布命令，要求第十八集团军"应就原地驻防待命"，"不得擅自行动"，不许接受日伪军投降和收缴敌人枪械。与此同时，他又发布了另一个命令，要求各战区将士"加紧作战努力，一切依照既定军事计划与命令积极推进，勿稍松懈"，企图垄断接受日本投降的权利。这两个命令显然是相互矛盾的，蒋介石的用意很清楚，就是要把八路军和新四军的手脚捆起来，而由国民党的军队去独吞抗日胜利的果实。

针对蒋介石的所作所为，毛泽东于8月13日为新华社撰写了评论文章。毛泽东提醒人民："蒋介石在挑动内战。"并且在延安干部会议上，毛泽东在讲演中指出："必须清醒地看到，内战危险是十分严重的，因为蒋介石的方针已经定了。"

8月15日，日本政府宣布无条件投降，中国人民浴血奋战了十四年之久的抗日战争，终于取得了最后的胜利。就在人们还沉浸在胜利欢乐中的时候，一直磨刀霍霍、保存实力、准备内战的蒋介石，就已开始迫不及待地动手争夺抗战胜利的果实，把战争的屠刀又一次指向共产党和共产党所领导的人民军队。内战的阴云又一次笼罩在人们的头顶上。

为了在舆论上蛊惑人心，迅速挑起内战，8月15日，蒋介石令其发言人在重庆举行记者招待会，对中国共产党及其领导下的军队进行攻击，说什么"委员长之命令，必须服从"，"违反者即为人民之公敌"，公然把共产党领导的人民军队宣布为所谓"人民公敌"。

对于国民党发言人的谈话，毛泽东于16日为新华社又写了一篇评论加以批驳。毛泽东指出：蒋介石经过他的发言人，把中国人民的军队宣布为"人民公敌"，这样就表示：蒋介石向中国人民宣布了内战。毛泽东又指出，蒋介石的内战阴谋蓄谋已久，当然不是从11日的命令开始的，而是他在（全面）抗战八年中的一贯计划。在八年（全面）抗战中，蒋介石先后于1940年、1941年和1943年发动了三次大规模的反共高潮，每一次都准备将其发展成为全国范围的内战，只是由于中国人民和盟邦人士的反对，他的内战阴谋才未能得逞。

历史雄辩地说明，是蒋介石在挑动内战，蒋介石才是真正的人民公敌，是不折不扣的"独夫民贼"。而在八年（全面）抗战中，中国共产党早在日本帝国主义开始侵入中国的时候，就要求停止内战，一致对外。并于1936年至1937年，经过努力迫使蒋介石接受了自己的主张，建立了抗日民族统一战线，因而实现了抗日战争。在此期间，中国共产党总是提醒人民，努力制止内战的危险。在抗战即将结束之时，中国共产党同全国人民和全世界关心中国和平的人士一样，认为新的内战将是一个灾难，但是也认为内战仍然是可以制止和必须制止的。

毛泽东的这番精辟论述和彻底揭露，使蒋介石企图发动内战、与人民为敌的"独夫民贼"嘴脸大白于天下，从而使全国各界人民群众更加紧密地团结在中国共产党的周围，共同为制止内战、寻求和平进行不懈的努力。

在全国内战爆发前夕，毛泽东在两篇评论文章中分别引用"独夫民贼"一语，说明蒋介石置国家民族利益于不顾，发动反共内战，必将成为逆历史潮流而动的孤家寡人。同时也警告蒋介石之流，暴虐无道祸国殃民的人，是绝没有好下场的。

箪食壶浆以迎红军

（引用之八）

"箪食壶浆"一语，出自《孟子·梁惠王下》第十章记载：

> 齐人伐燕，胜之。
>
> 宣王问曰："或谓寡人勿取，或谓寡人取之。以万乘之国伐万乘之国，五旬而举之，人力不至于此。不取，必有天殃。取之，何如？"
>
> 孟子对曰："取之而燕民悦，则取之。古之人有行之者，武王是也。取之而燕民不悦，则勿取。古之人有行之者，文王是也。以万乘之国伐万乘之国，箪食壶浆以迎王师，岂有他哉？避水火也。如水益深，如火益热，亦运而已矣。"

在齐宣王六年（公元前314），齐宣王趁燕国内乱之机，派大将匡章领兵十万，渡过黄河北上，去讨伐燕国。由于燕国百姓的配合，齐军势如破竹，逼得燕王哙自刎身亡，相国子之为齐军所杀。燕军一片混乱，齐国很快取得了胜利。

事后，齐宣王很得意地对孟子说："当初有人劝我不要夺取燕国，也有人鼓动我出兵伐燕。最后我出兵了，虽然齐、燕两国都是拥有万辆战车的大国，兵力相当，但我只用了50天的时间就把燕国打下来了。我想光凭人力不至于这么快就做到，一定是天意啊！如果我们当初不出兵打燕国，上天一定会惩罚我们的。现在，我想吞并它，怎么样？"

孟子反驳说："那不是天意，而是人心啊！你看，齐军到了燕国后，燕国的百姓用筐盛饭，用壶盛酒来欢迎大王的军队，他们那是想借大王的力量摆脱水深火热的苦日子，难道会有别的原因吗？"

孟子接着说："现在，是吞并燕国，还是不吞并，要看燕国百姓是否愿意。吞并它，而燕国的百姓高兴的话，就吞并。古人有这样做的，周武王就是。假如吞并它，而燕国的百姓不欢迎，那就不要吞并。古人也有这样做的，周文王就是。如果你占领了燕国，结果使他们的灾难更加深重了，那也不过是换个统治者，由无道的燕国转为齐国罢了。"

这个故事，表露了孟子思想中进步的一个方面。齐国与燕国都是属于"万乘之国"，而齐国能在很短的时间内战胜燕国，齐宣王认为光凭人力是做不到的，他把胜利的原因归于"天意"；孟子却强调这是民心，这在当时的社会中，确实是难能可贵的。

文中的"箪食壶浆"后流传为成语，本义是指百姓献给军队的饮食。这里形容燕国的百姓对齐国军队的热爱和拥护，为的是早日摆脱燕国统治者的残暴统治，以此欢迎和帮助齐国的军队来拯救他们自己。

孟子用"箪食壶浆"赞扬齐国军队，毛泽东则用"箪食壶浆"赞扬敢于击败德国入侵者的苏联红军。

1939 年 9 月，毛泽东在《苏联利益和人类利益的一致》一文中说：

> 苏联现在不过是把过去失掉的土地收回来，把被压迫的白俄罗斯民族和乌克兰民族解放出来，并使免受德国的压迫。这几天的电讯，指明这些少数民族是怎样地箪食壶浆以迎红军，把红军看作他们的救星；而在德军占领的西部波兰地方，法军占领的西部德国地方，则丝毫也没有这种消息。（《毛泽东选集》第二卷，人民出版社 1991 年第 2 版，第 598 页）

第二次世界大战期间，德国法西斯闪电式袭击苏联，侵占了苏联大片领土。白俄罗斯民族、乌克兰民族在敌人占领区的压迫下，十分痛苦地度过三个年头。希特勒分子烧杀掠夺，洗劫了占领区的一切公共财富，数百万平民和苏联战俘被杀害，几乎所有的工厂、学校、建筑物变成了一片废墟，几乎所有的家庭都受到了侵略者的残酷损害。但是，不管白俄罗斯民族、乌克兰民族遭受多大的痛苦，他们从未向敌人屈服，他们从未丧失斗志，从未停止过对占领者的斗争。

　　毛泽东熟读孟子《梁惠王下》这篇文章，在《苏联的利益和人类利益的一致》时事评论中引用"箪食壶浆"这一成语，说明白俄罗斯民族和乌克兰民族对苏联红军的热爱，把红军看作是他们的救星，使他们免受德国的继续压迫，进而也证明苏联卫国战争的正义性。

处于水深火热之中

（引用之九）

"水深火热"这个成语，与前一篇所引成语"箪食壶浆"一样，都是出
自《孟子·梁惠王下》第十章：

> 孟子对曰："取之而燕民悦，则取之。古之人有行之者，武王是也。取之而燕民不悦，则勿取。古之人有行之者，文王是也。以万乘之国伐万乘之国，箪食壶浆以迎王师，岂有他哉？避水火也。如水益深，如火益热，亦运而已矣。"

战国时代，曾有一次齐国打败了燕国。齐宣王想吞并它，将这个意思告诉了孟子，以征求孟子的意见。

孟子对齐宣王说："吞并它而燕国的百姓高兴的话，就吞并。古人周武王就是这样做的。吞并它，如果燕国的老百姓不高兴，那就不要吞并。古人周文王就是这样做的。总之，吞并还是不吞并，要看燕国的百姓愿意不愿意。齐、燕两国都有万乘战车的兵力，齐国攻打燕国时，燕国的百姓用箪盛饭用壶盛汤来欢迎你齐国的军队，这是那里的百姓想摆脱燕国水火般的虐政。如果你占领燕国，使燕国百姓受到的灾难更深重，那燕国的百姓完全会掉过头来对待你，希望别人去解救他们。"

"水深火热"由文中"如水益深，如火益热"这句话简化而来。水、火比喻虐政、灾难，通常用来比喻人民受到的极大灾难和痛苦。

1947年10月10日，毛泽东为中国人民解放军总部起草政治宣言。在

宣言中毛泽东引用了"水深火热"这个成语。他说：

> 蒋军所到之处，杀人放火，奸淫掳掠，实行三光政策，同日本强盗的行为完全一样。去年十一月，蒋介石召集了伪国大，宣布了伪宪法。今年三月，蒋介石驱逐了共产党的代表。今年七月，蒋介石下了反人民的总动员令。对于全国各地反对内战、反对饥饿、反对美帝国主义侵略的正义的人民运动，对于工人、农民、学生、市民和公教人员的争生存的斗争，蒋介石的方针就是镇压、逮捕和屠杀。对于国内各少数民族，蒋介石的方针就是实施大汉族主义，摧残镇压，无所不至。在一切蒋介石统治区域，贪污遍地，特务横行，捐税繁重，物价高涨，经济破产，百业萧条，征兵征粮，怨声载道，这样就使全国绝大多数人民，处于水深火热之中。（《毛泽东选集》第四卷，人民出版社1991年第2版，第1236—1237页）

毛泽东在这里引用"水深火热"这一成语，揭露了当时蒋介石统治区域的黑暗，表达了人民领袖对灾难深重的广大人民群众的同情。

1949年1月14日，毛泽东在《中共中央毛泽东主席关于时局的声明》一文中说：

> 所有华东、中原、华北、西北、东北各人民解放区，无一不受到国民党军队的蹂躏。解放区的中心城市延安、张家口、淮阴、菏泽、大名、临沂、烟台、承德、四平、长春、吉林、安东等地，均曾被匪军占领。匪军所至，杀戮人民，奸淫妇女，焚毁村庄，掠夺财物，无所不用其极。在南京国民党反动政府的统治区域，则压迫工农兵学商各界广大人民群众出粮、出税、出力，敲骨吸髓，以供其所谓"戡乱剿匪"之用。南京国民党反动政府取消人民的一切自由权利；压迫一切民主党派和人民团体使其丧失合法的地位；压迫青年学生们的反内战、反饥饿、反迫害、反美国干涉中国内政和扶植日本侵略势力等项正义的运动；滥发伪法币和伪金圆券，破坏人民的经济生活，使广大人民陷于破产的地位；用各种搜刮的方法，使国家最大的财富集中于蒋宋孔陈四大家族为首的官僚资本系统。总之，南京国民党反动政府，在其反

动的卖国的内政外交基本政策的基础之上所举行的国内战争，业已陷全国人民于水深火热之中，南京国民党反动政府决不能逃脱自己应负的全部责任。（《毛泽东选集》第四卷，人民出版社1991年第2版，第1386—1387页）

　　毛泽东在这项声明中再次引用"水深火热"这一成语，说明国民党反动派发动的内战给中国人民带来极大灾难。解放区无论城市，还是乡村，无一不受到国民党军队的蹂躏，他们无所不用其极。国统区的人民，也同样受到国民党反动政府的政治压迫和经济剥削。毛泽东指出南京国民党反动政府，是决不能逃脱自己应负的全部责任的。

古语说：汤武以百里兴

（引用之十）

"汤武以百里兴"："汤"，指商汤，商朝的建立者；"武"，指周武王，西周的建立者。

"汤武以百里兴"这句话，分别见于《孟子·梁惠王下》第十一章和《孟子·公孙丑上》第三章。

《孟子·梁惠王下》第十一章云：

> 齐人伐燕，取之。诸侯将谋救燕。宣王曰："诸侯多谋伐寡人者，何以待之？"
>
> 孟子对曰："臣闻七十里为政于天下者，汤是也。未闻以千里畏人者也。《书》曰：'汤一征，自葛始。'天下信之，东面而征，西夷怨；南面而征，北狄怨，曰：'奚为后我？'民望之，若大旱之望云霓也。归市者不止，耕者不变，诛其君而吊其民，若时雨降，民大悦。"

《孟子·公孙丑上》第三章云：

> 孟子曰："以力假仁者霸，霸必有大国；以德行仁者王，王不待大。汤以七十里，文王以百里。"

齐宣王六年，齐国伐燕，取胜后占领了燕国。齐宣王由于胜利冲昏了头脑，没有听从孟子的劝告，任由齐国的军队在燕国烧杀掳掠，结果遭到了燕国人民的强烈反抗，并引起了其他诸侯国的不满。有些诸侯扬言要联合起来，攻齐救燕。齐宣王听到这一消息后，慌忙地请教孟子该怎么办。

孟子回答说："我听说商汤的时候，凭借方圆七十里的土地就统一了天下，还没有听说像齐国这样拥有纵横一千里的土地而惧怕别的诸侯。《尚书》中说：'商汤发兵吊民伐罪，是从葛这样的小国开始的。'天下人都相信他。因此，他向东征，西夷人有怨言，向南征，北狄有怨言，说什么：'为什么把我们放在后面呢？'老百姓盼望他，就像久旱盼望出现乌云和彩虹一样。汤王讨伐四方，从不惊扰百姓，做生意的照样行商，种田的照常耕作。汤灭夏而抚恤百姓，好像久旱降甘雨，老百姓非常高兴。"

孟子又说："倚仗实力假借仁义之名而称霸诸侯，称霸者一定得具备强大的国力，以此来维系与诸侯各国的关系。而依靠道德，推行仁义使天下归顺的，不一定是大国，如商汤取得天下凭借的仅是方圆七十里的土地，文王取得天下凭借的仅是纵横百里的地方。"

从《孟子》一书的两处记载可以得知，汤原来统治的地方仅方圆七十里，而周文王、周武王伐纣前的领地西伯也不过纵横百里。可是他们战无不胜，最终赢得了天下。这其中说明了一个深刻道理：得民斯得天下，是因为他们行"仁战"，使人心归服。整个天下人民都归向于他们，都盼望他们早日去解放那里的老百姓。孟子认为只有像商汤、周文王、周武王那样的行仁政的人，才能统一天下，才能取得战争的胜利。这里也说明，人民厌恶兼并战争，盼望着安定，谁顺应了人民的这一愿望，谁就能得到人民的拥护，而得到人民的拥护，就能统一天下，没有谁能够阻拦得住。所以，归根结底，力量最大的还是人民。

1942年，毛泽东在陕北公学的一次讲话中说：

今天我要谈的有两个问题：一是能否克服当前的困难，二是全国的团结能不能更进一步。所谓当前的困难是土地失掉，吃了败仗，而日本要把我们的海口封锁，以后的困难还要更严重，因为日本是贪而无厌的，他准备攻打广州，把中心地带武汉占领，截断中国和国际间的交通。

外部的困难，影响到内部的困难，将来我们是否能到吃树皮的程度呢？这在日本把我们团团围住的时候，说不一定。难道我们就不打了吗？还是要打。到那时那么我们怎么办呢？

我们必须为了保卫每一寸土地而奋斗。现在的口号是保卫武汉，保卫广州和南方几省。将来非反攻不足取胜。反攻才可收回南京、太原、山海关，一直打到东三省为止。我们当然不必攻到东京，日本国内自会解决这件事，我们帮助他们就行了。

说着，毛泽东举起右手，在空中摇了一摇。毛泽东继续做着手势往下说：

当前的困难是能够克服的。常常有人发问，假若武汉被敌人占领时怎办？ 古语说："汤武以百里兴。"即使武汉被占，敌人不能把我们的乡村全都占领，我们终久能把他们赶出去。譬如我们遇到的许多困难，奇怪，没有经过以前，总以为没法解决，但是事到眼前，最后也就度过了。困难只在没有经验的人前存在着，但如分析其本质与形式，彻底看一看，就会寻到出路。中国人大体分为三部分：（一）投降；（二）消极；（三）继续干下去。前两部分人害怕困难，只有第三种人才能抱着牺牲的决心，直干到底。只要你有牺牲的决心，困难一定会克服的！（孙琴安、李师贞：《毛泽东与名人》，江苏人民出版社 1993 年版，第 1048 页）

"汤武以百里兴"这句古语，是毛泽东对《孟子》两处记载的概括，孟子的原话商汤、周武（文）是分叙的。孟子的意思是商汤、周武王最初分别从方圆七十里、方圆百里的小国起家，进而能安民统一了天下。

1942 年，抗战局面很艰巨。武汉等处于战略要地的大城市纷纷陷落敌手，不少人惊恐起来。毛泽东在陕北公学的讲话引用"汤武以百里兴"这句古语，意在说明今天，即便是日本人占领了武汉，也不可能把我们的乡村全都占领，我们还有广州，还有南方几省，我们还有天下的人民，战略空间、战略回旋余地大得很，我们终究是能把日本人赶出中国去的！

"汤武以百里兴！"这句由《孟子》书中演化来的话，一得毛泽东引用，很快成了抗战中鼓舞士气激励信心的口号。

孟子所论浩然之气

（引用之十一）

孟子论"浩然之气"是孟子富于代表性的学说。"它不仅是讲道德教条，而且概括地讲一种精神境界。它不仅是概括地描述了这种精神境界，而且比较详细地阐述了达到这种境界的方法。"（冯友兰《中国哲学史新编》）"达到这种境界的方法"即道德修养方法，这就是孟子的"养气"说。

1917 至 1918 年，毛泽东在湖南省立第一师范学校读书期间，在读《伦理学原理》时，写有大量批注，所运用的哲学范畴，如"良能""良知""尽心""知性"以及"养吾浩然之气"等大都出自《孟子》。

《伦理学原理》为德国哲学家、伦理学家包尔生（1846—1908）的主要代表作《伦理学体系》的一部分。杨昌济在湖南省立第一师范学校讲授修身课时，曾将此书作为教材。

学生毛泽东在《伦理学原理》批注中，写有这样一段话：

> 吾尝观古来勇将之在战阵，有万夫莫当之概，发横之人，其力至猛。谚所谓一人舍死，百人难当者，皆由其一无顾忌，其动力为直线之进行，无阻回无消失，所至刚而至强也。豪杰之精神与圣贤之精神亦然。包尔生所谓大人君子非能以义务感情实现，由活泼之地感情之冲动而陶铸之，岂不然哉，岂不然哉！（按：吾之意与孟子所论浩然之气及大丈夫两章之意，大略相同。）（《毛泽东早期文稿》，湖南出版社 1995 年第 2 版，第 220 页）

这里青年毛泽东特别提到"孟子所论浩然之气及大丈夫两章之意"。
关于"大丈夫"一章，本书后面还要论述，此处暂时放下不讲。

孟子论"浩然之气"是同其弟子公孙丑论"动心"开始的。《孟子·公
孙丑上》第二章载：

> 公孙丑问曰："夫子加齐之卿相，得行道焉，虽由此霸王，不
> 异矣。如此，则动心否乎？"
>
> 孟子曰："否！我四十不动心。"
>
> 曰："若是，则夫子过孟贲远矣。"
>
> 曰："是不难，告子先我不动心。"
>
> 曰："不动心有道乎？"
>
> 曰："有。北宫黝之养勇也，不肤桡，不目逃，思以一豪挫于
> 人，若挞之于市朝，不受于褐宽博，亦不受于万乘之君；视刺万
> 乘之君，若刺褐夫，无严诸侯，恶声至，必反之。孟施舍之所养
> 勇也，曰：'视不胜犹胜也；量敌而后进，虑胜而后会，是畏三军
> 者也。舍岂能为必胜哉？能无惧而已矣。'孟施舍似曾子，北宫
> 黝似子夏。夫二子之勇，未知其孰贤，然而孟施舍守约也。昔者
> 曾子谓子襄曰：'子好勇乎？吾尝闻大勇于夫子矣。自反而不缩，
> 虽褐宽博，吾不惴焉；自反而缩，虽千万人，吾往矣。'孟施舍之
> 守气，又不如曾子之守约也。"……
>
> （公孙丑曰：）"敢问夫子恶乎长？"
>
> 曰："我知言，我善养吾浩然之气。"
>
> "敢问何谓浩然之气？"
>
> 曰："难言也。其为气也，至大至刚，以直而无害，则塞于天
> 地之间。其为气也，配义与道。无是，馁也。是集义所生者，非
> 义袭而取之也。行有不慊于心，则馁矣。我故曰：告子未尝知义，
> 以其外之也。必有事焉而勿正，心勿忘，勿助长也。"

孟子所谓"不动心"就是不为个人的利害得失而动摇自己的信念，它
是"浩然之气"的主要内容。"不动心"的外在表现形式就是"勇"，故孟
子谈"不动心"之道就谈到了"养勇"。孟子认为，勇有三种：战国时卫人
孟贲，气力过人，勇武有威严，气势逼人，此为血气之勇；齐人北宫黝，皮
肌被刺不颤动，眼睛被刺不转睛，既不受辱于贱者，也不屈服于权贵，不

靠体力，而是靠勇气，此为志气之勇；又如孟施舍之勇，战不求以必胜，但败也不气馁，不计较胜负，勇往直前。三是大勇，理直气壮之勇。理亏，让于匹夫；理直，不畏于三军。此即曾子之勇。此三种培养勇气的方法：一是靠气力，二是靠志气，三是靠义理，虽说各有所长，都能达到"不动心"，但境界有高低之分。

为此，孟子提出了他的"不动心"之道，即"善养吾浩然之气"说。

什么是"浩然之气"呢？孟子说它既至大，又至刚，充满天地，但也不是一般的气体。这实际是指一种很高的精神境界或精神状态。用现代语言来讲，"浩然之气"即"正气"，其本质内容是"义"与"道"，其表现形态是"至大"又"至刚"。义者，宜也，是合理、恰当的意思。简单地说，义，就是指利国利民的原则。道指客观规律。道与义结合，就是古人所说的"天理良心""合情合理"。用现代话说，就是利国利民和实事求是。所谓"至大"，就是最大，"塞于天地之间"，"无所不在"。所谓"至刚"，言不可屈挠，不可阻挡。

孟子认为，这种"浩然之气"也需要养，而"配义与道"就是养浩然之气之法。它包括两方面，一是"明道"，即了解一种义理，并对之确信不疑；二是"集义"，即常做他所认为应该做的事。此外，还须循序渐进，不能急于求成。为此，孟子讲了一个"揠苗助长"的寓言，说明这种宋人式的"助长"不仅无益，而且有害。

孟子的"养气"说，强调气节，强调主观精神的修养，使人经过客观环境的历练之后，才会产生理想的道德人格，做到不淫于富贵，不移于贫贱，这就是所谓的"大丈夫"。

一个人能够做到"富贵不能淫，贫贱不能移，威武不能屈"，能够坚持为国利民和实事求是，就算是有了正气。

孟子把他的浩然正气看成是在天地间无所不在、与天地同流的一种不可战胜的精神力量，显然是过分地夸大了人的精神力量。孟子的"浩然正气"在封建社会中，曾经激励过一些仁人志士发扬正气，大义凛然。如文天祥，抗元失败被俘，在狱中写下了《正气歌》，赞扬坚强不屈的正气，以此勉励自己，表现了宁死不屈的英雄气概。充满正气的文天祥有一句名言："人生自古谁无死，留取丹心照汗青。"他写的《正气歌》，开头就说"天地有正气"，后面列举了中国历史上有正气的一大批典型人物。因此，孟子的浩然之气的思想，是值得批判地继承和发扬光大的。

毛泽东在《伦理学原理》这段批注后自注：

吾之意与孟子所论浩然之气及大丈夫两章之意，大略相同。

在青年毛泽东看来，纵横驰骋在沙场上的勇将，其所向披靡，勇冠三军，无人能敌，所表现出来的英雄气概，如一夫当关，万夫莫开；其不畏强敌、勇往直前、一无所顾的精神，尤如孟子所说的"浩然之气"，"至大""至刚"，无所不在，无所畏惧。

中国古今有一大批像文天祥这样"威武不能屈"的英雄人物，他们在任何艰难困苦面前，任何威胁面前，任何危险时刻，毫不气馁，决不屈服，从不低头，哪怕是血染沙场，他们视死如归。毛泽东认为古代的英雄豪杰及人们称颂的圣贤所表现出来的精神大概也如此吧！

孟子之"圣人复起"

（引用之十二）

"圣人复起，必从吾言矣"，见《孟子·公孙丑上》第二章。原文为：

> （公孙丑曰：）"何谓知言？"
>
> （孟子）曰："诐辞知其所蔽，淫辞知其所陷，邪辞知其所离，遁辞知其所穷。生于其心，害于其政；发于其政，害于其事。圣人复起，必从吾言矣。"

这是孟子与他弟子公孙丑的对话。公孙丑对孟子说：请问先生的长处是什么？孟子回答，说他懂得辨析言辞。

公孙丑又问："怎样才算懂得辨析言辞？"

孟子明白地回答说："对于不全面的言辞我知道它的片面性，过分的言辞我知道它失足的所在；不合正道的言辞我知道它与正道分歧的所在；躲闪的言辞我知道它理屈的所在。这四种言辞，从思想中产生出来，必然会导致在政治上的危害，如果把它体现于政治设施，一定会危害国家的各种具体工作。如果圣人再出现，一定会承认我的话是对的。"

孟子回答弟子公孙丑，说他自己的长处在于善于分析别人的言辞。并列举了偏颇的、过分的、邪僻的、搪塞的等四种言辞，说自己善于辨别各种不同的言辞，并懂得如何去分析它们的含义。就是圣人复生，也一定会赞同他的话。

人称孟子"好辨"，孟子自谓"知言"，即善于分析别人的言辞。《孟子》

一书论战性强，感情充沛，言辞机敏，气势雄健。"知言"之智，绝非一般。

学生时代的毛泽东曾经将"知言"作为孟子"得大本者"的标志。1917年8月23日，毛泽东在给老师兼朋友的黎锦熙的信中写道：

> 圣人，既得大本者也；贤人，略得大本者也；愚人，不得大本者也。圣人通达天地，明贯过去现在未来，洞悉三界现象，如孔子之"百世可知"，孟子之"圣人复起，不易吾言"。孔孟对答弟子之问，曾不能难，愚者或震之为神奇，不知并无谬巧，惟在得一大本而已。（《毛泽东早期文稿》，湖南出版社1995年第2版，第87页）

黎锦熙，字劭西，湖南湘潭人。著名语言文字学家、教育家。毛泽东在湖南一师读书时的老师，只比毛泽东大几岁。学识渊博，而且品行笃正，堪为人师。毛泽东经常到黎锦熙住处请教，黎总是循循善诱耐心教导。

1915年，黎锦熙应教育部之聘，到北京任职。与毛泽东书信来往较多。毛泽东在致黎锦熙信中，称黎是"弘通广大""可与商量学问，言天下国家之大计"的良师挚友。黎锦熙则记"得润之书，大有见地，非庸碌者"，给予极高评价。

1917年，毛泽东在致黎锦熙的信中，以是否"得大本"（事物的根本道理，引申到政治上就是治国治世的根本之道）为准绳，谈了自己对"圣人""贤人""愚人"的不同理解。论圣人，毛泽东举了儒家两位先师的例子：如孔子之"百世可知"，孟子之"圣人复起"等。

《孟子·公孙丑上》第二章的原话是："圣人复起，必从吾言矣。"毛泽东在信中的引语是"圣人复起，不易吾言"。异文可能是毛泽东未核实原文凭记忆意引促成。"必从吾言"是一定会赞同我的话之意，"不易吾言"是不能改变我的话之意，表达的思想观点大致相近相同，体现出孟子很有理论自信、学术自信和语言自信。毛泽东认为凭借此点，孟子是高居愚人、贤人之上，跨入圣人之列的"得大本者"！

什么是"得大本"的圣人？青年毛泽东概括出理想中的"圣人"应当是通达天地、明贯过去现在未来、洞悉三界现象的人。也就是视野宽阔，胸襟广阔，看问题有历史穿透力，治世能抓住根本，善于审时度势，引导国家民族走向富强之人。

毛泽东从青年起就不做虚空之论，他这样说自有针对性。本年，北京政府正式向德意志帝国和奥匈帝国宣战；段祺瑞辞职出走天津，府院之争愈演愈烈。湘南宣告独立，组成护法军。至此以南北对峙为主要形式的护法战争拉开了战幕。孙中山偕朱执信等人开始护法活动。各地农民不断聚众起事。时中国社会正处于动荡时期。毛泽东在信中引用孟子的"圣人复起，不易吾言"之语，表明青年毛泽东那时仍在期盼有孔孟式的圣人出来拯救乱世，振兴国家。

心悦诚服地执行

（引用之十三）

孟子语"以德服人者，中心悦而诚服也"，后来流传为成语"心悦诚服"。这条成语出自《孟子·公孙丑上》第三章：

> 孟子曰："以力假仁者霸，霸必有大国；以德行仁者王，王不
> 待大。汤以七十里，文王以百里。以力服人者，非心服也，力不
> 赡也；以德服人者，中心悦而诚服也，如七十子之服孔子也。《诗》
> 云：'自西自东，自南自北，无思不服。'此之谓也。"

孟子说的大意是：倚仗实力，假借仁义之名而统一天下的叫作"霸"，要称霸，一定得有强大的国力；依靠道德，推行仁义而使天下归顺的叫作"王"，要称王，不一定得是强大的国家。商汤凭借的仅是方圆七十里的土地，文王凭借的仅是纵横百里的地方。倚仗实力来使人服从的，并不是真心服从，只不过力量不足相敌罢了；依靠道德来使人服从的，人家才会心悦诚服，就像七十个弟子服从孔子一样。《诗经》上说：从西从东，从南从北，无不心悦诚服。说的就是这个意思。

这也是孟子宣扬他的"仁政"学说的一个章节。在孟子看来，实行霸道的大国，它同诸侯各国的关系，是靠实力来维系的，弱国和小国，由于实力不足，只得服侍大国，这是屈从于实力，而不是心中诚服。王道的特征，是依靠道德力量，即实行仁政来称王或统一天下。实行王道的国家，不一定是大国，它同诸侯各国的关系，是通过仁政的力量吸引各国来效法，因

为只有以仁德教化人，才能使人心悦诚服。所以，孟子是一贯尊王道而抑霸道，强调"以德服人"，否定"以力服人"。

由此而来的"心悦诚服"一语，被人们长期使用。现在说"心悦诚服"，泛指使人感到从心眼里高兴和佩服。

1940年3月6日，毛泽东在《抗日根据地的政权问题》一文中说道：

> 必须教育担任政权工作的党员，克服他们不愿和不惯同党外人士合作的狭隘性，提倡民主作风，遇事先和党外人士商量，取得多数同意，然后去做。同时，尽量地鼓励党外人士对各种问题提出意见，并倾听他们的意见。绝不能以为我们有军队和政权在手，一切都要无条件地照我们的决定去做，因而不注意去努力说服非党人士同意我们的意见，并心悦诚服地执行。（《毛泽东选集》第二卷，人民出版社1991年第2版，第742—743页）

《抗日根据地的政权问题》一文，是毛泽东为中共中央起草的对党内的指示。

毛泽东在这个指示中，首先指出抗日根据地的政权的性质："在抗日时期，我们所建立的政权的性质，是民族统一战线的。这种政权，是一切赞成抗日又赞成民主的人们的政权，是几个革命阶级联合起来对于汉奸和反动派的民主专政。"

由于这种政权的性质所决定，在人员分配上，共产党员、左派进步分子、中间派各占三分之一的比例。这是根据抗日民族统一战线政权的原则。

为了保证共产党在政权中占领导地位，毛泽东要求每一名党员，对于共产党以外的人员，不问他们是否有党派关系和属于何种党派，只要是抗日的并且是愿意和共产党合作的，我们便应以合作的态度对待他们。

在如何对待党外人士问题上，毛泽东做了具体的明确的指示："对参加我们政权的党外人士的生活习惯和言论行动，不能要求他们和共产党员一样，否则将使他们感到不满和不安。"并要求共产党员要以党的正确政策和自己的模范工作，说服和教育党外人士，使他们愿意接受我们的建议。

毛泽东还引用从《孟子》中产生出来的"心悦诚服"这句有生命力的话，教育党员要树立一种民主作风，遇事先和党外人士商量，取得多数人同意，然后去做。共产党人在人民中间进行工作的时候，必须采取民主的说服教育的方法，是毛泽东反复强调的一个原则，孟子"心悦诚服"一语强化了这个原则。使合作者、被领导者心悦诚服，也是一种工作境界，一种工作艺术。

1955 年 9 月、12 月，毛泽东在《〈中国农村的社会主义高潮〉的按语》一文中说：

> 在合作社的指导方针方面，必须实行贫农和中农的互利政策，不应当损害任何人的利益。要做到这一点，也必须建立贫农优势。在中农占优势的合作社里，总是会要排挤贫农和损害贫农的利益的。湖南省长沙县高山乡的经验，充分地告诉我们：建立贫农优势和由此去巩固地团结中农的必要性和可能性，以及如果不这样做，它的危险又会怎么样。本文作者完全懂得党的路线。做法也很对，先去完成紧急的增产任务，后去建立贫农的优势领导。结果，贫农扬眉吐气，中农也心悦诚服。

这是毛泽东对湖南省《长沙县高山乡武塘农业生产合作社从中农占优势转变为贫农占优势的》一文所写的按语。

这个按语回答了在农业合作化过程中必须依靠贫农下中农、团结中农的问题。毛泽东进一步指出合作社的领导成分问题、建立贫农优势和团结中农的意义。毛泽东说："合作社的领导机关必须建立现有贫农和新下中农在领导机关中的优势，而以老下中农和新老两部分上中农作为辅助力量，才能按照党的政策实现贫农和中农的团结，巩固合作社，发展生产，正确地完成整个农村的社会主义改造。没有这个条件，中农和贫农就不能团结，合作社就不能巩固，生产就不能发展，整个农村的社会主义改造就不能实现。"

关于在合作社内，实行贫农和中农的互利政策问题：正确执行贫农和中农之间的互利政策，是我们实现依靠贫农联合中农顺利完成农业合作化的基本因素之一，也是今后巩固合作社的一个重要保证。

在实现合作化的时候，实行互利政策的重点，主要是合理地处理生产资料入社的问题；合作化实现以后，互利政策的重点，则主要是经过合理的生产分工和合理的分配，恰当地调节各社员之间，尤其是贫农和中农之间的收入问题。因此，有必要在积极地增加生产的同时，认真贯彻执行互利政策，合理地调整合作社内部各部分人之间的经济利益，特别是做到贫农和中农之间的互利，这对于加强社内团结、巩固合作社有很大的意义。

在这里毛泽东用"心悦诚服"这个《孟子》成语，说明我们在这方面的工作做得越细致，效果就会越好，不但贫农扬眉吐气，中农也自然会心里服气。

贤者在位，能者在职

（引用之十四）

"贤者在位，能者在职"一语，出自《孟子·公孙丑上》第四章：

> 孟子曰："仁则荣，不仁则辱。今恶辱而居不仁，是犹恶湿而居下也。如恶之，莫如贵德而尊士，贤者在位，能者在职。国家闲暇，及是时，明其政刑。虽大国，必畏之矣。"

这是一段记录孟子与弟子公孙丑论述施行仁政对治理国家非常重要的言论。

孟子认为实行仁政而使天下归顺，对于统治者来说是件荣耀的事情；相反，不实行仁政则难以强国，就会受辱于别的国家。孟子仁政的核心内容就是以德服人，所以，如果不想受辱，想治理好国家，统治者就应"贵德而尊士"，即崇尚道德而尊重士人，任贤用能，并不失时机地修明政治，设立刑典，励精图治，呈现"国家闲暇"，即国家无内忧外患，呈现振兴的局面，这样，即使是别的大国，也一定会有所畏惧而不敢侵犯。

"贤者在位，能者在职"，孟子这句人才学方面的名言，意谓使有德行的人处在合适的官位，使有才能的人担任一定的职务。这里孟子对"贤"与"能"做了区分，以为"贤者"应在位（给予名誉性的地位）并加以尊重，而"能者"则应在职（负责具体工作），并加以使用，让有能力的人有职有权，发挥他们的作用为国家效力。就其本义，贤主要指内在的道德品格或德行，能则指经世治国的实际才干。孟子将尊重贤者与使用能者加以区分，这个意见应当说是很有见地的。

1958 年 7 月，周世钊当选为湖南省副省长。受任新职，思绪万千，于 10 月 17 日致函毛泽东，陈述心事。一周后，即 10 月 25 日，毛泽东复函周世钊。信中说：

> 赐书收到，十月十七日的，读了高兴。受任新职，不要拈轻怕重，而要拈重鄙轻。古人有云：贤者在位，能者在职，二者不可得而兼。我看你这个人是可以兼的。年年月月日日时时感觉自己能力不行，实则是一不甚认识自己，二不甚理解客观事物——那些留学生们，大教授们，人事纠纷，复杂心理，看不起你，口中不说，目笑存之，如此等类。这些社会常态，几乎人人要经历的。此外，自己缺乏从政经验，临事而惧，陈力而后就列，这是好的。这些都是事实，可以理解的。我认为聪明、老实二义，足以解决一切困难问题。这点似乎同你谈过。聪谓多问多想，实则实事求是。持之以恒，行之有素，总是比较能够做好事情的。你的勇气，看来比过去大有增加。士别三日，应当刮目相看了。我又讲了这一大篇，无非加一点油，添一点醋而已。（《毛泽东书信选集》，人民出版社 1983 年版，第 548 页）

周世钊，字惇元，是毛泽东在湖南第一师范学习时的同学，与毛泽东同窗五载，情谊甚笃，后为新民学会会员。中华人民共和国成立前，周长期从事教育工作，支持爱国运动，不与国民党同流合污，表现出了高尚的爱国主义情操。中华人民共和国成立后任湖南第一师范校长，湖南省教育厅厅长，湖南省副省长，全国人大代表，全国人大常委会委员等职。

周世钊同毛泽东相交六十余年，其间屡屡书信往还，并有不少诗词唱和。毛泽东称周世钊是"真能爱我又真能于我有益的人"，周世钊称毛泽东是"素抱宏愿的吾兄"，可见他们虽然身份地位有别，但二人的交情却一向是坦诚而真挚的。

周世钊学生时代受老师徐特立的影响，矢志从事教育事业，不愿涉足政界。1958 年 7 月当选湖南省副省长。对于这一新职，一向谦逊的周世钊担心自己没有从政经验，恐怕自己能力不够，会给党和国家的事业造成损失。为此，他于 10 月 17 日致信毛泽东主席，表达了这种顾虑。一周之后，毛泽东即复信给他，对他进行开导。毛泽东首先鼓励他，受任新职，不要

"拈轻怕重"，而要"拈重鄙轻"。并帮助周世钊剖析产生这种忧虑心理的原因，同时分析周自身具备的优点和素养，坚定其能把工作做好的信心。

在致周世钊的回信中，毛泽东说："古人有云：贤者在位，能者在职，二者不可得而兼。我看你这个人是可以兼的。"

《孟子》一书中，"贤者在位，能者在职"与"二者不可得而兼"两句话本不连用。"贤者在位"与"能者在职"本来只是笼统地强调以有道德的人与有能力的人进行统治，没有"不可得兼"的含义，只是强调一个"在位"，一个"在职"。"二者不可得兼"一语出自《孟子·告子上》，意思不能同时兼顾，只能取其一之意。

毛泽东在这里将两句话合在一起，从字面意义上来说，似乎保留孟子"二者不可得兼"的原义，而蕴含于话中的深意，则在于突出强调周世钊既贤且能，完全是"可以兼的"，能够胜任得了副省长的职位。对于相交数十年、同乡并且同学的周世钊，毛泽东是非常了解的，所以毛泽东认为周"是可以兼的"。周自认为能力不够"实则是因为一不甚认识自己，二不甚理解客观事物"。毛泽东鼓励他"聪明、老实二义，足以解决一切困难问题"。只要持之以恒，行之有素，"总是比较能够做好事情的"。

这既表示对周世钊的理解和信任，也是毛泽东给新任副省长职务的老同学的热情鼓励和鞭策，使周世钊能够放下思想包袱，树立信心，愉快地履行自己的新的使命。

无敌于天下

（引用之十五）

"无敌于天下"一语，出自《孟子·公孙丑上》第五章：

> 孟子曰："尊贤使能，俊杰在位，则天下之士皆悦，而愿立于其朝矣；市，廛而不征，法而不廛，则天下之商皆悦，而愿藏于其市矣；关，讥而不征，则天下之旅皆悦，而愿出于其路矣；耕者，助而不税，则天下之农皆悦，而愿耕于其野矣；廛，无夫里之布，则天下之民皆悦，而愿为之氓矣。信能行此五者，则邻国之民仰之若父母矣。率其子弟，攻其父母，自有生民以来未有能济者也。如此，则无敌于天下。无敌于天下者，天吏也。然而不王者，未之有也。

这是孟子在向他的弟子公孙丑宣传王道政治主张，意思说：一个君主如果能尊重有道德的人，使用有才能的人，杰出的人物在一定的职位上就能有所作为，这样，天下的士人都会高兴，而愿意到他的朝廷去做事了；市场上，如果能够把空房子都让出来储藏货物，不征收租税，一旦货物长久卖不出去，就依法给予收购，这样，天下的商人都会高兴，而愿意把货物存放到他的市场上了；关卡，如果只稽查违禁物品，不征收旅客的行李税，这样，天下的旅客都会高兴，而愿意走那条道路了；对于种田的人，如果能实行"井田制"，只要他们耕种公田，不再征收田税，这样，天下的农夫都会高兴，而愿意在他的田野上耕种了；人们居住的地方，如果不征收雇役钱和地税，这样，天下的老百姓都会高兴，而愿意迁移到他那里去居住了。一个君主如果能实行这五项措施，就是邻近国家的老百姓，也会敬仰他如同敬仰自己的父母一样了。如果邻国的君主率领这样的百姓来攻打他，正如同率领儿女去攻打他们的父母，这种事情从人类有史以来就没有能够成功的。这样，就能无敌于天下。无敌于天下的人，是第一等会统治人的人啊。这样还不能统一天下的，是从来也没有过啊！

孟子从统治者角度出发，宣传他的王道主张，讲到对士、商、旅、农、氓五种人，都应有一种妥善的政治措施，如对士人要"尊贤使能"，对农民要减少租税，对商人要只征房租不征货物税，对于旅者在关卡只检查而不征税，等等。一个君主若能做到这些，"则无敌于天下"。

一生打败天下无敌手的毛泽东，很喜欢孟子"无敌于天下"一语。

1943 年，毛泽东在招待陕甘宁边区劳动英雄模范大会上作《组织起来》的讲话，在讲到组织起来搞好生产时，引用了"无敌于天下"一语。他说：

> 只要我们全体英勇善战的八路军、新四军，人人个个不但会打仗，会做群众工作，又会生产，我们就不怕任何困难，就会是孟夫子说过的："无敌于天下。"（《毛泽东选集》第三卷，人民出版社 1991 年第 2 版，第 929 页）

毛泽东引用孟子此语，旨在激励参加会议的英雄模范组织起来，搞好生产，克服由于敌人重重封锁给陕北革命根据地带来的财政经济上的困难，以渡过难关，争取革命的最后胜利。

同年 9 月，毛泽东视察了南泥湾大生产运动情况，并检阅了部队，观看了战士们的刺杀、投弹、越障碍等军事表演。毛泽东还走进交通沟，察看了新修的作战工事，看后他说：

> 你们生产是模范，练兵也是模范。我们的军队，既要能打仗，又要会生产，既是战斗队，又是生产队、工作队。如果做到这些，我们就会是孟夫子说过的"无敌于天下"了。胡宗南还在我们门口，随时准备进犯边区，同志们要一面备战，一面生产。

两年前的 1941 年，由于日本侵略军的疯狂进攻和"扫荡"，国民党顽固派的军事包围和经济封锁，使解放区（即中国共产党领导的抗日民主根据地）的财政经济发生了极为严重的困难。为了战胜困难，坚持抗日战争，1942 年年底，中共中央提出了"发展经济，保障供给"的方针，号召解放区军民自力更生，克服困难，开展大生产运动。敌后军民在频繁的反"扫荡"作战中，实现劳武结合，一面战斗，一面生产。各级党政干部也都积极投入到大生产运动中，和群众同甘共苦。陕甘宁边区和敌后抗日根据地的大生产运动健康发展，成就显著。

在边区大生产运动中涌现出了许多先进典型。王震将军率领的三五九旅开赴南泥湾实行军垦屯田。经过近三年的奋战，在缺乏生产资金和生产工具的极端困难的情况下，发扬自力更生、奋发图强的精神，把野狼成群、荒无人烟的南泥湾变成了五谷丰登、牛羊成群的"陕北江南"，成为大生产运动的模范。大生产运动的开展，使解放区克服了严重的物质困难，粉碎了敌、伪、顽的军事封锁和经济封锁，为争取抗战胜利奠定了物质基础。

毛泽东视察南泥湾，又一次借用了"无敌于天下"这句话，用来称赞我党领导下的人民军队，肯定了三五九旅在大生产运动中取得的显著成绩。中国革命的历史证明，中国共产党领导下的人民军队，是一支伟大的、英雄的、战无不胜的人民军队，借用孟子的话说，是"无敌于天下"的！

毛泽东

品《孟子》

天时·地利·人和

（引用之十六）

孟子有句对后世影响巨大、应用广泛的话，就是"天时不如地利，地利不如人和"。这句话出自《孟子·公孙丑下》第一章：

> 孟子曰："天时不如地利，地利不如人和。三里之城，七里之郭，环而攻之而不胜。夫环而攻之，必有得天时者矣；然而不胜者，是天时不如地利也。城非不高也，池非不深也，兵革非不坚利也，米粟非不多也；委而去之，是地利不如人和也。"

孟子十分重视天时、地利、人和的条件，他说：天时不及地利，地利不及人和。譬如有一座小城，每边长仅三里，它的外城也仅七里。敌人围攻它，而不能取胜。在长期围攻中，一定有合乎天时的战机，但却不能取胜，这就是说得了天时的却不及占地利的。

又譬如，另有一个守城者，城墙不是不高，护城河不是不深，兵器和盔甲不是不锐利和坚固，粮食不是不多，但是敌人一攻打，便弃城逃走，这就是说占地利的不及得人和的。

统一天下离不开战争，战争的胜负是国君们最为注意的问题。孟子对有关战争胜负的三要素——天时、地利和人和进行了比较，他认为"天时不如地利，地利不如人和"。

孟子所谓的"天时"，是指晴雨寒暑等气象条件是否宜于攻战；所谓"地利"是指地形地貌攻防工事的条件是否有利于战争取胜；所谓"人和"，是指人心归依内部团结是否有利于战争获胜。

对于取胜"三要素"，孟子特别看重"人和"——更重视战争中人的因素。"人和"从字面上看是指人的团结，但其实质是指人民的支持和拥护。孟子认为在天时、地利、人和这三个要素中，最重要的就是要得到人民的拥护。得到人民的拥护，"君子有不战，战必胜矣"，一定会百战百胜。这实际就是说，人民对战争的胜负具有决定性的作用，战争要想获胜，第一要素就是要获得百姓的支持。

孟子把"人和"看成是决定战争成败的主要因素，他看到战争不仅是实力的竞赛，而且也是政治的竞赛，最后起决定作用的仍要看政治的好坏。争取民心，争取人和，反对暴政，这是它的进步意义。这是儒家民本思想在战争上的体现。

《公孙丑下》篇孟子的这句话，很精辟，富哲理。千古名言，毛泽东很喜欢，习以为用。有时取其原意，有时赋予新意，需要结合一定的语言环境加以认真的理解和领会。

天时、地利、人和你们都有了

在毛泽东那里，许多情况下，孟子的"天时、地利、人和"三要素不仅是战争取胜的条件，而且是一种观察事物的方法，具有方法论的价值。

1942 年，为了克服日本侵略者和国民党给抗日民主根据地造成的经济困难，党中央发起了大生产运动。

为了指导好这个运动，毛泽东经常到各地去视察大生产的情况。警卫齐吉树有幸跟毛泽东去南泥湾视察。

1943 年 9 月的一天，毛泽东起了个大早，兴致很高。他喊道："齐吉树，今天我们到南泥湾，九点钟出发，告诉贺清华通知德怀、弼时。"

南泥湾，是个方圆几百里的平川，距延安九十余里，是延安的南大门。据说，很早以前，南泥湾地肥水美，人口稠密。清朝年间，这里民族纠纷迭起，百姓为避战乱，相继弃乡背井。从此，这块富饶美丽的平川，变成了野兽成群荒无人烟的"烂泥湾"。

1940 年冬，八路军三五九旅响应党中央"自己动手，丰衣足食"的号召，在王震旅长的率领下，屯垦南泥湾。经过近三年的时间，战士们用"一把镢头一支枪"使荒无人烟的"烂泥湾"，变成了平川稻谷香、遍地有牛羊的"陕北江南"。

对南泥湾翻天覆地的变化，毛泽东早就想去看看。

中午时分，毛泽东一行来到了南泥湾的阳湾。王震旅长和团长以上的干部已在此等候多时。毛泽东上前和他们热情握手问候，并大声赞赏说："我们一路走一路看，你们的庄稼长得蛮好啊！看起来，今年又是一个丰收年。"

"如果没有天灾的话，问题不大。"王震回答。

毛泽东说："这就好。"

走到七一八团驻地，毛泽东在窑洞里和指战员们亲切交谈。

"这么大的窑洞，几天挖一个？发生过倒塌没有？砸伤过人没有？"毛泽东摸着战士们的被褥，感到有些潮湿，"你们的被褥，要经常晒晒，可以减少疾病。"

彭总说："没有一个很好的身体，怎么能打胜仗？身体是革命的本钱啊！"

七一九团附近有个九龙泉。关于九龙泉，有不少美丽动人的传说。方圆几十米的地方，几口泉眼昼夜不息地汩汩流淌，泉水晶莹透彻，清甜纯净。

毛泽东来到九龙泉，看了周围的地形后，弯腰用手捧起九龙水说："这里的水又清又纯，真好呢！"他看到战士们在黑油油的田地里刨土豆，便拿起铁锹干了起来。

土豆长得又肥又大。毛泽东刨出一个很大的土豆，高兴地喊起来："你们来看，这土豆长得这么大，长得真顽固哟。"

这时，任弼时问身边的一个战士："小同志，你们的土豆长得这么好，主要靠什么呢？"

那个战士回答："上级领导的好呗！"

毛泽东接过话题说：

> 小鬼，你回答得还不全面，我看有三个原因：一是九龙泉的水好，可说是天时；二是土地肥沃，你们上肥多，可谓地利；三是战士们不怕辛苦，这是人和。天时、地利、人和你们都有了，这土豆哪个能有长不好的道理，你同意不同意我的意见？（李家骥、杨庆旺：《毛泽东与他的卫士们》，中央文献出版社1998年版，第295页）

毛泽东总结土豆丰收的原因："天时、地利、人和都有了。"一个土豆，从种子下地，到发芽、开花、结果，直至出土秋收，整个成长过程，的确离不开雨露的滋润、地力的助长、人工的培育。这与孟子把"天时、地利、人和"三要素用于夺取战争胜利的含义显然不同。这已是在方法论意义上运用这条名言。毛泽东对孟子名言品出了滋味，品出了深度，品出了运用的灵活性。

天时、地利、人和都要讲

1948 年 5 月，毛泽东的住处由河北城南庄迁到了北边的花山村。

有一天，警卫排长阎长林带领卫士李银桥等几个人，跟随毛泽东到村外的山上去活动身体。

这时山上的树木正当枝繁叶茂，也正是山花烂漫的季节。

毛泽东拿着他那根丢不下的柳木棍，在开着许多野花的山路上漫不经心地走着，边走边与他身边的人们聊天："你们谁看过《三国演义》呀？"

"我看过！"好几个人回答说，"我也看过。"

"书中写谁的本事大呀？"毛泽东随口一问。

"关公的本事大。"张天义抢先说，"关公在白马坡前斩颜良、诛文丑，保护皇嫂过五关斩六将，后来还水淹七军，威震华夏，连曹操都怕他呢！"

"他也走了麦城么！"毛泽东淡淡地一笑说。

"赵云的本事最大。"石国瑞说，"他在长坂坡救阿斗，单枪匹马，在曹操的百万大军当中杀了七进七出……"

"我说吕布的本事最大！"阎长林打断石国瑞的话说，"虎牢关三英战吕布，刘关张三个人还打不过他一个呢！"

"那他后来为什么又败了呢？毛泽东漫不经心地问。

阎长林回答说："吕布有勇无谋，他不听陈宫的话。"

这时李银桥说："我说还是诸葛亮的本事大，他虽不能上阵打仗，但会用兵，会用计。"

阎长林反驳说："那他六出祁山，还不是一次没成？"

"谋事在人，成事在天。"李银桥说，"那时是没有咱们毛主席，要是有咱们毛主席，凭他刘备、曹操、孙权、司马懿，谁也不行呢！"

听李银桥这么一说，人们都笑起来，就连毛泽东也笑了："银桥呀，你什么时候晓得有司马懿了？"

李银桥知道，毛泽东这是讲他把"司马师"说成"死马尸"的事，便说：

"在杨家沟，我也看了几本书。"

毛泽东停住脚步，在一块大青石上坐下来，用柳木棍拨一拨路边的野草，很认真地对大家说：

> 战争上的事，是要讲谋略的，天时、地利、人和，都要讲。战略上要注重天时和人和，战术上要注重人和和地利。（邸延生：《历史的真言——李银桥在毛泽东身边工作纪实》，新华出版社2000年版，第205—206页）

《三国演义》历来脍炙人口，数百年来一直为人们所喜爱。它是毛泽东读了一生的一部奇书。

毛泽东从少年时代起就爱读这部书。做了中华人民共和国的领袖后，每次外出专列上携带的大批古书中，《三国演义》是必备的。

毛泽东不仅爱读《三国演义》，也经常给身边的人讲三国中的故事，或与身边人谈论三国中的人或事。这次，他和身边的卫士聊《三国演义》中谁的本事大。

毛泽东的本意，是锻炼身边卫士们分析问题、认识问题的能力，使他们在读历史演义小说中学会为人处世，培养统军作战、处理军政事务的才干。

三国时，关羽、赵云、吕布、诸葛亮、刘备、曹操、孙权、司马懿等人的本事都不小。但是毛泽东要教会警卫们全面看问题，他很认真地对大家说："战争上的事，是要讲谋略的，天时、地利、人和，都要讲。"这是对孟子取胜"三要素"的新的归纳。接下来毛泽东又说："战略上要注重天时和人和，战术上要注重人和和地利。"他把"三要素"纳入战略和战术两个层面：天时属于战略层面，地利属于战术层面，人和属于战略战术两个层面都有。这个归纳仍然强调"人和"的无处不在，是对孟子"天时不如地利，地利不如人和"论断的新解释，渗透进毛泽东自己组织指挥解放战争新的军事斗争经验。

毛泽东以一位政治家、军事家特有的目光和智慧，高度概括了战争上的胜负与天时、地利、人和都有关系。换言之，三国人物的胜与败，也不例外。这卓越的见解，这深邃的哲理，的确发人深思，他的卫士们肯定从中学习到不少军事政治经验。

天时、地利、人和诸因素

对孟子的制胜"三要素"，毛泽东有时也将它运用到外交上。

1972 年年初，美国总统竞选期间，毛泽东特别关注竞选情况。有一次他问保健医生吴旭君："你选谁？"

吴旭君说："民主党比较温和些。"

毛泽东说："我的看法正好跟你相反。共和党是靠反共起家的，我还要选共和党的尼克松。而且我已经投了尼克松一票。"

吴旭君问："为什么？"

毛泽东说："民主党在台上的时间比较长了，从 30 年代算起，罗斯福、杜鲁门、肯尼迪、约翰逊一直到 60 年代后期。民主党在台上长达 30 多年。为了顺应美国民意，共和党在大选中赢了，尼克松政府在国内搞些平衡，哪怕暂时做出亲共姿态也是可以利用的。看来，尼克松意识到中国的存在具有一定的威胁性。这一点，他比民主党的各届领袖们略高一筹。"

"你估计谁当选的可能性大呢？"毛泽东问吴旭君。

吴旭君考虑了一下说："这个问题很难说。我了解的背景资料不多。你说呢？"

毛泽东没直接回答，而是说："你天天跟我吹《参考》，你怎么就估计不到呢？"

"有的材料从《参考》里是看不到的，很难说谁当选。"

毛泽东让吴旭君到他桌上拿几份外交部的文件，在吴旭君拿来递给他的时候，他没接，而是望着吴旭君说："这是给你看的，你现在就看。"

吴旭君把这些文件看完，然后放在沙发边的茶几上。

"心里有数了吗？说说看。"毛泽东鼓励吴旭君说。

"我估计可能尼克松会再次当选。"吴旭君谨慎地说。因为这些文件中也没明确提出尼克松当选的可能，只是又提供了些背景材料。

毛泽东用斩钉截铁的话说："肯定是尼克松。我要请他到北京来，你看怎么样？"

吴旭君考虑了一下，反问道："跟一个反共老手会谈？你不考虑舆论界对你施加的压力？你不考虑自己的形象是否会受到影响？这些毕竟是个新事物。"

"你又不懂了，先啃那些啃不动的骨头，好啃的放在一边留着，那是不用费力的。"

说着，毛泽东笑了，吴旭君不明白他笑什么，对他说的也似懂非懂。毛泽东说："你给我背杜甫的《前出塞》。"显然，毛泽东看出了吴旭君的迷惑。

"哪一首？"吴旭君问。吴旭君当时觉得背诗词比搞外交容易多了。

毛泽东先背了一句："挽弓当挽强。"

吴旭君接着往下背道："挽弓当挽强，用箭当用长。射人先射马，擒贼先擒王。杀人亦有限，列国自有疆。苟能制侵陵，岂在多杀伤？"

吴旭君流畅地背完了。

听完了吴旭君背的诗，毛泽东说：

> 在保卫边疆，防止入侵之敌时，要挽强弓，用长箭。这是指武器在战争中的重要性，但不是决定的因素，决定的因素是人。射人先射马，擒贼先擒王。这是民间流传的一句极为普通的话。杜甫看出了它的作用，收集起来写在诗中。这两句表达了一种辩证法的战术思想。我们要打开中美的僵局，不去找那些大头头，不找能解决问题的人去谈行吗？选择决策人中谁是对手这点很重要。当然，天时、地利、人和都是不可排除的诸因素。原先中美大使级会谈，马拉松，谈了 15 年，136 次，只是摆摆样子。现在是到了亮牌的时候啦！（中央文献研究室编：《缅怀毛泽东》下卷，中央文献出版社 1993 年版，第 645—647 页）

说到这儿，毛泽东显得精神抖擞，眼睛闪着光，连烟都忘了抽。这些不假思索、出口成章的话看来在他心中已经琢磨得非常透彻。吴旭君连连点头，表示同意他的说法。

吴旭君说："那么说，非尼克松不行？"

毛泽东说："把共和党这个最大的反共阻力挖掉事情就好办了，非找尼克松不可。"

果不出毛泽东所料，美国竞选总统的结果表明：尼克松以绝对多数票当选连任。

毛泽东教吴旭君懂得：在国际风云变幻的舞台上，谁能掌握主动权，谁就是强者。中国从来不让别人牵着鼻子走，在处理大国之间的关系上，毛泽东不仅在战略上争取了主动，在战术上他也一次次赢得主动。

缓和与西方的关系，打开中美关系的僵局，必得找大头头，找能解决问题的人去谈。这期间当然"天时、地利、人和"都是不可排除的诸因素。最重要的是选择决策人中谁是对手。只有选准了决策的对手，一切问题才有可能迎刃而解。

不难看出，毛泽东这里谈到的"天时、地利、人和"只是一个笼统的概念，似乎从"人和"方面尚能体会出一点孟子的原意。从修辞上讲这是一种借喻，毛泽东以此来比喻打开中美关系的僵局，存在着各个方面的诸多因素，至于是什么因素，并没有明确所指。

毛泽东认为只有尼克松才是最好的决策对手。这不仅是因为他"暂时做出亲共姿态"，更主要是他意识到中国的存在具有一定的威胁性。从这一点而论，尼克松比民主党的各届领袖皆略高一筹。美国总统竞选结果表明，果然不出毛泽东所料，尼克松以绝对优势当选连任。

尼克松刚一连任，毛泽东即把他请到了北京。

1972 年 2 月 21 日，尼克松一行抵达北京，对中国进行为期七天的历史性访问。访问期间，毛泽东主席在中南海会见了尼克松总统。周恩来总理同尼克松总统在北京人民大会堂举行会谈，就中美关系正常化及双方关心的其他问题进行了讨论，并着重讨论了印支问题和台湾问题。

中美交往的大门终于被打开。2 月 28 日，中美双方经过反复磋商，终于在上海发表了《中美联合公报》（又称《上海公报》）。《中美联合公报》的发表标志着中美两国关系正常化的开始，为以后中美关系的进一步改善和发展打下了基础。

要想打开中美关系的大门，"天时、地利、人和都是不可排除的诸因素"。孟子的观点使他考虑复杂问题时尽量周全周到。"人和"方面，抓住了实权决策人物尼克松，"擒贼先擒王"，终于结束了中美之间二十余年的对峙局面。

"天时不如地利，地利不如人和"这句孟子名言，再次发挥了认识问题方法论的作用。

得道多助，失道寡助

（引用之十七）

"得道多助，失道寡助"一语，出自《孟子·公孙丑下》第一章：

> 孟子曰："……故曰：域民不以封疆之界，固国不以山溪之险，威天下不以兵革之利。得道者多助，失道者寡助。寡助之至，亲戚畔之；多助之至，天下顺之。以天下之所顺，攻亲戚之所畔；故君子有不战，战必胜矣。"

《孟子》本章主要是讲国君如何实行王道，获得民心，在战争中获取胜利。《天时、地利、人和》一篇，我们已经谈到孟子把战争的三要素——"天时""地利""人和"做个比较，认为最重要的是"人和"。这种"人和"就是指人心所向，内部团结。

争取"人和"，就在于"得道"。所谓得道，就是符合道义。而道义，在孟子看来就是行仁政。所以说，限制人民不必用国家的疆界，保护国家不必靠山川的险阻，威行天下不必凭兵器的锐利。只要符合道义，帮助的人就多，而不符合道义，帮助他的人就少。帮助的人少到极点时，连亲戚都反对他；帮助他的人多到极点时，全天下都顺从他。凭着全天下顺从的力量，去攻打连亲戚都反对的人，那么，有仁德的国君要么不进行战争，若进行战争，战则必胜。

"得道多助，失道寡助"与"天时不如地利，地利不如人和"一样，亦是孟子的名言，是历史经验的深刻总结，是带有普遍意义的真理。政权的兴亡，人事的更迭，战争的胜败，莫不如此。孟子还说过："桀纣之失天下也，失其民也；失其民者，失其心也。得天下有道：得其民，斯得天下矣。得其民有道：得其心，斯得民矣。"（《孟子·离娄上》）这一段话可以和本章的"多助""寡助"之说相互参看，相互发明。

孟子这种思想从原则上讲无疑是正确的，弱小而进步的社会力量战胜强大而腐朽的社会力量，能否"得道"，能否达到"多助之至"，是取得胜利的必备条件。

在战争年代，地旷人稀，有了人力就有了财富，就能富国强兵。所以民众是宝中之宝，得到民众的拥护和支持，才能坐稳王位和龙廷。孟子深刻地懂得了这个道理。所以他认识到战争的胜负，是取决于人心的向背。孟子说的这句千古流芳的名言，具有一定的人民性和唯物主义的因素，在当时来说，是难能可贵的，在今天仍然有价值。

"得道多助，失道寡助"，是由本章中的"得道者多助，失道者寡助"简化而来，用今天的话来理解，是说坚持正义就会得到多方面的支持和帮助，相反，违背正义就必然会陷入孤立无援的境地。

这是失道寡助的规律

全面抗战进行快一年的 1938 年 5 月，毛泽东审时度势，进行了战略层面的深入思考，撰著了千古杰构《论持久战》。在这篇文章中他说：

> 由于中国战争的进步性、正义性而产生出来的国际广大援助，同日本的失道寡助又恰恰相反。总起来说，中国的短处是战争力量之弱，而其长处则在其战争本质的进步性和正义性，在其是一个大国家，在其国际形势之多助。这些都是中国的特点。（《毛泽东选集》第二卷，人民出版社 1991 年第 2 版，第 449 页）

全面抗战爆发后，在国民党内出现了"速胜论"和"亡国论"等论调。如以蒋介石为代表的亲英、亲美派，顽固地限制人民抗日力量的发展，幻想依赖外援迅速地取胜。而亲日派汪精卫集团则大肆叫嚷"中国武器不如人，战必败"，"再战必亡"，为其公开投敌制造反革命舆论。在共产党内，也有一些人寄望于国民党正规军的抗战，轻视游击战争。但是，抗战十个月的实践证明"亡国论""速胜论"都是错误的，对抗日战争构成极大危害，前者使人们产生妥协行为，后者使人产生轻敌倾向。为彻底批判这两种错误观点，用科学的理论来武装抗日军民的思想，坚定全国人民抗日战争必胜的信心，指明夺取抗战最后胜利的必然之路，毛泽东在总结十个月的抗战经验和红军作战的历史经验后，写出了《论持久战》这篇名著，并首先在延安抗日战争研究会上作了讲演。

在《论持久战》这部光辉的著作里，毛泽东对抗日战争做出了伟大的科学的预见。他批驳了"亡国论"和"速胜论"，论证抗日战争是持久战。他对中日双方的特点做了精辟分析，引用了《孟子·公孙丑下》第一章"得道多助"和"失道寡助"的道理来说明中日双方的优劣。

毛泽东在引用"失道寡助"时所说的"道"与孟子的"道"是不同的。孟子所谓的"道"，是指治国的方法，也就是他极力推行的"王道""仁政"；毛泽东所说的"道"，意指"进步"和"正义"。

毛泽东在文中说日本"失道寡助"，是指它所进行的侵略战争，是非正义的、退步的、野蛮的。"这样就要最大地激起它国内的阶级对立、日本民族和中国民族的对立、日本和世界大多数国家的对立。""日本战争的退步性和野蛮性是日本战争必然失败的主要依据。"

与此相反，中国的国力虽然比较弱，但中国的反侵略战争是进步的、正义的。日本的侵略行为损害并威胁其他国家的利益，因此得不到国际的同情与援助；而中国的反侵略战争能获得世界上广泛的支持与同情，它的优点之一正是"在其国际形势之多助"。这些特点注定最后胜利属于中国而不属于日本。

毛泽东的结论：中国的正义"多助"，日本的"失道寡助"，决定了中国必胜，日本必败。

由此可见，毛泽东观察问题和衡量优劣的立场、视角和方法，与孟子"得道多助，失道寡助"的思想密切相关。

毛泽东在《论持久战》一文中又说：

> 日本虽能得到国际法西斯国家的援助，但同时，却又不能不遇到一个超过其国际援助力量的国际反对力量。这后一种力量将逐渐地增长，终究不但将把前者的援助力量抵消，并将施其压力于日本自身。这是失道寡助的规律，是从日本战争的本性产生出来的。（《毛泽东选集》第二卷，人民出版社1991年第2版，第448页）

在《论持久战》中，毛泽东分析敌方特点时指出，日本的军力、经济力和政治组织力是强的，但其战争是退步的、野蛮的，人力、物力又不充足。从国际形势方面来说，毛泽东指出，日本虽能得到国际法西斯国家的援助，但同时，却又不能不遇到一个超过其国际援助力量的国际反对力量，而这后一种力量将逐渐地增长，终究将把对日的援助力量抵消，并将施其压力于日本自身，这就是"失道寡助"的规律。这是从日本战争的退步性和野蛮性产生出来的。

毛泽东在这里运用孟子"失道寡助"的观点，来说明日本帝国主义及其一切反动的、非正义的、野蛮的人或行为，必然会失去人们的支持和拥护，是注定要失败的。

在这里，毛泽东已将"得道多助，失道寡助"，上升到客观事物"规律"的高度来看待，肯定了它普遍适用的真理性。日本的侵略是非正义的，"失道寡助"，虽强必弱，终究失败；中国的反侵略战争是正义的，"得道多助"，虽弱必强，最终会胜利。

毛泽东阐明了持久战的总方针，揭示了抗日战争的发展规律，给全国人民指出了战胜日本帝国主义唯一正确的道路，对夺取抗战胜利起到了极大的动员和组织作用。中国抗战的最后胜利，也完全证实了毛泽东的科学的正确的论断。

邪不压正，得道多助

"得道多助，失道寡助"一语，有时也单作"得道多助"或"失道寡助"使用。

1954年仲夏时节，毛泽东来到北戴河。

这天下午雨刚停下来，天还阴沉着，毛泽东便要下海去游泳。大家劝阻不住，只好同他到海边去看看，以为他一见那狂吼怒号的海浪，就不会下海了。

来到海边，只见那排山倒海的大浪由远而近，冲到岸边，好像一道又高又大的长城，铺天盖地地冲到岸上。毛泽东看着特别高兴，嘴里不住地念叨着："这才算得上是大风大浪嘛！正好斗它一斗！"说毕，他一面嘱咐身边的同志们，一面准备下海。大家劝阻不住，想到搬兵求救，立刻去报告了同在海滨的几位中央领导同志，请来劝阻。

周恩来总理、朱德总司令、杨尚昆主任等几位中央领导同志都很快赶到了浴场，但是毛泽东一行已游远了。

毛泽东一入大海，立刻击水破浪，游向波峰浪谷。在参差起落中，他时而被大浪举到浪尖，时而落进了波谷，身躯竟是那样灵活自如。

毛泽东早已游过了防鲨网，他一身英雄气概，还论什么惊险！随行人员随同毛泽东漂泊在海洋里，上下颠簸，时隐时现，惊坏了岸上人。岸上的人们紧攥着拳头，人人都捏着一把汗，提心吊胆，目瞪口呆，无言以对。

终于，毛泽东像得胜的英雄，尽兴而归。大家看到他安然无恙，才放下心来。

毛泽东顶风下海游泳上岸后，意犹未尽，在沙滩上一边走一边吟哦魏武帝曹操的《观沧海》诗。还对身边工作人员说：曹操是一位了不起的政治家、军事家，也是一位大诗人。他统一了北方，为创建魏国打下了基础。毛泽东还说："你们都说浪大不能游，可是我们下去了，不也很好，没有什么了不起的嘛。"毛泽东曾多次说过："要到大风大浪里去锻炼自己。"据身边工作人员回忆，毛泽东第一次讲这句话，就是在北戴河搏击大海后讲的。

毛泽东曾经说过：

> 大凡一种凶恶霸道的东西，你如果怕它，它就会欺软凌弱，得寸进尺，就像洪水猛兽和帝国主义那样，无尽期地欺压伤害你，那你就自甘永当弱者了；但是当你一旦觉醒起来，满怀豪情壮志，斗志坚强的时候，就无所畏惧了，还有什么可怕的？人也就聪明了，邪不压正，得道多助嘛，制服他们的办法也就有了，它们被制服了，也就显得温顺了。你看老虎狮子那些吃人的东西，还不是也被关锁起来供人们观赏吗？大海也不例外，你征服了它，还要它驯服地来为你服务，造福人类嘛！所以我们必须要有坚强的意志，才能战胜一切邪恶！豪情壮志可增而不可减，可鼓而不可泄！（沈同：《在毛主席身边的日子》，中央文献出版社1993年版，第96—97页）

毛泽东曾对美国记者安娜·路易斯·斯特朗说："一切反动派都是纸老虎。看起来，反动派的样子是可怕的，但是实际上并没有什么了不起的力量。"

毛泽东运用孟子"得道多助"名言，阐述邪不压正的道理，进一步说明只要正义在身，一切都无所畏惧。鼓励同志们敢于与大海搏斗，敢于与帝国主义斗争。

正是基于对事理的深刻洞察，毛泽东意志坚强，任你狂风暴雨，任你惊涛骇浪，从来无所畏惧！他藐视邪恶，不怕凶顽，不相信人间还有不可征服的敌人，这就是人民的领袖毛泽东！

帝国主义是失道寡助

原河北省委书记、河北省省长李尔重在回忆文章中写道：

1956 年初夏，毛泽东首次要畅游长江。对于毛泽东要游长江，中央领导，尤其是地方的湖北省、市委领导，并不同意，都竭力劝阻。尤其是罗瑞卿，还有汪东兴、王任重都坚决反对。

的确，长江并不同于一般的河流，水势大，旋涡多，流速快。海比江大，但是江比海险。无论流速还是水情的复杂性，长江都比北戴河的海水浴场来得凶险。出点事，无法向党中央和全国人民交代。虽说毛泽东会游泳，水性好，但毕竟年过花甲。

罗瑞卿来劝毛泽东："主席，我是不同意你游泳。我要负起责任。你去游长江我负不起责任。"

毛泽东不听，烦躁地大声说："无非你们就是怕我死在那个地方么！你怎么知道我会淹死？"

罗瑞卿吓了一跳，显得很不安。他怎么敢想毛泽东被淹死？ 他热忱解释："主席，不是那个意思。保护你的安全是党和人民交给我的任务，我是不同意您冒风险。哪怕是一点风险也不许有。"毛泽东还是不听。

那时李尔重还在湖北省任职，陪毛泽东游长江。这之前，毛泽东通知省委说要游长江。

省委跟市委做准备工作，组织游泳运动员们试游了多次，检查了长江的水质，研究了江中是否有有害的水生动物和水的流速、旋涡等，这些都没有什么问题。

但是，同志们总不放心，不怕一万，就怕万一呀。他们决定了两个方案：第一个方案，请中央帮助，尽最大努力，说服毛泽东不要游长江。他们讲了不游的七八条理由，其中突出的一条是水大，旋涡多，流速快。第二个方案才是组织好陪泳的保卫队，准备陪泳。中央没有劝阻住毛泽东，当他来到时，同志们还企图做最后一次努力，向他陈述了一遍劝阻理由。

"你们游过了吧？"毛泽东问。

"游过了！"工作人员回答。

"没有淹死一个吧？"

"没有！"

"那咱们就游吧！"

虽说毛泽东并未听从大家的劝阻，但他对同志们的担心是理解的。

毛泽东没有批评工作人员，可有人还是有点不大满意："老人家是不是有点太任性了！"这是在心里嘀咕的话。

毛泽东早已看出了这个情绪。游完水，坐在船的甲板上，他指了指长江说：

> 世界上，有许多貌似强大的东西，并不可怕。长江大不大？咱们还是可以游的！美帝国主义多么大，好多人都怕它，抗美援朝，咱们顶了它一下，还不是把它顶败了，到底是一只纸老虎！
>
> 说它是纸老虎，是从战略意义上说的。帝国主义总是要灭亡的，是失道寡助的。从这个意义上说，它是纸老虎，我们藐视它。但它又是真老虎，会吃人，从战术上我们又要重视它，认真地对付它。
>
> 在决定是否要抗美援朝时，不少人提了意见，有的说不要惹火烧身，有的说要打也得等咱们建设得强些时再打。我说：天要下雨，娘要嫁人，由不得你，人家已经说了要打过鸭绿江，与其被动挨打，不如主动地去打！迟早是要打的。打了，还不是把它打败了！（李尔重：《像毛主席那样学习和思考》，《中外著名人士谈毛泽东》，大众文艺出版社1999年版，第46—47页）

抗美援朝战争是20世纪50年代初期，中国人民志愿军奉命出兵朝鲜，为援助朝鲜保家卫国，与美国为首的"联合国军"发生的战争。这场战争，志愿军得到了解放军全军和全中国人民的全力支持，得到了以苏联为首的社会主义阵营的配合。仅两年多时间，就打垮了以美国为首的"联合国军"。

从兵力和武器装备对比上看，志愿军之所以能以弱胜强，以劣胜优，除了志愿军英勇善战、军民团结、"得道多助"外，另一原因，如毛泽东所总结的那样，"帝国主义总是要灭亡的，是失道寡助的"。

毛泽东由长江大海的水急浪大，联想到帝国主义的貌似强大。对于这些自然界和人类社会上的庞然大物，敢于藐视，敢于鄙视。游大海，游长江，在于认清水的习性；斗美帝，在于认清它的本性：侵略掠夺，失道寡助。继1956年以后，到1957年，毛泽东四次横渡长江，他感慨地说："长江，别人都说很大，其实，大并不可怕。美帝国主义不是很大吗？我们顶了它一下，也没有啥。所以，世界上有些东西，其实并不可怕。"

懂得了帝国主义"失道寡助"，就可以战而胜之！

得道多助，失道寡助

小国与大国相比，哪个厉害？毛泽东在多次讲话中用辩证的观点进行分析，指出在一定条件下小国比大国强，小国能够战胜大国。关键在小国"得道多助"，大国"失道寡助"！

1970年5月20日，毛泽东发表了支持越南人民、柬埔寨人民的重要声明，标题是"全世界人民团结起来，打败美国侵略者及其一切走狗"，声明中说：

> 无数事实证明，得道多助，失道寡助。弱国能够打败强国，小国能够打败大国。小国人民只要敢于起来斗争，放手拿起武器，掌握自己国家的命运，就一定能够战胜大国的侵略。这是一条历史的规律。（《建国以来毛泽东军事文稿》下卷，军事科学出版社、中央文献出版社2010年版，第365页）

美国侵越战争，从1961年始，至1973年结束，为时12年。

1969年，尼克松当选美国总统。美国人民反战浪潮越来越高。尼克松政府提出了"越南化"政策，重新采用"用越南人打越南人"的手段，同时宣布从南越逐步撤出美国部队。美越继续会谈，并将双方会谈扩大为包括南方民族解放阵线及西贡阮文绍政权在内的四方会谈。但在美越四方会谈的同时，越南战争仍在继续。

1969年3月美国国防军开始秘密轰炸柬埔寨国内的越南民主共和国军事基地；5月汉堡高地战役爆发。1970年3月18日柬埔寨的朗诺将军发动政变，推翻了诺罗敦·西哈努克国王的政府，并成立高棉共和国；5月在高棉共和国的默许下，美国和越南共和国侵略高棉共和国，进攻那里的越南民主共和国军事基地。

在这一历史背景下，毛泽东于1970年5月20日发表了《全世界人民团结起来，打败美国侵略者及其一切走狗》的声明，在声明中毛泽东引用了孟子"得道多助，失道寡助"这句话，旨在说明当时正在英勇抗击美帝国主义侵略的越南人民和柬埔寨人民，将会得到全世界人民的多方支持和帮助，一定会取得抗美战争的最后胜利。

中国是越南民主共和国最主要的支持国和援助国。美国部队从南越撤出后，南越阮文绍政权十分孤立。1975年越南人民发动总进攻，打垮南越傀儡政权，解放了西贡，完成了南北统一。

"弱国能够打败强国，小国能够打败大国。"实践证明了毛泽东的这一科学论断。越南人民和柬埔寨人民，他们拿起了武器，同强大的美帝国主义及其阮文绍的南越傀儡政府进行了英勇的不屈不挠的斗争，浴血奋战，最终获得了统一，赢得了战争的胜利。

1975年1月9日，毛泽东在会见马耳他总理明托夫时又风趣地说："小国比大国厉害，大国怕你们。"毛泽东还在一次谈话中把大国比作大象，把小国比作蚊子，说："蚊子比大象厉害呢！"

毛泽东将孟子"得道多助，失道寡助"的战争观发展为"弱国能够打败强国，小国能够打败大国"的现代战争理念，并且指出"这是一条历史的规律"。毛泽东这种概括，其实践依据已经不仅仅是中国古代和现代的战争，而且包括正在进行的世界上弱小国家和民族反对表面上强大的帝国主义的战争，而这种战争即将取得胜利。毛泽东借鉴孟子的战争指导思想，探索出"一条历史的规律"。

二者必居其一

（引用之十八）

"二者必居其一"，出自《孟子·公孙丑下》第三章：

> 陈臻问曰："前日于齐，王馈兼金一百而不受；于宋，馈七十镒而受；于薛，馈五十镒而受。前日之不受是，则今日之受非也；今日之受是，则前日之不受非也。夫子必居一于此矣。"
>
> 孟子曰："皆是也。当在宋也，予将有远行，行者必以赆；辞曰：'馈赆。'予何为不受？当在薛也，予有戒心；辞曰：'闻戒，故为兵馈之。'予何为不受？若于齐，则未有处也。无处而馈之，是货之也。焉有君子而可以货取乎！"

孟子率领他的弟子们游说诸侯各国时，在离齐、别宋、经薛回家乡邹国的路上，学生陈臻问道："以前在齐国，齐王送您上等金子一百镒，而您不接受，告别宋国，宋君送您七十镒，您接受了；经过薛国，薛君送您五十镒，您也接受了。如果以前不接受是对的，那么现今接受就是错的；如果现今接受是对的，那么以前不接受就是错的了。老师在二者之中，必定有一个不对。"

孟子回答说："都是对的。离开宋国时，我打算远行，对远行的人照例要送些路费，所以他说：'送点路费吧。'我为什么不接受呢？路经薛国时，我听说路上有危险，需要戒备，所以他说：'听说要戒备，特为买兵器送点钱。'我为什么不接受呢？至于在齐国，就没什么理由了。没有理由而送钱给我，就是贿赂我啊！哪有君子可以接受贿赂的呢？"

从孟子和他的学生陈臻这段对话中，可以看出孟子的为人。孟子在待人接物时，既严于义利之辨，又不屑于气量狭小，自命清高。对于弟子陈臻提出的一个两难的问题。孟子认为在宋曰"馈赆"，送路费给他，因要离宋"远行"，他接受了，因为他对宋已尽了力，受之无愧。在薛曰"闻戒"，所赠之金，做路上戒备之用，是有可接受名义的。而在齐则不同，是没有什么理由的，故孟子不受其赠送的百金。所以，孟子回答"皆是也"，都是对的，即受与不受都是有理由的。

"二者必居其一"这一流传很广的词语，来源于《孟子·公孙丑下》第三章的"必居一于此"。

1949 年 1 月 21 日，毛泽东针对国民党南京行政院 1 月 19 日通过的一项无理决议，以中共发言人的名义，写了一篇评论文章。毛泽东在这篇《中共发言人评南京行政院的决议》中说：

> 如果照南京行政院的毫无理由的"决议"，不先行停战就不愿意进行和平谈判，则国民党的和平诚意在什么地方呢？南京行政院的"决议"是做出来了，不先行停战就没有和平谈判的可能了，和平之门从此关死了，而如果要谈判，则只有取消这个毫无理由的"决议"，二者必居其一。如果南京行政院不愿意取消自己的"决议"，那就是表明南京国民党反动政府并无与其对方进行和平谈判的诚意。人们要问：南京方面果有诚意，为什么不愿意商讨和平的具体条件呢？南京的和平建议是虚伪的这样一个论断，难道不是已经证实了吗？（《毛泽东选集》第四卷，人民出版社 1991 年第 2 版，第 1392 页）

毛泽东在这篇评论文章中指出，继蒋介石发表 1949 年元旦"求和"声明后，国民党南京行政院又于 1 月 19 日通过一项决议，无理要求中共"先行无条件停战"，才有可能进行和平谈判。毛泽东在评论文章中巧妙引用决议内容中难以自圆其说之处，揭露国民党政府所谓"和谈"的假情假意。毛泽东指出，"我们认为南京行政院的这个新建议是没有理由的，打了这么久这么大和这么残酷的战争，自应双方派人商讨和平的基本条件，并做出双方同意的停战协定，战争才能停得下来。"

然而，国民党南京行政院无视中共 1949 年 1 月 14 日提出的八项和谈条件，无理要求中共"立即先行无条件停战，并各指定代表进行和平商谈"，企图逃避战争罪责、保存反动势力残余，这是南京当局的荒谬幻想；只有在国共双方共同商谈和平条件，并签订停战协定后，战争才能停止；国民党南京行政院必须取消该决议，双方共同商讨中共提出的八项和平条件，才能证明南京政府的和谈诚意，否则无和平可言。

毛泽东在评论中还指出，蒋介石在元旦的建议中说："只要共党一有和平的诚意，能做确切的表示，政府必开诚相见，愿与商讨停止战事，恢复和平的具体方法。"才过了19天，南京政府的"行政院"就推翻了"总统"的声明，提出"立即先行无条件停战，并各指定代表进行和平商谈"了，请问究竟是你们的建议有效呢，还是你们的"总统"的建议有效呢？你们的"总统"把"停止战事恢复和平"认为是一件事；你们则将战争与和平分割为两件事，不愿意派出代表和我们商讨停止战争的具体方法，而却异想天开地建议"立即先行无条件停战"，然后再派代表"进行和平商谈"，究竟是你们的建议对呢，还是你们"总统"的建议对呢？我们认为南京"行政院"是越出了自己的职权的，它没有资格推翻"总统"的建议而擅自做出自己的新建议。

毛泽东在文章中运用《孟子·公孙丑下》第三章"二者必居其一"一语，在于指出南京行政院只有两条出路：一是继续玩弄假和谈阴谋，坚持自己的"决议"；一是表明和谈的诚意，取消自己的"决议"，按中共1月14日提出的八项和谈条件，坐下来共同商讨谋求和平的具体条件。除此，国民党"南京行政院"没有别的出路可走。

毛泽东在文章中运用"二者必居其一"，还在于警告当时国民党的"南京行政院"，还是不要玩弄阴谋，不要掩耳盗铃，自欺欺人，应识时务，赶快做出明智的抉择。

孟子尝言志矣

（引用之十九）

公元前 314 年，燕国君主禅让，因权位之争引起了国内动乱，齐国乘机攻占燕国。取燕后，齐军烧杀掠夺，激起了燕国百姓的抱怨；秦、楚等诸侯国也准备出兵伐齐救燕。

战事逆转，齐宣王忙问计于孟子。孟子劝他送回俘虏，速从燕国撤兵，协助燕国另立君主。（《孟子·梁惠王下》）齐宣王居功自傲，没有听从孟子的劝告。至公元前 312 年，燕国臣民和诸侯军队合力反叛，齐军大败。为此，齐宣王自觉"甚惭于孟子"。

孟子认为：齐军伐燕这等大事，齐宣王事先没有征求自己的意见；占领了燕国后，又不听从自己的劝告。孟子对齐宣王很失望，深感自己在齐国推行仁政的希望破灭了，于是孟子毅然辞去了客卿之聘，在无奈之下失望地离开了齐国。

在离开齐国返回故乡的路上，孟子与学生充虞有一段对话，谈论到名人世出与孟子的志向。《孟子·公孙丑下》第十三章记载：

> 孟子去齐，充虞路问曰："夫子若有不豫色然。前日虞闻诸夫子曰：'君子不怨天，不尤人。'"
>
> （孟子）曰："彼一时，此一时也。五百年必有王者兴，其间必有名世者。由周而来，七百有馀岁矣。以其数，则过矣；以其时考之，则可矣。夫天未欲平治天下也，如欲平治天下，当今之世，舍我其谁也？吾何为不豫哉？"

孟子与学生充虞这段对话的意思是:

弟子充虞问道:"先生似乎不太高兴。从前我听先生说过:'君子不埋怨天,不责怪人。'"

孟子回答说:"那是一个时候,现在又是一个时候,是不同的啊!每过五百年一定有圣君出现,那时一定有闻名于世的贤人。从周代以来,七百多年了。按年数算来,已经超过了五百;从时势来看,也该出现圣君贤人啦。看来老天爷还是不想使天下太平啊,如果想使天下太平,当今世上,除了我还有谁呢? 你说我为什么不高兴呢?"

孟子因与齐宣王政见不合,愤而解聘,离开齐国,对学生充虞发了一番"五百年必有王者兴,其间必有名世者"的感慨,就是说每过五百年必有像尧、舜、夏禹、商汤、周文王、周武王这样的圣君出现,也必有如皋陶、稷、契、伊尹、姜太公、散宜生这样的贤臣辅佐,以此来抒发了"舍我其谁也"的政治理想。从这些话可看出孟子是有抱负的,他要效法先王,以平治天下为己任。"如欲平治天下,当今之世,舍我其谁也?"这既是孟子对世人的疾呼,也是孟子的自我安慰和勉励。

《孟子》本章的这一主旨对学生时代的毛泽东的政治理想有一定影响。1913年冬,他在自己的听课笔记《讲堂录》中,记录下孟子言志的话:

> 孟子尝言志矣,曰:志至也,气次也。持其志,毋暴其气。曰:夫天未欲平治天下也,如欲平治天下,当今之世,舍我其谁也。曰:乃所愿则学孔子也。曰:我亦欲正人心,定邪说,距诐行,以承三圣者。(《毛泽东早期文稿》,湖南出版社1995年第2版,第589页)

这里所引孟子语分别见《孟子·公孙丑上》《孟子·公孙丑下》及《孟子·滕文公下》三篇,其中有二句与原文略有出入,这二句的原文是:"夫志至焉,气次焉;故曰:'持其志,无暴其气。'""我亦欲正人心,息邪说,距诐行,放淫辞,以承三圣者。"

《讲堂录》中记录的这些孟子论志的话,虽然个别地方与《孟子》原文略有出入,但大致意思无误。

从这里可以看出,孟子的人生观是积极入世的,是有胸怀、有抱负的。

毛泽东上学时对《孟子》论志的言论非常喜欢,并记录在自己的《讲堂录》内,说明学生时代的毛泽东倾慕孟子这些圣人,胸怀大志,想干一番事业。

名世于今五百年

（引用之二十）

在前一篇《孟子尝言志矣》，引述了《孟子·公孙丑下》第十三章中的一段记载，其中孟子说：

> 五百年必有王者兴，其间必有名世者。由周而来，七百有馀岁矣。以其数，则过矣；以其时考之，则可矣。夫天未欲平治天下也，如欲平治天下，当今之世，舍我其谁也？

王者，圣人也；名世者，贤人也。孟子似乎是在总结圣贤出现的规律。他以五百年为一个周期，以为"五百年必有王者兴，其间必有名世者"。孟子此论不在于总结历史，而在于着眼现实。孟子向齐宣王等当权执政者宣传"仁政"主张，不为其接受，愤而离开齐国。孟子处于战国衰败之世，处于社会转型期，他把这归结为"天未欲平治天下"。这里孟子谴责的"天"，与其说是冥冥中的天帝，倒不如说成是各大侯国的执政者，是他们想发动战争，扩张掠夺，"未欲平治天下"。孟子认为这是一个需要圣贤救世的时代，当他对普世统治者失望的情况下，流浪在路上的孟子对自己则充满信心——"如欲平治天下，当今之世，舍我其谁也？"此章也渗透出孟子积极入世的态度。

这又是孟子一段著名的话。后人常常引用其中"五百年必有王者兴，其间必有名世者""当今之世，舍我其谁也？"等名句，或表明对一代人杰出现的认识，或表明承担历史责任的勇气，也有不逞之徒用后一句顾盼自雄的。

最初，青年毛泽东曾将五百年名世者寄希望于新民学会会友罗章龙。

1918年4月，毛泽东、蔡和森、罗章龙等人曾组织成立新民学会。学会经常讨论国家大事和世界局势，研究俄国革命经验，寻求改造中国的道路和方法。

毛泽东等主张会友应有计划地去国外，了解各国实情，加以选择为中国所用。当时的新民学会会员罗章龙（化名纵宇一郎）拟东渡日本。临行前，新民学会在轮船停泊处的长沙北门外的平浪宫相聚，会员和同窗好友四五十人，都来为之饯行。大家情绪很高，不少人赋诗惜别。

时年二十五岁的毛泽东写了一首七言古诗《送纵宇一郎东行》，引孟子名言入诗，相赠会友：

云开衡岳积阴止，天马凤凰春树里。年少峥嵘屈贾才，山川奇气曾钟此。

君行吾为发浩歌，鲲鹏击浪从兹始。洞庭湘水涨连天，艟艨巨舰直东指。

无端散出一天愁，幸被东风吹万里。丈夫何事足萦怀，要将宇宙看秭米。

沧海横流安足虑，世事纷纭从君理。管却自家身与心，胸中日月常新美。

名世于今五百年，诸公碌碌皆余子。平浪宫前友谊多，崇明对马衣带水。

东瀛濯剑有书还，我返自崖君去矣。（《毛泽东诗词集》，中央文献出版社1996年版，第161—162页）

罗章龙（1896—1995），湖南浏阳人。1915年与毛泽东相识。1918年，罗到上海之后不久，恰好碰上5月7日（1915年日本政府向袁世凯政府提出最后通牒的日子，限期要袁答复承认日本旨在独占中国的"二十一条"）。当时，日本政府警察侮辱、殴打中国的爱国留学生，一些人被迫回国。罗因此没有去日本。

1921年，罗章龙加入中国共产党，是中国共产党早期的党员之一，领导过北方的工人运动，在党中央担任过负责的工作。1927年秋收起义之后，与毛泽东再未见过面。1931年1月党的六届四中全会，罗因犯"左"倾错误受到处分，后同党分了手。历任河南大学、西北联合大学、湖南大学等校教授。中华人民共和国成立后，曾任中国人民政治协商会议全国委员会委员。

《送纵宇一郎东行》是毛泽东流传诗词中最早的一篇，是他青年时期的作品。当时，日本军国主义利用欧战爆发、西方列强无暇东顾的时机，向中国政府提出阴谋灭亡我国的"二十一条"条约，激起全国人民的反日爱国运动。国内各派军阀，在英、美、日等帝国主义势力操纵下，形成地方割据势力，不断发动内战，给人民带来深重的灾难。在这内忧外患风云变幻的时期，新的时代转机也在萌发。十月革命的胜利，世界上第一个社会主义国家在沙皇俄国的诞生，为世界人民树立起一面崭新的旗帜。中国国内少数学习马克思主义的秘密组织随之产生，为中国共产党的成立在思想上组织上做了准备。新民学会是其中最显著的组织之一。

罗章龙东行，不是个人的抉择，实负有学会的使命。

毛泽东以为罗这次出国远行，是伟大事业的开端："鲲鹏击浪从兹始。"毛泽东希望罗章龙、希望新民学会的会友们，都担当起整顿乾坤的责任。因此，"沧海横流安足虑，世事纷纭从君理"。毛泽东对罗章龙取托付态度，认为现在又到了产生伟大人物的时代了。孟子说："五百年必有王者兴，其间必有名世者。"这名世者，"江山代有才人出"，可以是指罗，也可指新民学会的同道们。毛泽东诗中"名世于今五百年"一句，就是从孟子的名句中化出。

诗里化用《孟子》的话，不能按照传统的原意来理解。毛泽东在阅读古代名著时是批判地加以吸收，创作中是灵活地加以运用，不是照搬原意。《孟子》说"五百年必有王者兴，其间必有名世者"，是从天生圣人创造一代王朝的历史观出发的，说到底，学生时代的毛泽东是接受这种圣贤史观的，也就是英雄史观。孟子和毛泽东说的"王者"，是指商汤、周武等开国帝王；说的名世者，是指伊尹、周公等辅佐帝王的人物。这是接受朱熹《四书集注·孟子集注》的观点。这跟当时新民学会以联合民众改造中国和世界的宗旨截然不同。不理解这一点，就容易把毛泽东在革命实践中的雄才大略，在诗词创作中的豪情壮志，误读为帝王思想的表现。

但是，青年毛泽东"管却自家身与心，胸中日月常新美。名世于今五百年，诸公碌碌皆余子"等诗句，却又跳动着积极入世高度爱国的思想波澜，他们情绪激昂，热血沸腾，为拯救灾难深重的祖国，他们似乎也在呼喊："当今之世，舍我其谁？"

卷五　滕文公上

取长补短才能进步

（引用之二十一）

"取长补短"，源出"绝长补短"，语见《孟子·滕文公上》第一章：

> 滕文公为世子，将之楚，过宋而见孟子。孟子道性善，言必称尧、舜。
>
> 世子自楚反，复见孟子。
>
> 孟子曰："世子疑吾言乎？夫道一而已矣。成䀜谓齐景公曰：'彼，丈夫也；我，丈夫也；吾何畏彼哉？'颜渊曰：'舜，何人也？予，何人也？有为者亦若是。'公明仪曰：'文王，我师也；周公岂欺我哉？'今滕，绝长补短，将五十里也，犹可以为善国。"

　　大意是说，滕文公做太子时，到楚国去，路过宋国，特意拜访了孟子。孟子对他讲人性本是善良的道理，言语之间不离尧、舜。

　　太子从楚国返回时，又来见孟子。孟子说："请太子不要怀疑我的话，道理就只有这么一个而已。孟子举例说，齐国的大夫成䀜（音建）对齐景公说：'他，是大丈夫；我，也是大丈夫，我有什么怕他的？'颜渊说：'舜是什么样的人，我，就是什么样的人，有作为的也跟他一样。'曾子的学生公明仪说：'文王，是我的老师，周公难道还会欺骗我吗？'最后，孟子勉励太子说，如今，滕国的土地如果截长补短，方圆也有近五十里，还可以治理成一个好的国家。"

　　这个故事，记载了孟子在宋国时，对两次拜访他的太子（滕文公）论述如何治国的道理。中心是讲人的本性是善良的，应当效法先王，像尧舜那样行"王道"，施仁政。并告诉他："今滕，绝长补短，将五十里也，犹可以为善国。"性善论是孟子人性学说的核心，在孟子的整个思想中，占有极其重要的地位。它反映了孟子政治思想的一个方面，有着一定的研究价值。

文中"绝长补短"一语，后来便演化成"取长补短"的成语，泛指汲取别人的长处，来弥补自己的不足之处，也用以比喻互相学习、互相帮助。这与孟子的原意是不同的。

1942年2月1日，毛泽东在中共中央党校开学典礼上作《整顿学风党风文风》的报告（中华人民共和国成立后编入《毛泽东选集》第三卷时，题目改为《整顿党的作风》）。

毛泽东在报告中说：

> 外来干部和本地干部必须团结，必须反对宗派主义倾向。因为许多抗日根据地是八路军新四军到后才创立的，许多地方工作是外来干部去后才发展的，外来干部和本地干部的关系，必须加以很好的注意。我们的同志必须懂得，在这种条件下，只有外来干部和本地干部完全团结一致，只有本地干部大批地生长了，并提拔起来了，根据地才能巩固，我党在根据地内才能生根，否则是不可能的。外来干部和本地干部各有长处，也各有短处，必须互相取长补短，才能有进步。（《毛泽东选集》第三卷，人民出版社1991年第2版，第822页）

毛泽东在《整顿党的作风》一文中引用由《孟子》转化而来的"取长补短"一语，教育党员和干部要以谨慎的态度，虚心学习别人的优点（长处），以弥补自己的不足（短处），不论是本地干部，还是外来干部，都应该这样做。其目的在于教育外来干部和本地干部应当加强团结，互相学习，共同进步，从而更好地完成革命大业。这在我国进行社会主义现代化建设和改革开放的今天，仍然有着很大的现实意义，我们要很好地贯彻执行。

骂土豪劣绅叫为富不仁

（引用之二十二）

滕文公与孟子讨论治国的方法，孟子主张行仁政，治恒产，取民有制。其间，孟子批判了鲁国人阳虎"为富不仁矣，为仁不富"的主张。

《孟子·滕文公上》第三章记载：

滕文公问为国。

孟子曰："民事不可缓也。《诗》云：'昼尔于茅，宵尔索绹；亟其乘屋，其始播百谷。'民之为道也，有恒产者有恒心；无恒产者，无恒心。苟无恒心，放辟邪侈，无不为己。及陷乎罪，然后从而刑之，是罔民也。焉有仁人在位罔民而可为也？是故贤君必恭俭礼下，取于民有制。阳虎曰：'为富不仁矣，为仁不富矣。'"

滕文公问怎样治国。

孟子回答说："老百姓的生产大事不能拖啊。《诗经》上说：'白天去打草，晚上搓成绳子。趁空闲赶紧修茅屋，开春又要种庄稼。'老百姓的情况呀，就是有固定产业的人，才有常存的善心；没有固定产业的人，便没有常存的善心。老百姓如果不能常存善心，就会为非作歹，无所不为，什么坏事都干得出来。等他们犯了罪，然后处罚他们，这叫陷害百姓。哪有仁德的人在位时，却做出陷害百姓的事呢？所以，贤明的君主一定要认真办事，节俭用度，礼贤下士，向百姓征税有一定的制度。只有阳虎那样的人才会说：'要致富就不能讲仁义；要讲仁义就不能致富。'"

这是孟子在滕文公请教时，讲述的一套治理国家的办法。孟子首先提出："民事不可缓也。"认为治民之道的当务之急，是解决农民的固定产业即土地问题。在群雄争霸的战国时代，由于残酷的战争和凶年饥岁，百姓处于水深火热之中。这使孟子认识到土地是一切财产中最重要的财产，所以他提出"恒产"问题。老百姓有了相对稳定的土地，吃饭问题解决了，才能有"恒心"，人心向善，才会易于接受统治。保存善心，扩充善心，是做仁人的需要，是仁政的需要。孟子还提出"取于民有制"，向百姓征税有一定的制度。因当时统治者对百姓的剥削是很残酷的。孟子从长治久安出发，提醒统治者不能用竭泽而渔的办法对待农民。孟子的关心民事，关心生产劳动，反对乱收税，限制统治阶级过分剥削的主张，是有一定人民性和进步意义的。

这里的阳虎，是鲁国人，是掌过权执过政的宗室实权派。他的思想与孟子的主张是对立的，孟子主张"仁政"，阳虎却主张"为富不仁"。"为富不仁"一语，现在多用来形容富人刻薄成性，唯利是图、不顾他人死活的行为。

1925年冬天，毛泽东为反对当时党内存在的右的和"左"的两种错误倾向而写了《中国社会各阶级的分析》一文，在分析到小资产阶级第二部分人的特点时指出：

> 他们觉得现在如果只使用和从前相等的劳动，就会不能维持生活。必须增加劳动时间，每天起早散晚，对于职业加倍注意，方能维持生活。他们有点骂人了，骂洋人叫"洋鬼子"，骂军阀叫"抢钱司令"，骂土豪劣绅叫"为富不仁"。(《毛泽东选集》第一卷，人民出版社1991年第2版，第5页)

毛泽东在《中国社会各阶级的分析》中充分运用了马克思主义的阶级分析方法，不仅全面地分析了当时国内所存在的各阶级和阶层的特点，并着重分析了各阶级的政治觉悟和革命态度。

毛泽东在文中使用"为富不仁"一语，是为了表述小资产阶级对残酷盘剥他们的土豪劣绅的叫骂、指责和义愤，可谓言简意赅。

同时，毛泽东在这里用"为富不仁"也十分形象地形容那些富人——剥削阶级的财产都是用残酷的剥削手段，从劳动人民身上榨取来的。

消灭了过去劳心与劳力分裂的现象

（引用之二十三）

中国社会到了春秋战国时代，由于封建制度的出现，社会生产力的提高，人们的社会分工更加细密化。生活于此时的孟子对这种社会分工，提出一个著名的论断：就是劳心者治人，劳力者治于人。也就是把社会劳动分为劳心者与劳力者两大部类。后人将前一类称为脑力劳动者，后一类称为体力劳动者。这个思想影响中国思想史既深且巨。

1939 年 2 月 2 日，毛泽东在延安党政军生产动员大会上讲话。他说：

> 今天开生产动员大会，意义是很大的。要继续抗战，就需要动员全中国的人力、物力。要发动人力，就要实行民权主义；要动员物力，就要实行民生主义。今天的生产动员大会，也就是实行民生主义的大会。陕甘宁边区有二百万居民，还有四万脱离生产的工作人员，要解决这二百零四万人的穿衣吃饭问题，就要进行生产运动。生产运动还包含一个新的工农商学兵团结起来的意义。这二百零四万人中，有学生、军人、老百姓等等，今年都要种田、种菜、喂猪，这是农；要办工厂，织袜做鞋等，这是工；要办合作社，这是商；全体都要学习，老百姓要开展识字运动，这是学；最后是军，八路军自然是军，学生要受军训，老百姓要组织自卫军。这样，工农商学兵都有了，聚集在每一个人身上，叫作工农商学兵团结起来，也叫作知识与劳动团结起来，消灭了过去劳心与劳力分裂的现象。(《毛泽东年谱》中卷，人民出版社 1993 年版，第

"劳心与劳力分裂"一语,源自《孟子·滕文公上》第四章。孟子记载:
有位自称"为神农之言"的学者许行,带着几十个门徒,都穿着粗麻织成的衣服,以编草鞋、织席子为生。听说滕文公实行仁政,风尘仆仆地从楚国来到滕国,宣传他的农家学说,主张君与民同耕,自食其力。

楚人陈良有两个门徒,一个叫陈相,一个叫陈辛,是亲兄弟。背着农具也特地从宋国来到滕国,对滕文公说:"听说您正在实行圣人的政治,您也是圣人了,我希望做圣人的侨民。"

陈相在滕认识了许行,十分高兴。在许行的影响下,逐渐接受农家的学说,而对以前学的儒家学说产生了怀疑。

有一天,陈相去见孟子,并转述了许行的观点,因而发生了一场辩论。

陈相对孟子说:"滕文公确实是个贤明的君主,但是,他还是不懂得这样一个道理:贤明的君主是和老百姓共同耕作来吃饭。自己做饭吃,还要治理国家。如今,滕国粮仓里的粮食,府库里的财物,都是从人民那里搜刮来的。许行说,贤明的君主是不能这样做的。我觉得许行说的有些道理。"

孟子听了稍加思考地问道:"许子一定自己种庄稼才吃饭吗?"陈相说:"对。"

"许子一定自己织布才穿衣吗?""不!许子只穿粗麻织成的衣服。"

"许子戴帽子吗?""戴。""戴什么帽子。""戴白绸帽子。""是他自己织的吗?""不,是用粮食换来的。""许子为什么不自己织呢?""那会耽误耕种。"

"许子也用锅做饭,用铁器耕田吗?""对。""那锅和铁器是他自己制造的吗?""不,也是用粮食换来的。"

"农夫用粮食换取锅和农具,不能说是损害了瓦匠铁匠,相反,瓦匠铁匠用锅和农具来换取粮食,能说是损害了农夫吗?那么,许子为什么不亲自烧窑冶铁,做成各种器械,以备自己随时取用呢?为什么许子要这样那样一件件地和各种工匠做买卖?为什么许子这样不怕麻烦呢?"

陈相回答说:"各种工匠的工作,各有一行,不是同时能干得了的。"

孟子反问道:"那么,天下的事难道国君就能一边治理国家,一边去耕种吗?可见人类社会必须有分工。必须有大人(君主、官吏)之事,也得有小人(工农商人)之事。只要是一个人,就需要各行各业的产品。如果样样东西都要自己造出来的才用,这是让天下人疲于奔命。所以说,有的人劳动脑力，有的人劳动体力；脑力劳动者统治人，体力劳动者被人统治；被统治者养活别人，统治者靠人养活，这是天经地义的事。"

这最后一段孟子反问的话，《孟子·滕文公上》第四章原文是这样的：

> （孟子）曰："然则治天下独可耕且为与？有大人之事，有小人之事。且一人之身，而百工之所为备，如必自为而后用之，是率天下而路也。故曰或劳心，或劳力；劳心者治人，劳力者治于人；治于人者食人，治人者食于人，天下之通义也。"

孟子极善辩难，话语滔滔不绝，笔下行云流水。

许行持农家学说，主张君民并耕，憧憬自食其力，以物易物，天下均平，反对不劳而获，这是可以理解的，但从历史发展看，是倒退行为。

孟子批评许行的君民并耕，阐明社会分工的必要性，区分出脑力劳动和体力劳动，这是历史的进步性。但是孟子只说社会分工的道理，没有说出分工无高低贵贱之身份区别，这是他受时代和阶级的局限。

当然，孟子不可能明白剥削制度的不合理，所以他对脑力劳动和体力劳动分工的分析，却引申出一个错误的观点，即"劳心者治人，劳力者治于人，治于人者食人，治人者食于人，此天下之通义也"。孟子这一观点却被后来的封建统治者所利用，成为两千多年来封建统治者压迫剥削劳动人民的理论根据，也被儒家的士大夫作为轻视劳动、坐享其成、不事生产的依据。

孟子从人的社会性出发，肯定了社会分工和交换的必要性，而且认为脑力劳动同体力劳动的分工与农业与手工业的分工一样，都是一种"通工易事"，即相互交换的关系，这对工人和农民都是有利的。应当说"劳心"和"劳力"的分工是人类社会发展的必然产物。毛泽东在讲话时也讲道：过去劳心与劳力是分裂的。

毛泽东1939年在延安党政军生产动员大会上讲话中指出，当前处于抗战时期，要继续抗战，就需要动员全中国的人力、物力。具体地说陕甘宁边区二百零四万人，首先要解决这些人的吃饭问题。同时要进行的生产运动，还包含一个新的工农商学兵团结起来的意义。也就是说每个人不但要学工、学农，还要学商、学军，等等，聚集在每一个人身上，叫作工农商学兵团结起来，也叫作知识与劳动团结起来，也就是消灭了过去"劳心"与"劳力"分裂的现象。做到一人多能，一物多用，这就是尽最大的人力、物力了。这是革命的需要，是夺取抗战胜利的需要。毛泽东吸收了孟子论劳心劳力社会分工的合理性，剔除其剥削阶级的不劳而获，以"劳心"欺压"劳力"的落后性，发扬其优长于民族抗战之中，动员所能动员的一切力量抗战救国，这是对孟子学说最好的批判继承。

夫物之不齐，物之情也

（引用之二十四）

"夫物之不齐，物之情也"一语，出自《孟子·滕文公上》第四章：

> （孟子）曰："夫物之不齐，物之情也。或相倍蓰，或相什百，或相千万。子比而同之，是乱天下也。巨屦小屦同贾，人岂为之哉？从许子之道，相率而为伪者也，恶能治国家？"

"夫物之不齐，物之情也"这句话，孟子的本意是说：货物的品相、质量等各方面不相同，这是自然的。有的相差一倍五倍，有的相差十倍百倍，有的甚至相差千倍万倍。

这是孟子反驳许行"市贾（价）不二"的主张时说的话。

许行是战国时农家代表人物，当时他带着自己的门徒数十人从楚国来到滕国，请求做滕文公的百姓。滕文公答应了他们。此后，他们过上了自给自足的农耕生活，以打草鞋和编织为生，一时间效仿者很多。原先信奉儒学的陈相兄弟也追随许行，弃儒而学习农家思想，并向孟子宣扬农家学说。孟子谴责了陈相背叛师门学习许行的错误做法，批判了许行"君民并耕"、否认社会分工的错误观点。

许行又提出了"市价不二"的观点，其含义是说同类商品，只要长短、轻重、大小相同，它的价格都应是一样的。这一学说，又受到了孟子的批判。孟子认为"物之不齐"，事物不同一，即存在差别性、特殊性；"物之情也"，这是事物的实情，是事物固有的属性。事物不只是有量的长短、轻重、大小的差别，还有质的差别。因此，商品的价格，有的相差少些，有的相差多些。如果按许行所言，不分质量的好坏都是一个价格，这是扰乱天下。大小相同的鞋都一个价格，有谁还去做好的呢？按照许子的学说去做，是率领大家造假，互相欺骗，这样怎么能治理好一个国家呢？

孟子"夫物之不齐，物之情也"这句话，已经是哲学理念了。它承认事物的特殊性、差别性和多样性，也就是承认事物的矛盾性与同一性。这个哲学命题即使在今天仍然具有正确认识事物的方法论价值。

事物的多样性是世界的实况

1954年10月，印度总理尼赫鲁访问中国，毛泽东曾经四次同他谈话。其中有一次毛泽东说：

> 中国古代的圣人之一孟子曾经说过："夫物之不齐，物之情也。"这就是说，事物的多样性是世界的实况。马克思主义也是承认事物的多样性的，这是同形而上学不同的地方。国与国之间不应该互相警戒，尤其是在友好的国家之间。像我国同美国这样互相警戒着是不好的。（《毛泽东文集》第六卷，人民出版社1999年版，第364页）

毛泽东在与尼赫鲁的谈话中，引用"夫物之不齐，物之情也"来强调事物多样性的客观存在，以此来肯定在不同政治制度下的各国建立外交关系的可能性和必要性。

新中国的外交工作，从一开始就坚持独立自主的方针，并初步确立了平等互利、互相尊重领土主权等外交原则。中华人民共和国成立不久，苏联、罗马尼亚、朝鲜、捷克斯洛伐克、波兰、蒙古、德意志民主共和国、阿尔巴尼亚、越南等十一个社会主义阵营的国家首先同新中国建立外交关系。

印度是不同社会制度中第一个同新中国建立外交关系的国家。1949年12月，印度共和国总理尼赫鲁以外交部部长的身份致电中国总理兼外交部部长周恩来，表示印度政府决定承认中华人民共和国，愿相互建立外交关系。同时，印度政府宣布撤销对国民党政府的承认。1950年4月1日中印两国经过谈判正式建交。

1953年12月31日，周恩来在接见印度政府代表团时，首次提出"和平共处五项原则"，即相互尊重领土主权、互不侵犯、互不干涉内政、平等互利、和平共处的原则。1954 年 6 月周恩来在访问印度期间，同印度总理尼赫鲁共同发表联合声明，重申了和平共处五项原则，并进一步指出这些原则不仅适用于各国之间，而且适用于一般国际关系之中，它们将形成和平和安全的坚固基础，成为整个国际关系的普遍准则，这是和平共处思想的一个重要发展。中印两国都是亚洲的大国，在尊重对方政治制度的前提下建立了外交关系，并且共同倡导了日后为越来越多的国家共同接受的处理国际关系的和平共处五项原则，这对当时新中国的外交事业及当时印度支那地区的和平都具有重要的意义。

1954 年 10 月，应周恩来总理的邀请，尼赫鲁以印度总理兼外交部部长的身份，携女儿英迪拉·甘地夫人一起访问中国。早在抗战期间，尼赫鲁等领导的印度国大党曾从道义上和物质上支援中国。尼赫鲁号召各地群众举行游行集会，支持中国抗战。他本人多次演讲和发表文章公开支持中国，并派印度援华医疗队支持中国抗战。中印两国在反法西斯战争中结成了良好的兄弟情谊。所以，对尼赫鲁的到来毛泽东破格热情接待。

尼赫鲁在中国访问的一个星期中，毛泽东同他进行了四次会谈。

毛泽东在这几次谈话中强调，要把"和平共处五项原则"推广到所有国家的关系中去。他还对中印两国的关系及世界局势做了广泛深入的分析。对于中印两国外交关系的建立和发展，毛泽东着重从两国的共同点进行了分析。他指出，我们所有东方人，在历史上都受过西方帝国主义国家的欺侮。中国受西方帝国主义国家的欺侮有一百多年。而印度受欺侮的时间多达三百多年。因此，我们东方人有团结起来的感情，有保卫自己的感情。毛泽东还说，我们尽管在思想上、社会制度上有不同，但是我们有一个很大的共同点，那就是我们都要对付帝国主义。

毛泽东在会谈中对"平等互利原则"做了解释，他说："我们在合作方面得到一条经验：无论是人与人之间、政党与政党之间、国与国之间的合作，都必须是互利的，而不能使任何一方受到损害。如果任何一方受到损害，合作就不能维持下去。正因为这个原因，我们的五项原则之一就是平等互利。"

对于两国关系的发展前景，毛泽东引用孟子这句充满哲理的名言"夫物之不齐，物之情也"予以说明。孟子承认事物的多样性，马克思主义也承认事物的多样性。毛泽东这样说的深层含义，在于指出中国和印度虽然是两个在政治制度上截然不同的国家，但只要本着平等互利的原则，就能够建立起良好的外交关系。中国和印度等国与国之间国情不同，政策不同，这是一种客观现象。某些大国不应该无视这种差异，把自己的政策强加到别国头上，实行霸权主义、强权政治。毛泽东还指出，凡是足以引起怀疑、妨碍合作的问题，我们都要来解决，这就能达到五项原则中的平等互利。

幸哉孟子，他的一句很有哲理的名言，使中印两个政治制度不同的大国，建立良好的外交关系有了理论基础。

掌握和利用绝对不平衡与相对平衡的规律

1959 年年底和 1960 年年初，毛泽东在浙江杭州和广东广州带领一个读书小组，一起研读苏联《政治经济学（教科书）》。这部书有一节主张"经济计划是相对平衡的计划"。谈到此处，毛泽东插话说：

> 社会主义国家的经济能够有计划按比例地发展，使不平衡得到调节，但是不平衡并不消失。"物之不齐，物之情也。"因为消灭了私有制，可以有计划地组织经济，所以就有可能自觉地掌握和利用不平衡是绝对的、平衡是相对的这个客观规律，以造成许多相对的平衡。（《毛泽东文集》第八卷，人民出版社 1999 年版，第 119 页）

毛泽东接着还说：生产关系适应生产力，或者说它们之间达到平衡是相对的，生产力总要不断前进，所以总是不平衡，平衡和不平衡是矛盾的两个侧面，其中不平衡是绝对的，平衡是相对的。否则，生产力、生产关系、上层建筑就不能发展了，就固定了。平衡是相对的，不平衡是绝对的，这是普遍的规律，这个普遍的规律难道不适用于社会主义社会吗？ 应当说，社会主义社会同样适用这个规律。计划工作中的各种平衡也是暂时的、过渡的、有条件的，因而是相对的，不能设想有一种平衡是没有条件的，是永远的。

事物的"不齐"，是事物的实情，是事物的普遍现象。毛泽东在这里引用孟子"物之不齐，物之情也"的话，是说社会主义国家的经济的发展也同样存在着"不齐"的现象，就是说"不平衡并不消失"。经济发展的"不齐"，即不协调，不一致，这是正常的，是客观存在的普遍现象。但是，由于社会主义国家消灭了私有制，可以有计划地组织经济，能够做到有计划按比例地去发展经济，这样就能促使经济发展达到许多相对的平衡。

如果经济发展一定要达到平衡，这就违背了客观规律，是不可能的。所以，毛泽东不赞成绝对平衡的经济计划。

毛泽东不赞成绝对平衡的经济计划，他认为计划是意识形态，它是实际的反映，实际情况变了，计划也要做相应的修改。他还强调指出，计划经济的优越性在于能自觉地打破旧的平衡，而求得新的平衡。他反对计划订得过死，而且一成不变。这突破了传统的计划经济理论，发展了马克思主义经典作家的计划经济思想。但由于历史条件的局限，他未对这一具有开拓性的思想做进一步的阐述和发挥。

同时，毛泽东还结合当时中国的实际情况，主张制订计划要全面规划，综合平衡，并提出了"计划第一、价格第二"的观点。

在我国社会主义建设时期，毛泽东对社会主义历史时期商品经济进行过认真的探索，特别是在"大跃进"、人民公社化运动出现偏差和严重失误后，他在研读斯大林《苏联社会主义经济问题》和苏联《政治经济学（教科书）》时，对社会主义商品经济进行了严肃的思考，发表了许多精辟的见解，并提出了许多重要的商品经济的思想和观点。它们为20世纪80年代我国经济体制改革开辟了道路。

毛泽东借鉴孟子"物之不齐，物之情也"的哲学思想，辩证思考社会主义经济发展的平衡与不平衡的关系，使其经济思想前进了一大步，他对社会主义经济建设理论的探索越来越接近客观真理。

毛泽东

品《孟子》

要有骨气来坚持这个方向

（引用之二十五）

在本书前面《孟子所论浩然之气》一篇，曾经引录学生时代的毛泽东在《伦理学原理》一书批注中这样一段话：

> 吾尝观古来勇将之在战阵，有万夫莫当之概，发横之人，其力至猛。谚所谓一人舍死，百人难当者，皆由其一无顾忌，其动力为直线之进行，无阻回无消失，所至刚而至强也。豪杰之精神与圣贤之精神亦然。包尔生所谓大人君子非能以义务感情实现，由活泼之地感情之冲动而陶铸之，岂不然哉，岂不然哉！（按：吾之意与孟子所论浩然之气及大丈夫两章之意，大略相同。）（《毛泽东早期文稿》，湖南出版社1995年第2版，第220页）

这里青年毛泽东特别提到"孟子所论浩然之气及大丈夫两章之意"。

关于"大丈夫"一章，也就是孟子说"富贵不能淫，贫贱不能移，威武不能屈"这句话，见于《孟子·滕文公下》第二章：

> 景春曰："公孙衍、张仪岂不诚大丈夫哉？一怒而诸侯惧，安居而天下熄。"
>
> 孟子曰："是焉得为大丈夫乎？子未学礼乎？丈夫之冠也，父命之；女子之嫁也，母命之，往送之门，戒之曰：'往之女家，必敬必戒，无违夫子！'以顺为正者，妾妇之道也。居天下之广居，

立天下之正位，行天下之大道；得志，与民由之；不得志，独行其道。富贵不能淫，贫贱不能移，威武不能屈，此之谓大丈夫。"

本文主要是孟子与纵横家景春讨论什么人是"大丈夫"。所谓"大丈夫"，用现在的话说，就是伟大人物。

战国时代，诸侯割据，兼并战争频繁。为了适应诸侯国战争的需要，兴起了纵横家。合纵派的代表是公孙衍，连横派的代表是张仪，他们凭借唇枪舌剑，玩弄权术，显赫一时。景春是纵横派的追随者，他吹捧像公孙衍和张仪这样的人物才是"大丈夫"，因为，他们"一怒而诸侯惧，安居而天下熄"。是说公孙衍、张仪一发脾气，诸侯都害怕；他们安静下来，天下便太平。

孟子反驳说：他们怎么能叫作大丈夫呢？孟子认为大丈夫是实行仁义的大道，得志的时候，同老百姓一道实行仁义，不得志的时候，自己坚持仁义之道。而像公孙衍、张仪这些纵横家不管是主张连横事奉大国，还是主张合纵援救小国，他们都是顺从霸主的君意行事，发动战争。他们不是引导君主实行仁政，而是替君主强行战争，助"桀"为虐。因此，孟子斥责纵横家实行的是"妾妇之道"，其所作所为，根本不是什么"大丈夫"。

孟子提出了大丈夫的情操，即"富贵不能淫，贫贱不能移，威武不能屈"。一个人有了仁义之德的修养，他在实践上必然是富贵不能迷乱其心意，贫贱不能改变其意志，威武不能使其屈服变节，这样的人才称得上是大丈夫。

富贵不能淫，贫贱不能移，威武不能屈

孟子说"大丈夫"的言论是有一定道理的，是理直气壮的。不论得志还是不得志，都应该坚持自己的原则，不能因得志而作威作福，也不能因不得志而卑躬屈膝。而景春心目中的"大丈夫"是气势汹汹，以权势压人，是不足取的。应当说，在封建社会刚刚形成的战国时代，孟子就能提出这样一个不以个人的荣辱得失作为大丈夫的修养命题，是有进步意义的。

对于孟子的"富贵不能淫"这三句话，两千年后的今天如何去理解呢？

富贵不能淫，自然界有客观规律，社会生活有运作法则，这些古代称之为"道"，违背了这个"道"就是"淫"。有了钱只知享受，做了官就腐败，这就是"淫"。讲奉献，献爱心，不忘本，这就是"富贵不能淫"。

贫贱不能移，"移"就是转移改变的意思。有的人为了脱贫骗取钱财，

这是贫贱而移。不甘于贫贱，通过正当的办法，靠自己的智慧与艰苦奋斗去脱贫致富。不因家庭贫穷而自卑，不因地位低下而变节，这就是"贫贱不能移"。

威武不能屈，"屈"指屈服，屈从，受屈辱。面对压力不弯腰，面对权势不低头，为人正直，光明磊落，这就是"威武不能屈"。

1939年5月30日，毛泽东在延安庆贺模范青年大会上讲：

> 什么是模范青年？就是要有永久奋斗这一条。……我们说：永久奋斗，就是要奋斗到死。这个永久奋斗是非常要紧的，如要讲道德就应该讲这一条道德。模范青年就要在这一条上做模范。其他方面要做模范的是非常多的，例如，在政治上要有一个正确的方向，但是光有这个正确的政治方向是不够的，过了三年五年，就把它丢了，那还不是枉然？所以，有了正确的政治方向后，还要坚定，就是说，要有"坚定正确的政治方向"。这个方向是不可动摇的，要有"富贵不能淫，贫贱不能移，威武不能屈"的骨气来坚持这个方向。这样的青年，才是真正的模范青年。这样的道德，才算是真正的政治道德。(《毛泽东文集》第二卷，人民出版社1993年版，第190—191页)

毛泽东讲到青年学生怎样才能在道德上成为模范，这就要有一个正确的政治方向，并且要有坚定的革命意志确保这个政治方向。否则，如果意志不坚定，说归说，做归做，中途变节，那么，这个政治方向就会发生动摇。毛泽东在此引用孟子的话，在于强调青年人要成为道德的模范，要有坚定正确的政治方向，而且用孟子所讲的"富贵不能淫，贫贱不能移，威武不能屈"的骨气去坚持，永不动摇，才堪称革命青年的模范。

毛泽东在报告中还讲到，青年人不仅仅在道德上做模范，在其他方面都可以做模范。如做智育模范，做体育模范、美育模范，等等。无论做哪方面的模范，都需要坚定，不能半途而废，都需要有"威武不能屈"的坚强意志，并且永久奋斗，也就是要奋斗到底，这一条是最主要的。

威武不屈，富贵不淫

在中华民族的振兴史上，有多少志士仁人身上表现出这种"威武不能屈""贫贱不能移"的高尚情操和英雄气概。

1946 年 7 月 13 日，毛泽东、朱德致李公朴家属唁电，用孟子"大丈夫"气节赞扬和吊唁李公朴先生的美德：

> 昆明探转李公朴夫人张曼筠女士：
>
> 　　惊悉李公朴先生为反动派狙击逝世，无任悲愤！先生尽瘁救国事业与进步文化事业，威武不屈，富贵不淫，今为和平民主而遭反动派毒手，是为全国人民之损失，抑亦为先生不朽之光荣。全国人民必将以先生之死为警钟，奋起救国，即以自救。肃电致唁。（《毛泽东文集》第四卷，人民出版社 1996 年版，第 157 页）

"威武不屈，富贵不淫"，是《孟子·滕文公下》"富贵不能淫，贫贱不能移，威武不能屈，此之谓大丈夫"这句话的缩写。这是孟子提出的"大丈夫"道德情操。孟子认为作为一个大丈夫，要具备仁义的思想基础，有了这个坚定的信念，历经磨炼之后，才会产生理想的道德人格和品质，才能在实践中做到荣华富贵不能使其惑乱，贫穷低贱不能使其动摇，武力威逼也不能使其屈服。毛泽东从孟子这段话中化用了"威武不屈，富贵不淫"两句话，对民主人士李公朴一生的战斗精神做了高度的概括和评价。

李公朴（1902—1946），江苏扬州人，1946 年 7 月 11 日在昆明被国民党特务暗杀。遇害前任中国民主同盟中央执行委员。

李公朴，是中国近代史上著名的爱国民主人士。在五四运动中，李公朴发起组织爱国社，以"长啸"为笔名，写文章在报上揭露一些奸商与官府勾结。五卅运动时，参加并带领学生罢课游行，支援上海工人反帝大罢工斗争。第一次国共合作时期，李公朴加入改组后的国民党，到广州参加革命，随北伐军担任政治工作。"四一二"反革命政变后，李公朴愤然离开军队，也脱离了国民党，次年 8 月赴美攻读政治。在美留学期间，被邹韬奋聘为《生活》周刊特约撰述，为《生活》周刊写"海外通讯"数十篇。

1930 年冬，李公朴学成回国，致力于民众教育事业。1932 年，他在上海和邹韬奋等筹办《生活日报》，创办《申报》流通图书馆等；1934 年，又和艾思奇一起编辑《读书生活》半月刊，创办读书生活出版社，通过文化教育事业宣传抗日救国。本年 11 月，《申报》负责人史量才继杨杏佛之后被国民党暗杀。在追悼会上，李公朴做了痛斥国民党特务丑恶行为的演说。

在民族存亡的关键时刻，在中国共产党领导下，1935 年 12 月爆发的

"一二·九"学生爱国运动震动了全国，各地爱国救亡组织如雨后春笋纷纷成立。李公朴热血沸腾。他首先参加了文化界救国会。1936 年，全国各界救国联合会成立，李公朴被推选为负责人之一。"八·一三"抗战爆发后，李公朴离开上海，奔赴山西、武汉、延安等地，从事抗日救亡的宣传教育工作。1936 年 11 月 23 日，救国会领导成员李公朴同沈钧儒、邹韬奋、史良、沙千里、章乃器、王造时等七人，同时被国民党当局逮捕入狱，这就是当时闻名国内外的"七君子事件"。在关押期间，国民党一面以危害民国紧急治罪法起诉相威吓，一面又派人进行收买劝降，声称只要七人肯写悔过书，交反省院，办个手续就可以"释放"出狱，恢复"自由"，但七人坚决回答：救国无罪！没有什么悔过反省可言。

1937 年 6 月，国民党当局以"危害民国嫌疑"的罪名对"七君子"提起公诉，李公朴等七人在法庭上义正词严，坚定不屈，和审判官展开面对面的说理斗争。"七君子"之狱未决，卢沟桥的枪声已震荡中国大地。接着，平津又相继告急。在中国共产党的努力和全国人民的压力下，南京政府不得不于 7 月 31 日下午释放了这些"政治犯"。

李公朴刚从苏州监狱出来，喘息未定，上海抗战爆发了。淞沪沦陷后，李公朴转移到汉口，住在青年会。他曾在青年会对成千上万的群众讲演并对全市广播《怎样争取最后胜利》。

1938 年冬，李公朴携夫人张曼筠抵延安，正是大雪纷飞的时候。在这里，李公朴受到毛泽东多次接见，毛泽东还亲自来窑洞看望他们，为张曼筠女士所画长城图亲笔题写他过去的一首词。张曼筠几次被感动得掉下了眼泪。李公朴也非常激动。他们这次在延安共住了一个多月，便到山西去前线考察。

1939 年 5 月，他又回到延安。他想组织一个边学边教的教学团，把抗战教育和发动群众结合起来，把宣传和教育结合起来，以最少的人力物力，传播更多的抗战思想的种子。他的设想得到毛泽东的支持，毛泽东还亲自通知抗大副校长罗瑞卿和鲁艺负责人抽调一些干部给李公朴。这使李公朴非常感激。李公朴所率的教学团，6 月从延安出发，经绥德、神木，跨过黄河到了晋西北抗日根据地。在华北敌后到过十五个县，跑了五百多个乡村，遍访军、政、民各界同志，参观了许多工作单位，与广大军民同甘共苦，深受战地军民的欢迎。在这个中华民族处于硝烟弥漫、灾难深重的时期，他看到了祖国的苦难，也看到了祖国的曙光。他抑制不住自己激动的心情，高声呼喊："华北是我们的！中华民族是不可征服的！"

1941 年年初，皖南事变发生了。这是国民党掀起的第二次反共高潮。为了防备国民党的突然袭击，我党决定大量疏散干部。1941 年秋天，李公朴来到抗战的大后方云南，继续从事社会教育的民主事业。

1944 年，李公朴在昆明参加中国民主同盟，并被选为省支部的执行委员。次年 10 月，民盟在重庆召开第一次代表大会，李公朴被选为民盟中央委员。在此期间，他在昆明相继组织青年读书会、时事问题讨论会，创办"北门出版社"，在重庆创办"社会大学"，为大后方的文化教育事业做出了重要贡献。

来到昆明后，李公朴积极投身到大后方的民主运动之中。国民党当局看到硬的一手不行，就改用软的一手，试图使他就范。

1945 年初，蒋介石派特务头子刘健群来到昆明，向李公朴劝降，要他到重庆教育部做官。李公朴毅然拒绝了。刘健群诱降之计失败，便指使西南联大三青团开展谣言攻势，硬说"李公朴已被收买，即将赴渝出任要职"。李公朴对之置之不理，继续为民主事业奔走呼号。

1946 年 2 月 10 日，重庆各界在较场口举行庆祝"旧政协"胜利闭幕大会，李公朴担任总指挥。会上国民党特务进行破坏，制造了"较场口血案"，李公朴等人被特务殴伤，送医院治疗。周恩来曾前往探望。李公朴对前来探望的周恩来说："为了和平民主，为了祖国的统一，我受点伤算不了什么，我要更加坚强起来，力争人权、自由和民主！"同年 5 月，社会大学由于国民党反动当局百般刁难被迫停办，李公朴从重庆返回昆明，准备将北门出版社迁至上海，并开始编写《世界教育史》。

此时，他遭到国民党特务的严密监视，但他争取和平民主的决心愈加坚定。他说："我两只脚跨出门，就不准备再跨回来！"1946 年 7 月 11 日晚，李公朴被国民党特务杀害。

作为一名民主爱国人士，李公朴一生战斗不已，他也不止一次地受到国民党反动派的迫害和威逼利诱，但这些从来都没有让他屈服过。李公朴先生在当时是一个有影响的人物，他的被杀立刻激起了各界人士的极大愤怒。

李公朴牺牲后，中共领导人毛泽东、朱德联名发表唁电，高度赞扬"先生尽瘁救国事业与进步文化事业，威武不屈，富贵不淫"的崇高献身精神，是为"先生不朽之光荣"。毛泽东对李公朴"威武不屈，富贵不淫"的评价，十分恰当地概括了他为民主而奋斗的革命一生。

孔子著《春秋》而乱臣贼子惧

（引用之二十六）

　　史书《春秋》系孔子据鲁史而编撰的。《史记》载："（孔子）乃因史记作《春秋》，上至（鲁）隐公，下讫（鲁）哀公十四年，十二公。据鲁，亲周，故殷，运之三代。约其文辞而指博。"（《孔子世家》）

　　《春秋》之作，系孔子政治理想的寄托："既不救于已往，冀垂训于后昆，因鲁史之有得失，据周经以正褒贬。一字所嘉，有同华衮之赠；一言所黜，无异萧斧之诛；所谓不怒而人威，不赏而人劝。"（孔颖达《春秋正义》序）《春秋》鲜明地体现了孔子之思想倾向。

　　孟子也说过："孔子成《春秋》而乱臣贼子惧。"毛泽东据此同意孔子是"革命党"。

　　1954 年 9 月 14 日，在中央人民政府委员会的一次临时会议上，毛泽东表示他赞同郭沫若的孔子之所以成为圣人是因为他是革命党的观点。他认为：

　　　　郭沫若曾经用很多材料证明，孔夫子所以成为圣人，是因为他是革命党，到处参加造反。说孔夫子著《春秋》"而乱臣贼子惧"，那是孟子讲的。其实当时孔夫子周游列国，就是哪里造反他就到哪里去，哪里想革命他就到哪里去。所以此人不可一笔抹杀，不能简单地就是"打倒孔家店"。（《毛泽东文集》第六卷，人民出版社 1999 年版，第 345 页）

"孔子著《春秋》，而乱臣贼子惧"一语，出自《孟子·滕文公下》第九章：

> 世衰道微，邪说暴行有作，臣弑其君者有之，子弑其父者有之。孔子惧，作《春秋》。《春秋》，天子之事也。是故孔子曰："知我者其惟《春秋》乎！罪我者其惟《春秋》乎！"……
>
> 昔者禹抑洪水而天下平，周公兼夷狄，驱猛兽而百姓宁，孔子成《春秋》而乱臣贼子惧。《诗》云："'戎狄是膺，荆舒是惩，则莫我敢承。'无父无君，是周公所膺也。我亦欲正人心，息邪说，距诐行，放淫辞，以承三圣者；岂好辩哉？予不得已也。能言距杨、墨者，圣人之徒也。"

本章主要是孟子通过一番论述，来回答他的学生公都子的提问："外人皆称夫子好辩，敢问何也？"孟子在回答这个问题时，主要是说他不是故意好辩，而是为了像大禹、周公、孔子一样，为了捍卫仁政的理想，是不得已啊！

谈到孔子作《春秋》的起因，孟子说：时世衰落，道义微茫，荒谬的学说和残暴的行为又出现了，有臣子杀掉他的君主的，有儿子杀掉他的父亲的。孔子为此忧虑，写了《春秋》。《春秋》说的是天子的事情。所以孔子说："了解我的可以只凭《春秋》这部书了！怪罪我的也可以只凭《春秋》这部书了！"

孟子最后说道：从前大禹平息了洪水而使天下得以太平，周公兼并了夷狄少数民族，赶跑了荒野上的猛兽而使老百姓得到了安宁，孔夫子作成了《春秋》这部史书，而使那些叛乱的臣子、作逆的儿子都感到害怕，从此不再敢犯上作乱了。

孟子接着说，我也要像大禹、周公、孔子他们那样，要端正人心，抑制谬论，反对偏激的行为，驳斥夸诞的言论，来继承这三位圣人。

因此，孟子认为自己能够以言论来反对杨子、墨子的学说，是上承周公、孔子之道，也就是圣人的门徒的职责了，认为这样做是自己的职责所在。

"孔子成《春秋》而乱臣贼子惧"这句话是孟子对孔子作《春秋》的作用和意义的肯定和赞扬。

具体地说，孟子认为《春秋》有两种：一是没有经过孔子修订过的《春秋》，即鲁国的《春秋》，是记载齐桓公、晋文公之类事迹的，所有笔法都是普通史书的笔法。(《孟子·离娄下》) 二是孔子根据《鲁春秋》"其文""其事"而修订、编写的富有"褒贬"之"义"，以行"天子之事"(《孟子·滕文公下》) 的已修《春秋》。

既然有《鲁春秋》了，为何孔子还要作《春秋》呢?

孔子认为尧、舜死后，圣人之道衰落，暴君一代代出现，他们毁坏房屋、荒废农田，致使老百姓缺吃少穿，难以度日。时世衰落，道义微茫，荒谬的学说和残暴的行为又出现了，国与国之间争霸兼并不止，不守臣道、不守子道的现象层出不穷。有臣子杀掉他的君主的，有儿子杀掉他的父亲的。孔子为此忧虑，害怕社会更进一步地走向混乱，担心人们泯灭是非之心，于是他挺身而出，撰修《春秋》这部史书。《春秋》说的是天子的事情，以此代替《诗》，发扬《诗》三百篇褒贬善恶的大义，以历史记载的形式来评论是非，主持正义。自古君臣、父子，人人都希望名垂青史，又有谁不惧《春秋》这样的史籍，而愿留下千古骂名呢?

孟子认为"孔子修《春秋》"的作用，有与大禹治洪水、周公"兼夷狄"一样的历史贡献，这一点毛泽东并不认同。

毛泽东表示赞成郭沫若认为"孔子是革命党"的观点，并且批判性引用《孟子·滕文公下》第九章中"孔子著《春秋》而乱臣贼子惧"这句话，并说"其实当时孔夫子周游列国，就是哪里造反他就到哪里去"，认为"此人不可一笔抹杀"。大概毛泽东认为"孔子成《春秋》而乱臣贼子惧"是维护"君君臣臣，父父子子"的封建道统，实际上孔子所到之处是帮助"乱臣贼子"的，《史记》中所记载的孔子是支持造反支持革命的"革命党"。毛泽东受大史学家郭沫若的影响，此次从革命层面上正面评价孔子的政治立场和政治活动，对孟子评价孔子作《春秋》不以为然。"那是孟子讲的"一句，看出他不屑一顾的反对态度。

不难看出，毛泽东对孔子、孟子为主的文化遗产，有时肯定，有时否定，肯定中有否定，否定中有肯定，批判中有继承，继承中有批判。总之，是取其精华，剔其糟粕，批判地继承，是为现实服务的。

陈仲子亦廉哉

（引用之二十七）

青年毛泽东于 1913 年 11 月 1 日在湖南第四师范（后合并到湖南一师），听袁仲谦老师讲"国文"课。其中讲到如何"为人"，毛泽东在《讲堂录》中有这样一段听课记录：

> 人之为人，以贤圣为祈向，而孝义廉耻即生焉。然曾参孝矣，不识小受大逃之义；申生孝矣，不知陷亲不义之道；陈仲子则亦廉哉，则有讥其太矫，冉子好义，而不知周急不继富为君子之道；原宪知耻，辞粟不以与于邻里乡党之中。是何也？学有不足也。（《毛泽东早期文稿》，湖南出版社 1995 年第 2 版，第 586 页）

这段记录，涉及曾参、申生、陈仲子、冉求（冉子）、原宪五名古人的"为人"之道，不出儒家"孝、义、廉、耻"的道德范畴。其中"陈仲子亦廉哉"一语，出自《孟子·滕文公下》第十章：

> 匡章曰："陈仲子岂不诚廉士哉？居於陵，三日不食，耳无闻，目无见也。井上有李，螬食实者过半矣，匍匐往，将食之，三咽，然后耳有闻，目有见。"
>
> 孟子曰："于齐国之士，吾必以仲子为巨擘焉。虽然，仲子恶能廉？充仲子之操，则蚓而后可者也。夫蚓，上食槁壤，下饮黄泉。仲子所居之室，伯夷之所筑与？抑亦盗跖之所筑与？所食之

　　粟，伯夷之所树与？抑亦盗跖之所树与？是未可知也。"

　　曰："是何伤哉？彼身织屦，妻辟垆，以易之也。"

　　曰："仲子，齐之世家也。兄戴，盖禄万钟。以兄之禄为不义之禄而不食也，以兄之室为不义之室而不居也，辟兄离母，处于於陵。他日归，则有馈其兄生鹅者，已频顣曰：'恶用是鶂鶂者为哉？'他日，其母杀是鹅也，与之食之。其兄自外至，曰：'是鶂鶂之肉也。'出而哇之。以母则不食，以妻则食之；以兄之室则弗居，以於陵则居之，是尚为能充其类也乎？若仲子者，蚓而后充其操者也。"

　　陈仲子，即田仲，亦犹《史记》称"陈齐"作"田齐"一样。战国时齐人。齐国的将军匡章（他也是孟子友人）认为他是一个廉洁的士人，原因是他三天没吃东西，饿得耳聋眼花，甚至为了活命，吃被金龟子吃剩下的半个李子，仍然住在於陵不回家。

　　原来陈仲子是齐国的大家族陈氏（亦称田氏）的重要人物。他的哥哥从盖邑得的俸禄有几万石；而他把哥哥的俸禄看作不义之禄而不吃，把哥哥的房屋看作不义之室而不住。避开哥哥，离开母亲，住在於陵。

　　孟子反驳匡章说，在齐国的士人中，陈仲子还算比较突出的。尽管这样，陈仲子怎么能算作廉洁呢？孟子举例说陈仲子母亲的东西他不吃，妻子的东西就吃；哥哥的房子他不住，可於陵的房子他就住。从大的操守上说，像陈仲子这样的人，最多相当于蚯蚓的操守一样。蚯蚓，在地上吃干土，在地下就饮黄泉，自食其力而已。

　　对陈仲子的处世为人，战国时人多有批评。《战国策·齐策》赵威后问齐使："於陵仲子尚存乎？是其为人也，上不臣于王，下不治其家，中不索交诸侯，此率民而出于无用者，何为至今不杀乎？"《韩非子·外储说左上》："田仲不恃仰人而食，亦无益人之国。"《荀子·不苟》篇又说他"盗名"，《非十二子篇》讥评他"忍性情，綦溪利跂，苟以分异人为高"。唯汉代的《淮南子·泛论训》对他略有肯定，说他"立节抗行，不入污君之朝，不食乱世之食"。陈仲子可说是非常耿介自洁的人。

　　孟子与匡章论辩陈仲子是否为廉士，他以蚯蚓做比喻，认为陈仲子只是像蚯蚓那样"充其操"而已。孟子的反驳匡章，也不尽合事理。陈仲子并非不食其母之食，不然，怎么把那鹅肉吃下去。只是认为那鹅是别人送给他哥哥的，他以为是"不义"之物，因误食而吐了出来。陈仲子这种人生长在战国之世，很多事情是看不惯的，愤极而自谋衣食，固无益于人，亦无害于人，只是不必提倡罢了。孟子以救世卫道为目的，自然不赞成陈仲子这类于国于家无望无益的人物。

毛泽东在《讲堂录》记录袁老师的讲演："陈仲子则亦廉哉，则有讥其太矫。"意思在说，陈仲子虽说也算廉洁之士，但未免"讥其太矫"，大概指陈仲子三咽"井上之李"一事。毛泽东认为陈仲子虽然饥饿三日，但难免有些太矫贵，饥极必食，狼吞虎咽，不像士人所为。

1917年4月1日，毛泽东在《新青年》第三卷第二号刊载的《体育之研究》一文中写道：

> 自有生民以来，智识有愚暗，无不知自卫其生者。是故西山之薇，饥极必食，井上之李，不容不咽，巢木以为居，皮兽以为衣，盖发乎天能，不知所以然也，然而未精也。有圣人者出，于是乎有礼，饭食起居皆有节度。（《毛泽东早期文稿》，湖南出版社1995年第2版，第66页）

毛泽东在这篇文章中提到的"井上之李，不容不咽"，说的就是这个齐国士人陈仲子的故事。

袁仲谦老师的基本观点是"人之为人，以贤圣为祈向，而孝义廉耻即生焉"。但是，贤圣的"孝义廉耻"亦有"不识""不知""不以"的另一面。如陈仲子虽然"亦廉哉"，但另一面则是"太矫"。其他如曾参、申生、冉求、原宪诸人，大律如此。为什么会这样，孟子总结一条原因：学有不足也！是说学习得还不充足。

向古人学习"为人"，也不要盲目信从。即使是那些圣人高徒，道德楷模，也还有因为"学有不足"而产生的另一面。这是毛泽东与其师辩证看人较早的例证。

既不能令，又不受命

（引用之二十八）

　　春秋之时的齐景公约与孔子同时，他是一位比较平庸的诸侯王。可是，他说的一句话颇有些道理，就是"既不能令，又不受命，是绝物也"。这句话被记载入《孟子·离娄上》第七章：

　　孟子曰："天下有道，小德役大德，小贤役大贤；天下无道，小役大，弱役强。斯二者，天也。顺天者存，逆天者亡。齐景公曰：'既不能令，又不受命，是绝物也。'涕出而女于吴。今也小国师大国而耻受命焉，是犹弟子而耻受命于先师也。如耻之，莫若师文王。师文王，大国五年，小国七年，必为政于天下矣。"

　　战国时诸侯割据，相互兼并战乱不断，在这天下无道的时候，小国事奉大国，弱国事奉强国，孟子认为这是天意。只有这样顺从天意，小国、弱国才能得以生存，否则，将意味着死亡。因此，孟子为这些诸侯国的国君们设计了一条政治外交路线，即效法齐景公的联姻外交。

　　据史籍《说苑·权谋》云，春秋时齐景公惧怕吴王阖闾伐齐，不得已把女儿嫁给吴王阖闾。齐景公虽以之为耻，但迫于吴国实力强大，不得不这样做。送别女儿时流着泪说"余死不汝见矣"，又说："余有齐国之固，不能以令诸侯，又不能听，是生乱也。寡人闻之，不能令，则莫若从。"也就是本章中孟子所引齐景公之言，"既不能令，又不受命，是绝物也"。用现在的话说，既然不能命令别人，又不能接受别人的命令，这是死路一条啊。

绝物，谓断绝人事交往。

孟子还说，如果效法齐景公以此为耻辱，不如学习周文王，施仁政，爱民重农，避免战争，不出五年七年，一定能统一天下的。

孟子引齐景公的话"既不能令，又不受命，是绝物也"，在政治生活中，或在军事生活中，都是有道理的。

1958 年 6 月 17 日，毛泽东在李富春 6 月 16 日向中共中央政治局报送的关于第二个五年计划要点的报告上批示，其中说：

> 没有现代化工业，哪有现代化国防？ 自力更生为主，争取外援为辅，破除迷信，独立自主地干工业、干农业、干技术革命和文化革命，打倒奴隶思想，埋葬教条主义，认真学习外国的好经验，也一定研究外国的坏经验——引以为戒，这就是我们的路线。经济战线上如此，军事战线上也完全应当如此。反对这条路线的人们如果不能说服我们，他们就应当接受这条路线。"既不能令，又不受命，是绝物也"，走进死胡同，请问有什么出路呢？（《毛泽东文集》第七卷，人民出版社 1999 年版，第 380 页）

1958 年 6 月，国务院副总理兼国家计划委员会主任李富春向中共中央政治局报送第二个五年计划的任务要点：提前实现农业发展纲要；建成比较完整的工业体系，五年超英，十年赶美；大力推进技术革命和文化革命。

毛泽东阅后，非常高兴，写下了这段批语，连同报告一并转阅给正在召开的军委扩大会议。

毛泽东在所做的批示中，明确地提出我国社会主义建设要以"自力更生为主，争取外援为辅"的正确路线。独立自主是毛泽东思想的组成部分，也是中国共产党和中国人民进行社会主义现代化建设所坚持的基本原则。这条原则的基本内容：依靠自己的力量，坚持从本国实际出发，创造性地探索出一条适合自己发展的道路，不依赖也不屈从于任何外来压力。正是在这种正确思想的指导下，新中国的建设事业才不断取得新的成就。

毛泽东所做的批示，其次是强调在这个基础上要善于学习外国好的经验，并也要总结外国坏的经验。毛泽东之所以在国家各项建设事业即将进入"二五"计划的关键时刻，再次强调要坚持这条建设路线，是看到了苏联社会主义建设过程中出现的种种问题。他绝不盲从苏联的经验，而是要以此为借鉴，依靠本国力量，走出一条适合中国国情的建设道路。

　　毛泽东在批示"二五"计划时，也清醒地意识到在党内国内有些同志一时可能还不太理解，在贯彻执行这个计划中难免存在不利的情况，所以在批示最后，他指出："反对这条路线的人们如果不能说服我们，他们就应当接受这条路线。"并引用《孟子·离娄上》"既不能令，又不受命，是绝物也"这句话，告诫持有不同意见的人们，如果不能说服我们走另一条正确路线，又不愿意接受我们提出的正确路线，其结果只能是走进死胡同，无出路可言。

　　毛泽东意在敦促持有不同意见的同志赶快接受这条路线，认真贯彻执行好这个发展计划，力争以最快的速度搞好社会主义建设。

"濯足"对"修身"

（引用之二十九）

湖南湘潭县韶山的毛裕初，比毛泽东长四岁，论辈分，是毛泽东的房叔祖父。少年时，他们在韶山南岸私塾是同学。

1957年11月，毛裕初应邀到北京。毛泽东在中南海丰泽园会见了他。两人在叙旧时，又回忆起他们的启蒙老师邹春培先生。毛裕初回忆说：

有一次，邹先生有事外出，叫学生们在私塾里温书。等先生一走，你就带着大家去南岸下的水塘游泳。正当大家玩得高兴的时候，先生回来了，看见这一情景，非常生气，便要处罚同学们，怎么个处罚法呢？先生这次既不打手板，也不罚站，而是罚对对子。邹先生看到这一群湿漉漉的孩子，触景生情，脱口出了个上联："濯足"，叫大家对下联。同学们对不出来，你对的是"修身"，先生十分满意，才没有处罚同学们。

毛泽东听到这里，一下子想了起来，高兴地接着说：

对了！"濯足"对"修身"。这个"濯足"，就是洗脚，越洗越干净。《孟子·离娄上》讲："清斯濯缨，浊斯濯足矣。""修身"，就是修心养性。《礼记·大学》上讲："欲齐其家者，先修其身。"先生批评我们不该玩水，我们说这样既可以锻炼身体，又可以提高修养，先生当然拿我们没有办法。（黄

露生：《毛泽东尊师风范》，中央文献出版社2011年版，第5—6页）

毛泽东自己指出，"濯足"一典出自《孟子·离娄上》第八章：

> 孟子曰："不仁者可与言哉？安其危而利其菑，乐其所以亡者。不仁而可与言，则何亡国败家之有？有孺子歌曰：'沧浪之水清兮，可以濯我缨；沧浪之水浊兮，可以濯我足。'孔子曰：'小子听之！清斯濯缨，浊斯濯足矣。自取之也。'夫人必自侮，然后人侮之；家必自毁，而后人毁之；国必自伐，而后人伐之。《太甲》曰：'天作孽，犹可违。自作孽，不可活。'此之谓也。"

孟子的谈话，往往引证丰富。此处引孺子、孔子和《太甲》之语佐证自己，词华然，理沛然。此章谈仁义的功利性价值，强调不仁则可亡国败家。用清水濯缨、浊水濯足来比喻，人、家、国先自侮、自毁、自伐，才招至侮之、毁之、伐之。引古书《太甲》的话做结论：不可存活是因为自己作孽。孟子谈人、家、国败亡的根本原因，是深刻的。

孟子这番话的意思是说："不仁的人可以同他谈论吗？别人有危险，他安然不动，别人遭了灾，他却趁火打劫，高兴于别人所遭受的惨祸。不仁的人如果可以同他谈论，那还会有亡国败家的事吗？从前有个小孩子歌唱道：'沧浪的水清呀，可以洗我的帽缨；沧浪之水浊啊，可以洗我的双脚，'孔子说：'同学们听好了！水清就洗帽缨，水浊就洗双脚，这是由水本身决定的。'所以人必先有自取侮辱的行为，别人才侮辱他；家必先有自取毁坏的因素，别人才毁坏它；国必先有自取讨伐的原因，别人才讨伐它。《太甲》说：'天降的灾难还可以躲避，自找的灾难那可活不了。'说的就是这个意思。"

关于沧浪之水清以濯缨、浊以濯足的比喻，孔子、孟子、屈原、司马迁诸人都用过。

"对对子"，是私塾对学生进行对联训练的基础课。先从对字词开始，要求实词对实词，虚词对虚词，而且内容上要有一定联系。这对私塾的学生来说，古文词语意义，不甚了解，能达到要求是相当困难的，要对得贴切就更难了。

毛泽东从小就酷爱游泳。在韶山南岸私塾读书时，邹春培先生看到孩子们太小，担心下水游泳闹出事故，于是严禁学生到附近水塘里去玩水。

这次发现学生们不听话，违犯了纪律，本想通过对对子，以惩治一下大家。可他万万没有想到，毛泽东对成"修身"，不仅形式上贴切，而且内容上，与"濯足"意义上融为一体。这不得不叫爱才的邹先生深为吃惊和暗自赞叹。这场小小的风波，也就这样结束了。

少年聪颖的毛泽东，灵活运用刚刚学到的《孟子》《礼记》等四书五经课程，巧对启蒙老师邹春培先生，使偷偷外出游泳、违犯课堂纪律的同伴们免去一场责罚。半个多世纪后，早已领导一个泱泱大国的毛泽东，谈及这一往事，仍然记忆犹新，津津乐道。

为渊驱鱼，为丛驱雀

（引用之三十）

"为渊驱鱼"一语，出自《孟子·离娄上》第九章：

> 孟子曰："桀纣之失天下也，失其民也。失其民者，失其心也。
> 得天下有道：得其民，斯得天下矣。得其民有道：得其心，斯得
> 民矣。得其心有道：所欲与之聚之，所恶勿施尔也。民之归仁也，
> 犹水之就下、兽之走圹也。故为渊驱鱼者，獭也；为丛驱爵者，
> 鹯也；为汤武驱民者，桀与纣也。今天下之君有好仁者，则诸侯
> 皆为之驱矣。虽欲无王，不可得已。"

此章孟子宣扬他的"仁政"主张，主要讲国君要想得到天下，就必须
得到百姓的支持和拥戴，而能否得到百姓拥戴的关键是得民心。

在孟子看来，桀、纣之所以失天下，其原因就在于不施仁政，无法得
到民心。为了说明这个道理，孟子还用了"为渊驱鱼""为丛驱爵"（爵：同
"雀"）两个生动形象的比喻，是说水獭想捉鱼吃，却把鱼赶到深渊去了；凶
鹰想捉麻雀吃，结果却把麻雀赶到丛林中去了。借此说明商汤、周武王之
所以获天下得民心，主要原因是他们施仁政爱民。

从另一个方面讲，是由于桀、纣不施行仁政，无形之中把百姓的人心
驱赶到对手汤、武那边去了。所以，孟子说"民之归仁也，犹水之就下、
兽之走圹（同'旷'）也"，百姓归化实行仁政的君主，就如同水往低处流、
野兽往旷野奔跑一样，是自然而然的事。

在战国年代，诸侯混战，孟子以为，谁能广施仁政，老百姓就会趋向谁，民心所向，那时即使不想统一天下，也是不可能的。

《孟子·离娄上》第九章"故为渊驱鱼者，獭也；为丛驱爵者，鹯也"这两句话，后来简化为"为渊驱鱼，为丛驱雀"这句成语，用以比喻不为善政，不会团结人，无异于把可以依靠的力量赶到敌人方面去了。

屠杀主义是"为渊驱鱼"

毛泽东投身革命以后，把如何团结民众，调动浩浩荡荡的革命大军，向反动势力进攻，始终作为思考问题的一个基点。孟子所总结的"夏桀商纣暴政驱民"的教训，时时提醒他注意克服"为渊驱鱼，为丛驱雀"的错误倾向。

1929年4月5日，毛泽东起草了《红军第四军前委给中央的信》，在这封复信的开头毛泽东指出：

> 中央此信对客观形势及主观力量的估量都太悲观了。群众是一定倾向我们的。屠杀主义又固然是为渊驱鱼，改良主义也不能再号召群众了。群众对国民党的幻想一定很快地消灭。在将来形势之下，什么党都不能和共产党争群众的。(《毛泽东文集》第一卷，人民出版社1993年版，第54页)

1929年4月5日，毛泽东在江西瑞金主持召开红四军前委会议，讨论刚刚收到的中共中央"二月来信"。中共中央在2月7日给毛泽东、朱德并转湘赣边特委的这封指示信中，仍强调城市工作的重要，同时对在农村的红军前途做了悲观的分析，并要求毛泽东、朱德离开部队，速来中央。毛泽东在会后起草了给中共中央的复信。信中认为，中央"二月来信""对客观形势及主观力量的估量都太悲观了"。

毛泽东在复信中指出，湖南、江西两省的国民党军队，在1929年年初对井冈山革命根据地的第三次"会剿"表示了反革命的最高潮，但从此往后，便是反革命高潮逐渐低落，革命高潮逐渐生长的阶段。他还指出，群众是一定倾向我们的。因为国民党所实行的屠杀主义不得人心，其鼓吹的改良主义也不能再号召群众了，群众对国民党的幻想一定会很快地消灭。

在革命过程中，人心向背往往是决定一个政党或者一条路线、一项政策能否取得成功的关键因素。作为一个卓越的革命家，毛泽东当然深谙此理。当时国民党反动势力对付人民的革命力量采用血腥屠杀的手段，是吓不倒革命者的，相反，只会唤起民众的觉醒，把人民群众的力量驱赶到革命队伍中来。

毛泽东引用"为渊驱鱼"一语，以此来说明国民党所实行的屠杀主义、改良主义已丧失了人民群众的信任。用这样一种事实，说明在将来形势之下，什么党都不能和共产党争夺群众争夺民心的。展望革命的前途，群众的倾向，势必会促成革命高潮的早日来临。

关门主义是"为渊驱鱼，为丛驱雀"

革命队伍内的屠杀主义把群众驱赶到敌人方面去了，党内的关门主义照样把群众驱赶到敌人方面去了：这两种主义的危害都在于从组织上"为渊驱鱼，为丛驱雀"。

1935年12月27日，毛泽东在陕北瓦窑堡党的活动分子会议上作《论反对日本帝国主义的策略》报告时，又一次引用"为渊驱鱼，为丛驱雀"一语，在于强调实行统一战线，形象地批判了党内极"左"势力反对统一战线的关门主义策略。他说：

> 组织千千万万的民众，调动浩浩荡荡的革命军，是今天的革命向反革命进攻的需要。只有这样的力量，才能把日本帝国主义和汉奸卖国贼打垮，这是有目共见的真理。因此，只有统一战线的策略才是马克思列宁主义的策略。关门主义的策略则是孤家寡人的策略。关门主义"为渊驱鱼，为丛驱雀"，把"千千万万"和"浩浩荡荡"都赶到敌人那一边去，只博得敌人的喝彩。（《毛泽东选集》第一卷，人民出版社1991年第2版，第155页）

毛泽东做报告之时，国内外形势都发生着重要变化。在国际上，共产国际"七大"通过了关于建立反法西斯统一人民阵线的决议，中国的抗日战争有了坚实的国际力量支持。在国内，"华北事变"后，中日矛盾已上升为主要矛盾，这一点已为越来越多的民众所认识，中国人民不断掀起爱国反日运动，其中以北平"一二·九"学生运动影响最大。在国民党内部也开始分化，一部分有志之士认为国内矛盾此时应降到次要和服从的地位，抗击日本侵略才是当务之急。

到达陕北以后的中国共产党，由于时间短，形势发展快，还来不及进行思想整顿。这时的党内思想很不统一。不少人的头脑中，仍然保留着关门主义（即宗派主义）、冒险主义及教条主义思想倾向。不解决这个问题，党就无法在新形势和新环境下把握工作的重点，制定出符合实际情况的正确路线和政策。为了统一全党的思想，1935 年 12 月 27 日，在瓦窑堡会议结束的第二天，毛泽东在党的活动分子会议上做了《论反对日本帝国主义的策略》的报告。

报告一开始，毛泽东就提醒党内的同志"目前的政治形势已经发生了很大的变化"，指出目前形势的基本特点"就是日本帝国主义要变中国为它的殖民地"。在报告中，毛泽东首先批评了党内那种认为中国民族资产阶级不可能和中国工人农民联合抗日的错误观点，确定了建立民族统一战线的策略。他在正确分析了中国各阶级、各阶层的政治态度后明确指出：赞成统一战线，反对关门主义。

毛泽东认识到人民的力量是无穷尽的。关于组织人民和发动人民的策略问题，毛泽东在《论反对日本帝国主义的策略》一文中说得很清楚："组织千千万万的民众，调动浩浩荡荡的革命军，是今天的革命向反革命进攻的需要。只有这样的力量，才能把日本帝国主义和汉奸卖国贼打垮，这是有目共见的真理。"

接下来，毛泽东主要讲如何建立广泛的抗日民族统一战线问题。而要解决这个问题，必须首先解决党内在一定程度上存在的关门主义和冒险主义。其中，关门主义是毛泽东在报告中重点批评的对象。

毛泽东指出关门主义是自绝于天下、自绝于人民的孤家寡人的做法，是幼稚病。这种做法是"为渊驱鱼，为丛驱雀"，是把"千千万万"的民众和"浩浩荡荡"的革命军都赶到敌人那一边去，不但不能团结最广泛的抗日范围，还会将人民和民心都赶到敌人那方面，只能是"亲者痛，仇者快"。为了使大家认识到这个问题的严重性，毛泽东引用了《孟子·离娄上》"为渊驱鱼，为丛驱雀"这句古语，形象地说明了关门主义将会给中国革命和抗日战争带来的严重后果，并以此来强调实行统一战线的重要性。

毛泽东还指出，关门主义在实际上是日本帝国主义和汉奸卖国贼的忠顺的奴仆，关门主义的所谓"纯粹"和"笔直"，是马克思列宁主义向之掌嘴，而日本帝国主义则向之嘉奖的东西。在对关门主义进行了一番犀利的剖析之后，毛泽东响亮地提出："我们一定不要关门主义，我们要的是致日本帝国主义和汉奸卖国贼的死命的民族革命统一战线。"

　　毛泽东《论反对日本帝国主义的策略》的报告，站在实事求是的立场上，分析了党内存在的错误思想，对中国共产党提出的建立抗日民族统一战线的主张做了系统阐述，从政治路线的高度统一了党内思想，为全党乃至全国进入抗日战争做了理论和思想上的准备。

好为人师的态度不能解决问题

（引用之三十一）

"好为人师"一语，出自《孟子·离娄上》第二十三章：

> 孟子曰："人之患在好为人师。"

《孟子》一书，或记事，或论辩，总是滔滔不绝。像这样一章只有几个字的一句话，全书很少见。而这短短的一句话却是流传久远的警句。可谓话不在多而在精也！

孟子提倡学习要虚心，反对好为人师。他严肃地指出：好为人师是"人之患"。有些人没有什么道德和学问，或学圣贤之道，学君子之行，稍有所得，便自以为是，喜欢夸夸其谈，喜欢以老师自居，到处去教训别人，挑剔别人，以此来显示自己的博学和威严。在孟子看来，这是一种毛病，他教导学生说，应当克服这一缺点。孟子认为名声超过实情，是君子引以为耻辱的事情。

孟子对摆架子、摆阔气、倚老卖老的人来求教，都是置之不理。他说：依仗自己地位高贵来问我，倚仗自己有贤能来问我，依仗自己年纪大来问我，依仗自己有功劳来问我，依仗自己是故旧老友来问我，都是我所不回答的。这是说：没有虚心好学、不耻下问的精神，是学不到真才实学的。

好为人师，孟子的本意并不是说"为人师"不好，而其中关键在一个"好"字。"好"字体现的是自我炫耀，自满自足，故步自封，不思上进。这种"好为人师"为的不是传道、授业、解惑，而单单为的是贪图训斥他人、受人尊敬的虚荣而已。

"好为人师"，现在多指为人傲气，出言不恭，喜欢摆出一副教训别人的面孔，或津津乐道，好当教师爷。

毛泽东也曾使用此语批评"狂妄的态度"。1940 年 1 月，毛泽东在《新民主主义论》一文中指出：

> 科学的态度是"实事求是"，"自以为是"和"好为人师"那样狂妄的态度是决不能解决问题的。我们民族的灾难深重极了，惟有科学的态度和负责的精神，能够引导我们民族到解放之路。（《毛泽东选集》第二卷，人民出版社 1991 年第 2 版，第662—663 页）

《新民主主义论》是毛泽东 1940 年 1 月 9 日在陕甘宁边区文化协会第一次代表大会上的讲演，原为《新民主主义的政治与新民主主义的文化》，载于 1940 年 2 月 15 日延安出版的《中国文化》创刊号。同年 2 月 20 日在延安出版的《解放》第九十八、九十九期合刊登载时，改为《新民主主义论》。

毛泽东在《新民主主义论》这篇著作的开头，说趁着《中国文化》的出版，说明一下中国政治和中国文化的动向问题。对于文化问题，希望共同讨论，得出正确结论，来适应我们民族的需要。在讲这一问题时毛泽东引用"好为人师"一语，说明不谦虚、狂妄自大、不实事求是的态度，是不能解决中国文化的发展方向问题的。

毛泽东接着说："惟有科学的态度和负责的精神，能够引导我们民族到解放之路。"毛泽东历来提倡"实事求是"的科学的态度，做人谦虚谨慎，戒骄戒躁，名实相符，表里如一。只有这样为人处世，才是人民所需要的，才是革命所需要的，才是事业和工作所需要的。

利用那片布去手舞足蹈

（引用之三十二）

"手舞足蹈"是个成语，它源自《孟子·离娄上》第二十七章：

> 孟子曰："仁之实，事亲是也；义之实，从兄是也；智之实，知斯二者弗去是也；礼之实，节文斯二者是也；乐之实，乐斯二者，乐则生矣；生则恶可已也，恶可已，则不知足之蹈之，手之舞之。"

《孟子》此章的大意是：仁的实质，就是侍奉双亲；义的实质，就是服从兄长；智的实质，就是懂得这二者的道理而不可离弃。礼的实质，就是对这二者加以调节和修饰；乐的实质，在于高兴地做到这二者，于是快乐就产生了。只要一产生快乐，那怎么能抑制得住，怎么能停下来，于是不知不觉就手舞足蹈起来。

这是孟子关于"乐"的一段著名的论述。这是说音乐的主要内容是从"事亲"（侍奉双亲）"从兄"（服从兄长）两者中得到快乐的，这样音乐就使人产生一种快乐。快乐一产生就会抑制不住，无法休止，以致会不知不觉地手舞足蹈起来。

孟子强调道德内容是音乐感人的实质，说明音乐感人是一个自然的过程。强调音乐内容的道德性，这是儒家的传统。孟子将仁、义、礼、乐并称，他所谓乐，实质就是仁义道德之乐。但他肯定音乐感人的自然性，可谓抓住了音乐欣赏的特点，是很有认识价值的。

"手舞足蹈"一语，即由本章"足之蹈之，手之舞之"化用而来。"手舞足蹈"形容喜极的情状。

1949 年 8 月 28 日，毛泽东在《为什么要讨论白皮书》一文中说：

> 美国英国这一类型的政府是资产阶级一个阶级向人民实行专政的政府。它的一切都和人民政府相反，对于资产阶级内部是有所谓民主的，对于人民则是独裁的。希特勒、墨索里尼、东条、佛朗哥、蒋介石等人的政府取消了或者索性不用那片资产阶级内部民主的幕布，是因为国内阶级斗争紧张到了极点，取消或者索性不用那片布比较地有利些，免得人民也利用那片布去手舞足蹈。美国政府现在还有一片民主布，但是已被美国反动派剪得很小了，又大大地褪了颜色，比起华盛顿、杰斐逊、林肯的朝代来是差远了，这是阶级斗争迫紧了几步的缘故。再迫紧几步，美国的民主布必然要被抛到九霄云外去。（《毛泽东选集》第四卷，人民出版社 1991 年第 2 版，第 1503 页）

1949 年 8 月 5 日，美国国务院就中美关系问题发表了《美国与中国的关系——着重 1944—1949 年时期》的报告书（即白皮书），重点介绍从 1944 年到 1949 年期间美国对华关系。

这部报告书是艾奇逊国务卿在征得了杜鲁门总统的同意后，组织国务院工作人员编纂的。全书包括正文八章，附件八章、外加收录在内的《艾奇逊致杜鲁门总统的信》及《中美关系大事纪年表》，共一千零五十四页，约一百多万字。

与白皮书同时发表的还有美国国务卿艾奇逊致杜鲁门总统的一封信。从这封信中，可以轻而易举地了解到美国国务院发表白皮书的用心所在。

在信中，艾奇逊把国民党失败的原因归结为其自身的无能，以及听不进美国的意见。可见，美国国务院之所以发表中美关系白皮书，分析其原因：一是对内平息国会中反对党派和美国公众就总统对华政策失败而发出的指责，为自己辩护；其二，揭露蒋介石政府过去几年与美国的实际关系，以表明国民党政府的倒台主要责任不在美国政府方面，而是由于国民党本身的无能；其三，推卸美国政府支持国民党打内战的责任，对外重塑和平爱好者的形象。

白皮书发表后，在中美关系史上掀起了轩然大波。

白皮书里关于对中国共产党的指责完全是歪曲事实的。在白皮书发表一周后，8月12日，新华社发表了《无可奈何的供状》的第一篇评论文章。从8月14日到9月16日一个月的时间里，毛泽东又亲笔撰写了五篇评论文章，以新华社社论的形式陆续公开发表，对白皮书进行了透彻的分析与批判。

为什么要讨论白皮书？毛泽东认为，通过对白皮书的讨论，人们可以对中美关系、中苏关系、一百年来的中外关系、中国革命和世界革命力量的相互关系、国民党反动派和中国人民的关系、各民主党派各人民团体及各界民主人士在反帝国主义斗争中应取的态度、自由主义者或所谓民主个人主义者在整个对内对外关系中应取的态度等，有一个全面的、清醒的认识。因此，白皮书的发表对中国共产党和中国广大人民群众来说是一件好事。

毛泽东在对白皮书进行批判时，更多的是把它作为一个反面教材，引导那些对美国仍然抱有幻想的人透过现象看本质，去认识美国当权者向国民党提供援助，支持其打内战，导致中国老百姓家破人亡、流离失所的真实面目，从而一方面争取更多的中间派人士对革命和对共产党的支持，一方面进一步激发解放区广大军民将革命进行到底的意志和决心。

《为什么要讨论白皮书》与其他几篇评论文章一样，真正的批判对象是美国政府，以及白皮书的炮制人——美国国务卿艾奇逊。

毛泽东在文章中尖锐地指出："白皮书是一部反革命的书，它公开地表示美帝国主义对于中国的干涉。就这一点来说，表现了帝国主义已经脱出了常轨。伟大的胜利的中国革命，已经迫使美帝国主义集团内部的一个方面、一个派别，要用公开发表自己反对中国人民的若干真实材料，并做出反动的结论，去答复另一个方面、另一个派别的攻击，否则他们就混不下去了。公开暴露代替了遮藏掩盖，这就是帝国主义脱出常轨的表现。在几星期以前，在白皮书发表以前，帝国主义政府的反革命事业尽管每天都在做，但是在嘴上，在官方的文书上，却总是满篇的仁义道德，或者多少带一些仁义道德，从来不说实话。"

毛泽东还形容说，美国政府现在"还有一片民主布，但是已被美国反动派剪得很小了，又大大地褪了颜色。这是因为国内阶级斗争迫紧了几步的缘故，取消或者索性不用那片布比较地有利些，免得人民也利用那片布去手舞足蹈"。这里毛泽东用《孟子》成语"手舞足蹈"描绘人民对"民主"的欢迎程度，同时揭露了反动势力对人民的政治欺骗。

有所不为，而后有所为

（引用之三十三）

"有所不为，而后有所为"一语，是从孟子"人有不为也，而后可以有为"的话演化来的。此语出自《孟子·离娄下》第八章：

孟子曰："人有不为也，而后可以有为。"

朱熹作《四书集注》，引程子（程颐、程颢）语注《孟子》此句。程子曰："'有不为'，知所择也。惟能有不为，是以可以有为。无所不为者，安能有所为邪？"

按照这个思路疏解，孟子全句的意思是：人要有所不为，才能有所为。

"人有不为也，而后可以有为"，现在演化为"有所不为，而后有所为"，含义略有变化，形容只有放弃一些需要做但可暂时不去做的事情，才能把那些急需做的事做好。"不为"和"有为"，包含着朴素的辩证法，富有启发意义。善于区分"不为"和"有为"，对于集中力量突破和解决主要矛盾有很大的意义。

消极的步骤达到了积极的目的

1938 年 11 月 5 日，毛泽东在党的第六届中央委员会第六次全体会议上做了会议结论的报告。其中一部分整理为《统一战线中的独立自主问题》一文，收入《毛泽东选集》。毛泽东的结论第一点是"帮助和让步应该是积极的，不应该是消极的"。他上来就说：

> 为了长期合作，统一战线中的各党派实行互助互让是必需的，但应该是积极的，不是消极的。我们必须巩固和扩大我党我军，同时也应赞助友党友军的巩固和扩大；人民要求政府满足自己的政治经济要求，同时给政府以一切可能的利于抗日的援助；工人要求厂主改良待遇，同时积极做工以利抗日；地主应该减租减息，同时农民应该交租交息，团结对外。这些都是互助的原则和方针，是积极的方针，不是消极的片面的方针。互让也是如此。彼此不挖墙脚，彼此不在对方党政军内组织秘密支部；在我们方面，就是不在国民党及其政府军队内组织秘密支部，使国民党安心，利于抗日。"有所不为而后可以有为"，正是这种情形。没有红军的改编、红色区域的改制、暴动政策的取消，就不能实现全国的抗日战争。让了前者就得了后者，消极的步骤达到了积极的目的，正是列宁主义。把让步看作纯消极的东西，不是马克思列宁主义所许可的。纯消极的让步是有过的，那就是第二国际的劳资合作论，把一个阶级一个革命都让掉了。中国前有陈独秀，后有张国焘，都是投降主义者；我们应该大大地反对投降主义。我们的让步、退守、防御或停顿，不论是向同盟者或向敌人，都是当作整个革命政策的一部分看的，是联系于总的革命路线而当作不可缺少的一环看的，是当作曲线运动的一个片段看的。一句话，是积极的。（《毛泽东选集》第二卷，人民出版社1991年第2版，第537—538页）

九一八事变后，中国共产党为建立以国共合作为基础的抗日民族统一战线做了长期不懈的努力。1935年8月1日，中国共产党又发表了《为抗日救国告全体同胞书》（即《八一宣言》），再次明确表示只要国民党军队停止进攻苏区，实行对日作战，红军愿立刻与之携手，共同救国。1936年8月25日，中共中央公开发表《中国共产党致中国国民党书》，信中再次呼吁停止内战，建立抗日民族统一战线。1937年8月，中共中央在陕北洛川召开政治局扩大会议，通过了《抗日救国十大纲领》，提出了争取抗战胜利的全面抗战路线。1937年8月中旬，蒋介石被迫同意将在陕北的中央红军改编为国民革命军第八路军；9月22日国民党中央通讯社发表了《中共中央为公布国共合作宣言》。9 月 23 日，蒋介石发表谈话承认了共产党的合法地位。10 月间，又将在南方十三个地区的红军游击队改编为国民革命军新编第四军。至此，抗日民族统一战线正式形成，第二次国共合作开始。

毛泽东在《统一战线中的独立自主问题》的报告中引用了孟子这句富有哲理的话，阐明了为了促成抗日民族统一战线的形成，我们在红军的改编、红色区域的改制、暴动政策的取消方面做了让步，这是"不为"；但以此促成第二次国共合作，抗日民族统一战线的形成，这便是"有为"。这种"有为"是以"不为"作为代价才实现的，这是切合抗日战争的需要的，也是符合马列主义的。毛泽东由孟子的"不为"与"有为"二者的关系，推导出另外两种富有辩证思想的关系，那就是"让了前者"与"得了后者"、"消极的步骤"与"积极的目的"的关系。这与列宁说的"后退"是为了"更好的一跃"，可谓不谋而合。在这几组矛盾关系中，"让了前者""消极的步骤"和"后退"，也就是"有所不为"，而"得了后者""积极的目的"和"更好的一跃"，也就是"有所为"。毛泽东借鉴孟子的哲理，说清了抗日统一战线中妥协让步的策略性、积极性和目的性。

当然，这种"不为"的根本目的还在于"有为"。让步并不等于放弃统一战线中共产党的独立自主。统一战线中的独立自主问题，是当时毛泽东与王明（陈绍禹）关于抗日统一战线问题上意见分歧的突出问题之一。这在本质上就是统一战线中无产阶级领导权的问题。关于这种意见分歧，毛泽东在 1947 年 12 月的报告《目前形势和我们的任务》中曾做了以下简单的总结：

"抗日战争时期，我党反对了和这种投降主义思想（按：指第一次国内革命战争时期陈独秀的投降主义思想）相类似的思想，即是对于国民党的反人民政策让步，信任国民党超过信任人民群众，不敢放手发动群众斗争，不敢在日本占领地区扩大解放区和扩大人民的军队，将抗日战争的领导权送给国民党。我党对于这样一种软弱无能的腐朽的违背马克思列宁主义原则的思想，进行了坚决的斗争，坚决地执行了'发展进步势力，争取中间势力，孤立顽固势力'的政治路线，坚决地扩大了解放区和人民解放军。这样，就不但保证了我党在日本帝国主义侵略时期能够战胜日本帝国主义，而且保证了我党在日本投降以后蒋介石举行反革命战争时期，能够顺利地不受损失地转变到用人民革命战争反对蒋介石反革命战争的轨道上，并在短时期内取得了伟大的胜利。这些历史教训，全党同志都要牢记。"

坚持抗日民族统一战线中的独立自主，也是毛泽东主张"有为"的主要内容。

讲透"有所不为而后才有所为"的道理

1958 年 8 月 16 日，中共中央在北戴河召开政治局扩大会议，各省、市、自治区党委第一书记和中央各部委负责人参加了会议。

8 月 19 日上午，开始讨论计划问题，毛泽东召集各大协作区主任开会，作了讲话。在讲到钢铁生产时他说：

> 合作社不搞钢铁可以搞别的，钢铁谁搞谁不搞，要服从决定。要下紧急命令，把铁交出来，不许分散。大、中钢厂的计划必须完成，争取超过。在一定时期，只能搞几件事情，唱《逍遥津》就不能同时唱别的戏。要讲透"有所不为，而后才有所为"的道理。钢铁铜铝及其他有色金属，今明两年要拼命干。不拼命不行。钢要保证完成，铁少一点可以，也要争取完成。（李锐：《大跃进亲历记》，下卷，南方出版社 1999 年版，第 98 页）

1957 年 11 月中旬，《人民日报》发表社论，批评经济工作中的"右倾保守"现象，提出"我们有条件也有必要在生产战线上来一个大的跃进"。"大跃进"运动从此开始。同月，毛泽东在莫斯科提出要在十五年内钢产量赶超英国。后来热情不断高涨，对完成这个目标的时间不断缩短。又提出 7 年赶上英国，8 到 10 年赶上美国；争取 15 年左右时间在主要工业品产量方面，超过英国。在"以钢为纲，全面跃进"的口号下，钢铁生产指标越提越高。在这次北戴河会议上，通过了《全党全民为生产 1070 万吨钢而奋斗》的决议，正式决定并公开宣布 1958 年钢产量为 1070 万吨，比 1957 年翻一番，号召全党全民为此奋斗，开展空前规模的全民大炼钢铁运动。

北戴河会议前夕，毛泽东视察天津时说"一个粮食，一个钢铁。有了这两件东西就什么事情都好办了"。为了确保完成生产 1070 万吨钢产量这一目标，毛泽东在北戴河会议中还指出：你们回去以后，什么事情也不搞，专门搞几个月工业，不能丢就不能专，没有专就没有重点，粮食问题基本上解决，高产卫星不要过分重视。帝国主义压迫我们，我们一定要在三年、五年、七年之内，把我国建设成为一个大工业国。为了这个目的，必须集中力量把大工业搞起来，抓主要的东西，对次要的东西，力量不足就整掉一些。毛泽东对"有所不为，而后才有所为"做了进一步的说明和解释。

1958 年，毛泽东"大跃进"想法提出后，周恩来等反冒进的正确思想受到压制。全国数亿人民立即被动员起来，投入到大炼钢铁、"超英赶美"的狂热中。随后全国各行各业都出现了"浮夸风"，以及一些荒诞不经的口号。

各部门、各地方都把钢铁生产和建设放在首位，各级党委第一书记挂帅，大搞群众运动，大搞土法炼钢；对原有企业的生产能力不断追加投资，致使基本建设规模迅速膨胀，战线越拉越长。经过突击蛮干，1958 年年底党中央宣布，提前 12 天完成钢产量翻番任务，钢产量为 1108 万吨，生铁产量为 1369 万吨。实际上合格的钢只有 800 万吨，所炼 300 多万吨土钢、416 万吨土铁根本不能用。

大炼钢铁是当时积极向上的中国豪情使然，也是落后中国的发展焦虑。由于当时大量采用土法炼钢，致使炼出的钢铁根本不合格，必须回到大高炉里面重新炼。尤其老百姓把家里一些好端端的铁具，送去炼成了废铁，给自己造成很大的损失。与此同时，在锅碗瓢盆投入洪炉之时，成熟的庄稼烂在地里无人收割，农业生产受挫，粮食产量无法保证。层层压力之下，于是层层虚报。今天我们辩证地看待这个问题，而不是一味地去否定或者肯定，应当说"赶英超美"，其实是违背了经济规律与中国的实际国情的。

言不必信，行不必果

（引用之三十四）

大约 1917 年下半年至 1918 年上半年，毛泽东读德国哲学家、伦理学家包尔生（1846—1908）的《伦理学原理》一书。湖南省立第一师范的杨昌济老师，授伦理课时即以此书为教材。

毛泽东在读这本书时，在旁白处写下一万二千余字的批语。批语的内容，绝大部分是他自己对伦理观、人生观和历史观的看法和评论，还有一部分是对原著内容的提要或注释。这些批语，后来被冠以《〈伦理学原理〉批注》之名，收入《毛泽东早期文稿》一书。

在该书第五章《义务及良心》第四节《论先天直觉论道德哲学之谬误》，包尔生写道：

> 有一政治家，偶于其所属政党之一意见，不能赞成，而其党方草一宣言书，以彰其党之伟绩，使彼签名。彼从而签之耶，是自欺也；拒之而不签耶，将失其在政界之动力，而大为前途之障碍。彼将何以处之，是亦非康德之定律所能断者也。以吾意言之，则彼先当自问此事之关系果何如耶？如无重大之关系，则屈意而殉党议，未为不可，否则将不能共事也。苟其事而关系重大，则与其瞻徇党见，毋宁离党而自申其见之为正焉。

读至此，青年毛泽东写下批注：

言不必信，行不必果，惟义所在。(《毛泽东早期文稿》，湖南
人民出版社 1995 年第 2 版，第 222 页)

"言不必信，行不必果，惟义所在"一语，出自《孟子·离娄下》第
十一章：

孟子曰："大人者，言不必信，行不必果，惟义所在。"

这是在用孟子的思想与包尔生的观点进行比较，或者说用孟子的思想
佐证包尔生的观点。

孟子作为一位思想家，他的伦理思想，在我国丰富的伦理思想史上，
占据着突出的地位。与先秦诸子相比，孟子的伦理思想内容更为丰富，论
证较为系统严密。孟子的伦理思想具体指孟子的"四德"和"五伦"等道
德规范。

孟子以仁、义、礼、智为道德的最高原则，简称"四德"；孟子将人们
的社会关系概括为"五伦"，即他说的："父子有亲，君臣有义，夫妇有别，
长幼有叙，朋友有信。"(《滕文公上》)

"五伦"，反映了封建社会的最基本的最普通的人与人之间的道德规范。
伦即伦次，指人与人之间的关系。"五伦"即五种人伦，它们是父子、君臣、
夫妇、长幼、朋友五种基本的社会关系或伦理关系。孟子认为这五种不同
的社会关系都应有不同的道德规范和原则，就是说父子关系要以亲为原则，
君臣上下关系要以义为原则，夫妇男女关系要以别为原则，长幼关系要以
序为原则，朋友关系要以信为原则。就道德规范而言，可以说它是"四德"
的进一步具体化。

"朋友有信"，指处理朋友这种社会关系要以信为准则。信即实，指说
话要算数，要求讲诚实，言而有信。孟子认为对待朋友这是最基本的原则。
但孟子所谓信又是以义为前提的，所以他说有道德的人不一定言信行果，但
是"惟义所在"。

这是孔子的弟子有若所谓"信近于义，言可复也"(《论语·学而》)
之意。合于义的信，这才是"朋友有信"的真正内涵。由此可见孟子关于
"信""果"与"义"的学说与孔子学说的一脉相承性。

孟子所讲的"信""果"与"义"，是对有德之人 (大人者) 的言行标
准的判断。看来不只是用"信"来调整朋友之间的关系。在孟子看来，有

德之人说话不一定都讲信用，做事也不一定都要果断，只要符合"义"的标准就可以了。

孟子的这个观点也受到后人质疑。最令人不可解者是："言不必信"了"义"还存在吗？这个观点很容易被不讲诚信的"大人"所利用，成为他们欺世盗名的借口和遮羞布。但是孟子的本意，是强调"义"比"信""果"更重要，"义"统辖"信""果"。"义"字在《孟子》中出现108次。杨伯俊先生认为有两解：（一）合于某种道和理的叫义（98次）。如"亦有仁义而已矣"（《孟子·梁惠王上》）。（二）道理，正理（10次）。如"天下之通义也"（《孟子·滕文公上》）。（杨伯俊：《孟子译注》，中华书局1960年版，第448页）"惟义所在"即惟有坚持真理和正义是也。但是，孟子的话太简单，在论述逻辑上有条件不充分、理论不周延之处，让后人难免有误解的地方。

包尔生这一章节论直觉主义道德伦理哲学。这种伦理哲学源于英国剑桥柏拉图学派、西季威克和德国哲学家康德的伦理思想，他们坚持"各种义务的法则是自明的公理，就像数学的公理一样，可以以一种直接和直觉的确定性认识它们"的观点，认为"像正直诚实的行为是善的，说谎和欺骗是恶的，一旦它们被理解就马上被接受为绝对真实的"。他们断定善、义务等道德概念不可能通过理性和经验来论证，只能靠先天的道德直觉来认识。

包尔生并不完全赞同这种观点，在《论先天直觉论道德哲学之谬误》这一节中，他对直觉主义道德伦理哲学做了一分为二的分析，并对其中的谬论做了批判。他认为，"道德律是被人们直接和普遍地作为确实的命题，是对风俗的肯定性和否定性的表示"，集体中的每一员的行为都要受这种道德的约束和评价。这是毋庸置疑的。但是，包尔生又反对这种只讲道德形式不讲实际效果，主张为道德而道德的观点。他认为在道德判断中应当把对人和对事的判断区别出来，前者是意象、动机问题，评价标准是良心和义务，而后者关系到行为的效果，评价标准是目的和效果。

包尔生还举了一个例子来论证自己的观点。假设有一个与他所属的政党或政府在某点不合的政治家，现在有一份已经被拟定好的、与他观点不合的纲领性文件需要他签名，他该如何做呢？签吧，违背自己的意愿，是自欺欺人之无道德之举；不签吧，"将失其在政界之动力，而大为前途之障碍"。此时如何取舍，绝非直觉主义道德伦理哲学所能解决。包尔生认为，要解决这件事，必须要从行为产生的效果来评定，"如无重大之关系，则屈意而殉党议"；如果事关重大，"毋宁离党而自申其见"。毛泽东在读这个例子时，做了"言不必信，行不必果，惟义所在"的批语。

客观地说，尽管包尔生认识到了直觉主义道德伦理哲学的合理性，也批判了其中存在的谬论，但他没有创立一种新的理论体系，只是在二者之间提出了一种折中观点，表现出了他在哲学上的二元论倾向。毛泽东不是很认同他这种做法。因此，引用《孟子》中的这句富有深刻哲理的语句，表明自己解决这种问题的观点，那就是"惟义所在"！那时，毛泽东正在探索如何发现真理如何坚持真理，他对"惟义所在"的理解，不只在"义者，宜也"（《礼记·中庸》）的层面，而是对真理的寻求和对正义的坚持。

博学而详说之

（引用之三十五）

"博学而详说"一语，见于《孟子·离娄下》第十五章：

> 孟子曰："博学而详说之，将以反说约也。"

孟子说："广泛地学习，详尽地解说，为的是在融会贯通之后，回到最简明扼要的地步。"

这讲的是一种学习方法，是讲博与约的关系。由博反约是孟子论学一个重要观点。是讲获取知识在于广，在于博取，广泛地学习各种知识，而且要详细地说明它，剖析它。用的时候在于精，善于融会贯通各方面的知识，深入浅出地阐述问题的中心大意，把学得的这些知识概括为少而扼要的思想，灵活掌握运用。

这是"博"与"约"的对立统一，由"博"转化为"约"，要经过博学和融会贯通的条件，然后才能实现。

这里表明：学习的过程是从博（多）到约（少）、从杂到精的演变，实际是由演绎到归纳、由具体到抽象、由感性认识到理性认识的上升过程。这是一种科学的学习方法。

1915年9月6日，在湖南一师读书的毛泽东写信给同学萧子升，谈论治学之道。他在信中写道：

> 仆读《中庸》，曰博学之。朱子补《大学》，曰：即凡天下之物，

莫不因其已知之理而益穷之，以至乎其极。表里精粗无不到，全体大用无不明矣。其上孔子之言，谓博学于文，孟子曰博学而详说。窃以为是天经地义，学者之所宜遵循。(《毛泽东早期文稿》，湖南出版社1995年第2版，第17页)。

毛泽东在信中提到的萧子升（1894—1976），又名旭东，湖南湘乡人。湖南省立第一师范学校第三班学生，新民学会发起人之一。1915年一师毕业后，先后在长沙修业、楚怡学校任教。1919年赴法勤工俭学，1924年回国。曾任国民党北平市党务指导委员。1927年国共分裂后，曾任国民党政府农矿部政务次长等职。大陆解放后，随国民党政府去台湾，后来又到法国、瑞士。1952年去南美乌拉圭，从事教育事业。长期旅居国外。1976年在巴拉圭去世。

杨昌济老师有三位得意弟子：萧子升、蔡和森与毛泽东。学生时代，他们品学兼优、志趣相投，人称"湘江三友"。毛泽东、蔡和森两位后来接受了马克思主义理论，都成了中国共产党与中国革命的领导人，而青年时代的激进分子萧子升则坚持信仰无政府主义，中华人民共和国成立后长期旅居国外从事文字教育事业。

毛泽东与萧子升的相识是在湘乡县东山学校。他们在这里同窗共读只半年时间，但志趣相投，感情深厚。1911年两人先后又到了长沙，萧子升考入了省立第一师范，毛泽东先是进入湘乡驻省中学，1914年也到省立第一师范就读。萧子升1915年秋毕业，毛泽东1918年毕业，与萧子升在一师同学近两年，他们结成了最亲密的朋友，并于1918年共同创立了新民学会。

青年毛泽东在写给同学萧子升的信中，谈论治学之道时，他提到《中庸》论"博学之"，意谓为学首先要广泛地猎取，培养一种好奇心和求知欲，提到了朱子补《大学》对"博学"的论述，谈到了孔子的"博学于文"，即广泛地学习古代的文化典籍，又谈到孟子的"博学而详说"。这种由"博学"到"博学于文"，又到"博学反约"的传统的学习方法，这种一脉相承的儒学思想，在青少年时代的毛泽东看来，是每一个学者所宜遵循的为学之道，遵循这种方法是天经地义的。

君子之泽，五世而斩

（引用之三十六）

《战国策》中有一篇《触詟说赵太后》的文章，内中讲的故事是：

战国时代，秦国出兵攻打赵国。当时，赵国国君孝成王年幼，由其母赵太后代为主政。秦强赵弱，赵太后只得向齐国求援。齐国要求以赵太后最疼爱的小儿子长安君为人质，方可出兵救赵。太后不忍，又听不进大臣们的劝说。时值国家危难之际，左师触詟入殿谏言。他先从自己的爱子说起，又说到太后把女儿远嫁到燕国为后，都是为子女的长远利益着想，以此为铺垫，又以"父母之爱子，则为之计深远"晓以利害，并分析了众诸侯国没有一个能传位三代的原因，最后反问太后"今媪尊长安君之位，而封以膏腴之地，多予之重器，而不及今令有功于国。一旦山陵崩，长安君何以自托于赵"。大意是说太后如若深爱长安君，就不应只封给他肥沃的领地，赠送他值钱的金玉，而不让他为国立功，否则太后一死，长安君的地位就无法保证。一番鞭辟入里的分析，使赵太后明白这个道理后，同意了送长安君去齐国为人质。齐国遂履行出兵承诺，赵国转危为安。

《触詟说赵太后》这篇文章的主旨与孟子的名言"君子之泽，五世而斩"有思想共鸣。

1967 年 4 月 15 日，"中共中央文化革命小组"副组长、"全军文化革命小组"顾问江青，将其在中央军委扩大会议上的讲话记录整理稿送毛泽东审改。她在送审报告上写道："这是我在军委扩大会议上的一次讲话，林彪同志说是要发。我改了几次，缺引证，不够典，因为没有发言稿。我希望得到你的批改。"

对于这次送审稿，毛泽东做了一些修改。对江青讲的战国史上"触詟说赵太后"的故事做了一些内容上的补充，写下批语：

> 这篇文章，反映了封建制代替奴隶制的初期，地主阶级内部财产和权力的再分配。这种再分配是不断地进行的，所谓"君子之泽，五世而斩"，就是这个意思。我们不是代表剥削阶级，而是代表无产阶级和劳动人民，但如果我们不注意严格要求我们的子女，他们也会变质，可能搞资产阶级复辟，无产阶级的财产和权力就会被资产阶级夺回去。（《建国以来毛泽东文稿》第12册，中央文献出版社1998年版，第310—311页）

毛泽东批语中提到的"这篇文章"，即指《触詟说赵太后》一文。他引用的"君子之泽，五世而斩"一语，出自《孟子·离娄下》第二十二章：

> 孟子曰："君子之泽五世而斩，小人之泽五世而斩。予未得为孔子徒也，予私淑诸人也。"

本章是孟子谈自己的学术渊源问题。孟子当时被称为儒学大师，对儒家学说的传承和发展有重大贡献，长期以来被人们尊为"亚圣"。《史记·孔子世家》说他"受业于子思之门人"。子思是孔子的孙子。孟子从学于子思的门人，即是子思的再传弟子。这样算起来从孔子始到孟子，已经是第五代了，就是说他是孔子的第五代再传弟子。相隔五代，孔子的思想对他到底有多大影响呢？看来就很难说了。

"君子之泽，五世而斩"，这里的"泽"，本意是"流风余韵"的意思，"斩"，是"断绝"的意思。《孟子·离娄下》第二十二章大意是：君子的流风余韵，五代以后便断绝了；小人的流风余韵，五代以后也断绝了。接下来孟子说得比较明确：由于时代的悬隔，我没有能够成为孔子的门徒，我是私下向别人学习来的。至于向什么人学习，他没有明言。孟子在这里讳言其师名号，说明其师并非是什么值得夸耀的名人，或其中有什么别的原因，也未可知。

"君子之泽，五世而斩"这句话，在今天的意思已经发生了变化。今天，"泽"多指"权力、地位，财富"等，"五世"也是虚指，表示一个大概的时间段。"君子之泽，五世而斩"已经演化成与俗语"富不过三代"类似的意思。

毛泽东推荐读《触詟说赵太后》这篇文章，其教育意义是深远的。这篇文章，在分析众诸侯没有一个子孙三世保持住王位的原因时说："此其近者祸及身，远者及其子孙，岂人主之子孙则必不善哉，位尊而无功，俸厚而无劳，而挟重器多也。"两千多年前的古人尚能认识到：对自己的子女不能让他们"位尊而无功，俸厚而无劳"，只有为国立功，才能使自己的地位子孙相继。

毛泽东看到这一问题，在批语中提到了"严格要求我们的子女"。毛泽东自己说到做到。他的卫士长李银桥说：毛泽东对子女真疼爱，要求也真严格。为了将长子毛岸英培养成独立自主的劳动者，毛泽东很早就把他送到苏联去求学。1946年，毛岸英回国以后又动员他到农村去上"社会大学"，实地了解中国国情。抗美援朝战争爆发后，毛泽东又亲手将他送到战火连天的朝鲜前线。当得知儿子为国捐躯的不幸消息，他强忍着老年丧子的悲痛，发自内心地说："谁叫他是毛泽东的儿子呢？"

毛泽东的小女儿李讷，从小在延安就跟着大人一起在大食堂吃煮黑豆。考上大学后，和所有同学吃一样的饭菜，住一样的宿舍，一样坐公共汽车上学和回家，一样下乡参加劳动，丝毫不搞特殊化。1960年前后，中国正处在经济困难时期，当时李讷已在北京大学读书，经常吃不饱。假期回家后，工作人员建议给她多争取点口粮，也被毛泽东拒绝了。他说："我是国家干部，国家按规定给我一定待遇。她是学生，按规定不该享受的就不能享受……还是那句话：谁叫她是毛泽东的女儿呢？"

对自己的儿媳妇刘思齐，毛泽东也是严格要求。1955年，刘思齐进入苏联莫斯科大学攻读理工科。由于之前学文科，加之对环境的不适，刘思齐感到学习非常吃力，1957年暑假回到北京，她便写信给毛泽东告诉其希望转学的想法。毛泽东很快给她回了一封信，尊重她转学与否的意见，但"不论怎样，都要自己做主，不要用家长的名义去申请"，体现了坚定的原则性和组织观念。

毛泽东就是用这种严格要求来体现对子女的疼爱的。其实，毛泽东在疼爱孩子之余，之所以如此严格要求他们，就是害怕他们"恃无功之尊，无劳之奉"，养成好逸恶劳的恶习。

结合含义深刻的历史典故"触詟说赵太后"，毛泽东在批语中引用孟子"君子之泽，五世而斩"这句话，并由此讲到人们应该严格教育子女，防止他们变质，防止他们搞资产阶级复辟。毛泽东不仅对自己的子女，也是作为对一代人的教育来考虑这一问题的。这是革命领袖晚年对自己终生为之奋斗事业的担心和忧虑。这种担心和忧虑应该说不无道理，是很自然的，也是合情合理的，有必要的。

其实，早在八九年前，毛泽东即已考虑到此问题：

1959年11月，一次毛泽东与卫士长李银桥散步漫谈时，就曾说过：

> 仗我们是不怕打的，帝国主义要想和平演变我们这一代人也难，可下一代再下一代就不好讲了。中国人讲"君子之泽，五世而斩"。英国人说"爵位不佐三代"；到我们的第三代、第四代人身上，情形又会是个什么样子啊？（邱延生：《历史的真言——李银桥在毛泽东身边工作纪实》，新华出版社2000年版，第781页）

又说："法国的《快报》评论说'穷是中国跃进的动力'，'穷是动力'这句话讲得很对么！因为穷，就要干，要革命；富了事情就不妙了。越王勾践卧薪尝胆，十年复国，十年强兵，后代人全忘了；中国现在不富，将来富了，家家吃肉不发愁，也一定会发生问题。"

帝国主义对社会主义国家的颠覆主要采用两种手段：一种是武装干涉，经济封锁和制裁；另一种就是"和平演变"。苏联的解体和东欧的社会主义国家的颠覆，帝国主义"和平演变"的手段起了作用。苏联和东欧没有倒在战争和经济封锁面前，而是倒在了"和平演变"面前，倒在了那里的共产党人对和平演变的漠视！

几十年来，帝国主义的战略家们也曾把和平演变的希望寄托在中国共产党的第三代、第四代身上，以毛泽东为代表的老一代革命家对此非常警惕，从理论和实践上积极应对，使它们的阴谋未能得逞。

毛泽东对于敌人的武力进攻，总是充满了必胜的信心。但是，面对帝国主义"和平演变"的攻势，却充满了忧虑。20世纪五六十年代，毛泽东在不同场合，对着不同对象，多次警告人们：我们也不太平，还有贪污分子，投机倒把分子，还有被和平演变的危险。因为帝国主义者及其走狗中国反动派对于他们在中国这块土地上的失败，是不会甘心的。他们还要互相勾结在一起，用各种可能的方法，反对中国人民。

毛泽东高瞻远瞩，揭露了美国的预言家们把和平演变的希望寄托在中国第三代、第四代身上的阴谋，提出了反和平演变的战略思想，就是要培养和造就无产阶级革命事业的接班人。

毛泽东指出：

> 帝国主义说我们第一代没问题，第二代也变不了，第三代、第四代就有希望了。帝国主义这个希望能不能实现呢？帝国主义这话灵不灵？希望讲得不灵，但也可能灵，苏联就是第三代出了苏联赫鲁晓夫修正主义的，我们也可能出修正主义。如何防止修正主义？我们要培养接班人！

毛泽东引用孟子"君子之泽，五世而斩"的名言，讲"触詟说赵太后"的故事，讲越王勾践卧薪尝胆艰难复国的故事，饱含着对革命前途、对国家命运的忧患意识，饱含着对革命事业后来人的殷切希望，饱含着对生活在和平安宁环境中人们的告诫和提醒，这正是安不忘危、胜不忘亡、福不忘祸之意，这是目光远大的战略筹划。

国脉民命，岌岌可危

（引用之三十七）

"岌岌可危"一语，出于《孟子·万章上》第四章：

> 咸丘蒙问曰："语云：盛德之士，君不得而臣，父不得而子。舜南面而立，尧帅诸侯北面而朝之，瞽瞍亦北面而朝之。舜见瞽瞍，其容有蹙。孔子曰：'于斯时也，天下殆哉，岌岌乎！'不识此语诚然乎哉？"
>
> 孟子曰："否！此非君子之言，齐东野人之语也。尧老而舜摄也。"

孟子的弟子咸丘蒙问道："常言说：'品德高尚的人，君主不能把他当臣下对待，父亲也不能把他当儿子对待。'舜南面而立，做了天子，帝尧率领诸侯北面朝拜他，他的父亲瞽瞍也北面朝拜他。舜见了瞽瞍，表情显得局促不安。孔子说：'当时那个时候，天下岌岌可危呀！'不知这话是真的如此吗？"

孟子回答说："不是。这不是君子的话，是齐东野人胡编乱造的。当时帝尧年老，舜代理做天子。"

"天下殆哉，岌岌乎。"意思是天下就要灭亡了，眼看就要像陡峭的山一样倒下来。

"岌岌可危"由"天下殆哉，岌岌乎"演化而来，形容形势、处境非常危险。

1940年2月1日，毛泽东为"延安民众讨汪大会"起草通电，其中说：

当此国难深重之秋，若犹不思变计，则日、汪肆扰于外，奸徒破坏于内，国脉民命，岌岌可危矣。（《毛泽东选集》第二卷，人民出版社1991年第2版，第722—723页）

毛泽东起草的通电以延安民众名义发表。这篇通电在列入《毛泽东选集》的时候，题目改为"向国民党的十点要求"。

大汉奸汪精卫（1883—1944），1931年九一八事变后，主张对内"全力反共"，对外"中日提携"，成为国民党内亲日派首领。1937年全面抗战爆发后，任国民党副总裁、中央政治委员会主席、国民参政会议长。1938年12月18日，潜离重庆去越南河内。29日发表"艳电"，公开投降日本帝国主义。1939年5月赴日本"访问"，与日本首相平沼等策划建立伪政权。同年12月30日在上海与日本政府代表签订卖国密约《日支新关系调整要纲》及其附件。1940年3月，在南京成立伪"中华民国国民政府"，自任代理主席兼行政院长，进行反共反人民、背叛祖国的活动。曾与日本签订卖国的《日汪基本关系条约》《日满华共同宣言》。1944年11月10日在日本名古屋病死。

毛泽东在通电开头说：延安讨汪拥蒋大会，义愤激昂，一致决议，讨伐汪精卫卖国投降，拥护蒋委员长抗战到底。为挽救时局危机争取抗战胜利起见，谨陈救国大计十端，愿我国民政府，各党各派，抗战将士，全国同胞采纳而实行之。

毛泽东在通电中还说，汪逆收集党徒，通敌叛国，订立卖国密约，为虎作伥，固国人皆曰可杀。并在通电中引用"岌岌可危"一语，说明在全面抗战的艰难时期，即国难深重之时，如果还不改变"训政"局面，抛弃一党专制，在日汪肆扰、奸徒破坏的情况下，中华民族的生死存亡，将面临非常危险的局面。

毛泽东意在唤起全国人民讨伐汪精卫党徒卖国求荣的行为。汪党不绝，汪祸长留，外引敌人，内施破坏，其为害不堪设想。卖国投降者，必将遭到全国人民的反对，必将走投无路。只有团结抗战，挽救时局之危机，中华民族才有出路。

翻然改进，弃旧图新

（引用之三十八）

1938 年 10 月 14 日，毛泽东在《中国共产党在民族战争中的地位》一文中说：

> 共产党员对于落后的人们的态度，不是轻视他们，看不起他们，而是亲近他们，团结他们，说服他们，鼓励他们前进。共产党员对于在工作中犯过错误的人们，除了不可救药者外，不是采取排斥态度，而是采取规劝态度，使之翻然改进，弃旧图新。（《毛泽东选集》第二卷，人民出版社 1991 年第 2 版，第 522 页）

"翻然改进"一词，出自《孟子·万章上》第七章：

> 汤三使往聘之，既而幡然改曰："与我处畎亩之中，由是以乐尧、舜之道，吾岂若使是君为尧、舜之君哉？吾岂若使是民为尧、舜之民哉？吾岂若于吾身亲见之哉？"

传说夏朝时，伊尹在有莘国的郊野耕田，颇喜欢尧、舜之道。由此受到商汤的赏识。一次，商汤派人带着礼物去聘请他，他从容不迫地说："我为什么要接受汤的聘礼呢？哪如我生活在田野之中，以我喜爱的尧舜之道自乐呢！"商汤又三次派人带着礼物去聘请他，伊尹翻然改变了态度，说："我与其独自生活在田野之中，以尧舜之道而自乐，不如使我的君主成为尧舜那样的君主，不如使这些百姓成为尧舜时代的百姓，哪如我亲身看到这种局面的实现呢？"

幡通"翻"。人们从这段故事中引申出"翻然改进"一语，多形容人的态度很快有了转变，有了进步。

《中国共产党在民族战争中的地位》这篇文章，是毛泽东在中国共产党第六届中央委员会扩大的第六次全体会议上的政治报告《论新阶段》的一部分。在这个报告中，毛泽东在讲到"共产党员在民族战争中的模范作用"时讲了前引这段话，并引用了"翻然改进"这个成语，主要说明共产党员对于在工作中犯过错误的同志，应当采取规劝的态度，说服教育他们，使犯错误者很快觉悟，转变态度，勇于改正过错，而不是采取排斥的态度，疏远他们，轻视他们，看不起他们。当然，不可救药者除外。

毛泽东在报告中还指出，对于犯错误的干部，一般地应采取说服的方法，帮助他们改正错误。只有对犯了严重错误而又不接受指导的人们，才应当采取斗争的方法。在这里，耐心是必要的；轻易地给人们戴上"机会主义"的大帽子，轻易地采用"开展斗争"的方法，是不对的。这样做才是爱护干部。

毛泽东主张对于历史上犯过错误的同志在做结论时应采取宽大的政策，实行"惩前毖后、治病救人"的方针，不要采取过火的"左"的斗争方式，对于人的处理采取慎重态度，既不含糊敷衍，又不损害同志，这是我们党兴旺发达的标志之一。

国际资产阶级的附庸

（引用之三十九）

战国时代，有一次，卫国大夫北宫锜向孟子请教周王朝规定官爵和俸禄的等级制度问题。孟子回答了一大篇，《孟子·万章下》第二章记下了这次谈话的全部内容。其中孟子说：

> 天子之制，地方千里。公侯皆方百里，伯七十里，子、男五十里，凡四等。不能五十里，不达于天子，附于诸侯，曰附庸。

"附庸"一词就出在这里。

孟子回答北宫锜说："周天子直接管理的土地纵横各一千里，公与侯都是方圆各一百里，伯是纵横各七十里，子、男则纵横各五十里，共分四个等级。土地不足五十里的小国，不能直接隶属于天子，而是附属于诸侯，称为附庸。"

"附庸"，原意是指附属于诸侯国的小国，后泛指依附于其他事物而存在的事物。

1925 年 12 月，毛泽东在《中国社会各阶级的分析》一文中使用过"附庸"一词：

> 在经济落后的半殖民地中国，地主阶级和买办阶级完全是国际资产阶级的附庸，其生存和发展，是附属于帝国主义的。这些阶级代表中国最落后的和最反动的生产关系，阻碍中国生产力的

发展。他们和中国革命的目的完全不相容。特别是大地主阶级和大买办阶级，他们始终站在帝国主义一边，是极端的反革命派。（《毛泽东选集》第一卷，人民出版社1991年第2版，第3—4页）

　　毛泽东在《中国社会各阶级的分析》这篇文章中，开篇先指出："谁是我们的敌人？谁是我们的朋友？这个问题是革命的首要问题。"并说中国过去一切革命斗争，之所以成效甚少，其基本原因就是因为不能团结真正的朋友，以攻击真正的敌人。我们今天的革命要有一定成功的把握，不可不注意团结我们的真正的朋友，以攻击我们的真正的敌人。

　　既然分清敌友是革命的首要问题，那么，如何去分清敌和友呢？毛泽东指出，要分辨真正的敌友，不可不将中国社会各阶级的经济地位及其对于革命的态度，做一个大概的分析。因为在阶级社会里，经济地位决定政治态度，不同阶级处于不同的经济地位，就有不同的经济利益，为了维护本阶级的利益，他们对革命就有不同的政治态度。只有用经济地位来考察各阶级的政治态度，才不会被暂时的表象所迷惑。

　　在分析中国社会各阶级的经济地位及其对于革命的态度时，毛泽东引用"附庸"一词，来说明中国的地主阶级和买办阶级必须依赖国际资产阶级才能过活，他们始终站在帝国主义一边，是极端的反革命，是中国革命的敌人。前者是用封建制度剥削和压迫农民的阶级，是帝国主义统治中国的社会基础；后者是直接为帝国主义国家的资本家服务并为他们所豢养的阶级。他们代表中国最落后、最反动的生产关系，阻碍生产力的发展，他们和中国革命的目的完全不同，是中国革命的对象。

羞恶之心，人皆有之

（引用之四十）

"羞恶之心，人皆有之"这句话，出自《孟子·告子上》第六章：

> 孟子曰："乃若其情，则可以为善矣，乃所谓善也。若夫为不善，非才之罪也。恻隐之心，人皆有之；羞恶之心，人皆有之；恭敬之心，人皆有之；是非之心，人皆有之。恻隐之心，仁也；羞恶之心，义也；恭敬之心，礼也；是非之心，智也。仁义礼智，非由外铄我也，我固有之也，弗思耳矣。故曰：'求则得之，舍则失之。'或相倍蓰而无算者，不能尽其才者也。"

本章是孟子的性善论。这里孟子回答公都子提出的人性善恶的问题。既然说人性是善的，那么，怎么会产生出恶来呢？对此，孟子认为：从人的天赋资质来看，是可以使它善良的，这就是所说的人性善。至于有些人不善，甚至做了坏事，不能归罪于他的天赋资质，而在于后天的习染。人类的善良资质，孟子指的是同情心、羞耻心、恭敬心、是非心，这些人人都有。这些资质在社会生活中体现出来，便是仁、义、礼、智，成为一种社会风范。这些共同的人性，不是外人给予的，而是人本身就具有的，只是没自觉认识它罢了。因此说，一经探求就会得到它，一旦放弃便会失掉它。人与人之间善恶不同，有相差一倍、五倍甚至无数倍的，是由于没有充分发挥其固有的天赋资质的缘故。

孟子的性善论，肯定了人的共同性的一面，但他没有也不可能认识到它的差异性的一面，特别是阶级社会里人性的差异性。所以，马克思主义既承认有共同人性，也承认有差异性，在阶级社会里，只有具体的人性，没有抽象的人性，只有带着阶级性的人性，而不是相反。这就是马克思主义的人性观。

孟子讲人的善良资质，具体指"人皆有之"的"四种心"，而"羞恶之心"首当其冲。20 世纪 50 年代初，毛泽东在批评民主人士梁漱溟时，就引用过孟子这句话。

1953 年 9 月 16 日至 18 日，中央人民政府委员会第二十七次会议在北京举行。会议的主要议题是批判民主人士梁漱溟的错误思想。在京全国政协委员列席了会议，梁漱溟作为政协委员也列席了这次会议。

毛泽东在会议上做主题讲话，指名道姓批评梁漱溟的"错误思想"。其中说道：

> "羞恶之心，人皆有之"，人不害羞，事情就难办了。说梁先生对于农民问题的见解比共产党还高明，有谁相信呢？ 班门弄斧。比如说，"毛泽东比梅兰芳先生还会做戏，比志愿军还会挖坑道，或者说比空军英雄赵宝桐还会驾飞机"，这岂不是不识羞耻到了极点吗？所以梁先生提出的问题，是一个正经的问题，又是一个不正经的问题，很有些滑稽意味。他说他比共产党更能代表农民，难道还不滑稽吗？（1953 年 9 月 16 日—18 日毛泽东在中央人民政府委员会第二十七次会议的主题讲话）

梁漱溟是大学教授、"农民问题专家"，在当时提出了一种错误论调，要求我们新中国的人民政府成为"无色透明政府"，宣扬政府不能带有党派色彩，应当成为超阶级的"无色透明体"。这实质上要共产党放弃对国家的领导，为资产阶级争夺领导权，这显然是错误的，应该批评、帮助，但在批评方式上是欠妥当的。

毛泽东在批评梁漱溟的讲话中，引用了孟子"羞恶之心，人皆有之"这句话，批驳梁漱溟说他比共产党更能代表农民。共产党是搞农民运动的，梁漱溟说这话不仅滑稽，而且不知羞耻。这客观上肯定了孟子把"羞恶之心"作为性善之目的思想，并将其作为衡量是非的准绳。但是，毛泽东是在激愤情况下讲这番话的，由孟子之语引发出来的话，如"人不害羞，事情就难办了""岂不是不识羞耻到了极点吗""很有些滑稽意味"，等等。未免语言过激，口气过急，情绪失控，使批评滑向了贬损，使孟子的话失去了应有的力量。当然，毛泽东如此引用孟子的话，情况并不多见。

口之于味，有同嗜焉

（引用之四十一）

　　毛泽东曾经用孟子的名言"口之于味，有同嗜焉"阐述美学研究中的一个难解命题。

　　1959 年春，何其芳主持中国科学院文学研究所工作时，一天，一位中央书记处的书记来，要他们从中国古代的笔记小说中选编一本《不怕鬼的故事》，以此来宣传毛泽东的思想。何其芳立刻组织人力上马，同年夏天就把此书基本编成。

　　在一次中央工作会议上，毛泽东选了该书的一部分故事，印发给到会的人。何其芳等人知道了，就请毛泽东为此书写一篇序言。

　　"叫何其芳写。"毛泽东说。

　　何其芳得到毛泽东的指示，于是马上起草序言，经过几次修改，就送呈毛泽东审阅。

　　1961 年 1 月 4 日上午，毛泽东在中南海颐年堂一间卧室里接见了他。当何其芳坐下后，毛泽东拿出何其芳写的稿子，说：

　　　　你的问题我现在回答你（指请他审阅的稿子）。除了战略上藐视，还要讲战术上重视。对具体的鬼，对一个一个的鬼，要具体分析，要讲究战术，要重视。不然，就打不败它。你们编的书上，就有这样的例子。《聊斋志异》的那篇《妖术》，如果那个于公战术上不重视就可能被妖术谋害死。还有《宋定伯捉鬼》。鬼背他过河，发现他身体重。他就欺骗它，说他是新鬼。"新鬼大，旧鬼小"，所以他重嘛。他后来又从鬼那里知道鬼怕什么东西，就用那个东西治它，就把鬼治住了。你可以再写几百字，写战术上重视。

何其芳认真地听着，记着。何其芳起身告辞，刚走出卧室时，毛泽东又叫他回去，说："你把序文改好后，再送我看看。"

何其芳根据毛泽东所谈的意思，又将序文修改了一遍，再送毛泽东审阅，并附了一封信，上写："我按照指示做了修改，仅足达意，缺乏警策之处，但我又没有能力改得较好一些。"

1月23日下午2时半，何其芳又接到电话通知，叫他到毛泽东那儿去。毛泽东还是在那间卧室里接见了他。已经有4个人坐在那里了。毛泽东对他说："你写的序文我加了一段，和现在的形势联系起来了。"随后，他把加的一段念给大家听，像是征求意见。然后又传给大家看。当传到何其芳手里，他发现稿子最后一页的空白处，毛泽东已写满了一段新加的文字。其中有一段说：

难道我们越怕鬼，鬼就越喜欢我们，发出慈悲心，不害我们，而我们的事业就会忽然变得顺利起来，一切光昌流丽，春暖花开了吗？

大家传阅以后，毛泽东对何其芳说："你这篇文章原来政治性就很强，我给你再加强一些。我是把不怕鬼的故事作为政治斗争和思想斗争的工具。"

毛泽东又谈起序文，他对何其芳说。"你再增加几句，讲半人半鬼。"他见何其芳有点摸不清楚，又解释说："半人半鬼，不是走到人，就是走到鬼。走到鬼，经过改造，又会走到人。"

最后，毛泽东谈了一个很重要的理论问题，美学问题，大家就开始插嘴了。毛泽东说："各个阶级有各个阶级的美。"

"问题在于也有一些相同的。"一个同志插嘴说。

"各个阶级有各个阶级的美。各个阶级也有共同的美。"毛泽东像是回答他的问题，又像是发表他思考的结果似的，他说："口之于味，有同嗜焉。"（何其芳：《毛泽东之歌》，《何其芳全集》第七卷，河北人民出版社2000年版，第478页）

何其芳对于美学问题是有兴趣的，他一听毛泽东就美学问题议论，便忍不住从口袋里掏出笔记本，做起记录来了。

"口之于味，有同嗜焉"一语，出自《孟子·告子上》第七章：

> 孟子曰："富岁，子弟多赖；凶岁，子弟多暴。非天之降才尔殊也，其所以陷溺其心者然也。今夫麰麦，播种而耰之，其地同，树之时又同，浡然而生，至于日至之时，皆孰矣。虽有不同，则地有肥硗，雨露之养，人事之不齐也。
>
> "故凡同类者，举相似也，何独至于人而疑之？圣人与我同类者。故龙子曰：'不知足而为屦，我知其不为蒉也。'屦之相似，天下之足同也。口之于味，有同耆也，易牙先得我口之所耆者也。如使口之于味也，其性与人殊，若犬马之与我不同类也，则天下何耆皆从易牙之于味也？至于味，天下期于易牙，是天下之口相似也。惟耳亦然。至于声，天下期于师旷，是天下之耳相似也。惟目亦然。至于子都，天下莫不知其姣也。不知子都之姣者，无目者也。
>
> "故曰，口之于味也，有同耆焉；耳之于声也，有同听焉；目之于色也，有同美焉。至于心，独无所同然乎？心之所同然者何也？谓理也，义也。圣人先得我心之所同然耳。故理义之悦我心，犹刍豢之悦我口。"

孟子本章主要探讨人的共同性问题。孟子从收成好坏对人们性格形成的不同影响，说到天下人的草鞋织得大体相似，是由于人的脚都大致相同的缘故。进而谈到口对于味道，有着相同的嗜好，耳朵对于声音，有着相同的听觉，眼睛对于姿色，有着相同的美感。最后谈到心，人心的相同之处是什么呢？是"理"，是"义"。因此说，理、义使人心愉悦，就像牛、羊、猪、狗的肉合人的口味一样。

孟子所谈口、耳、目对于味、声、色的感知，是属于生理的自然属性，人们具有共同的特点；而理和义，是属于社会属性（社会意识），在阶级社会，具有历史的阶级的特点，是因人而异的。孟子有见于"同"，而不见于"异"，是因为孟子所谈不是阶级论，当然认识不到其阶级差异性的一面。这个问题一直是古今中外美学理论中一个重要问题，一个长期争论不休的问题，也是马克思主义者没有明确解决的问题。

毛泽东对这个问题谈了自己的见解：各个阶级有各个阶级的美。各个阶级也有共同美。这首先坚持了阶级论，阐明了阶级社会里美是有阶级性的，多个阶级有多个阶级的美，这是为中外艺术发展史证明了的不争的事实；但同时又肯定了多个阶级又有共同美，这也是一个不争的事实，一个美学的共同规律。不承认这一点，便是机械唯物主义者，也就背离了马列主义，违背了事物发展的辩证规律。

各个阶级也有共同的美，应该怎样理解呢？因为当时插话的同志要明确的是各个阶级是不是有一些共同的美这个问题，毛泽东就只说到这里为止。根据我们理解，各个阶级感到共同的美又还是有所不同的，有不同的阶级性的差异的。正如"口之于味，有同嗜焉"，同嗜之中仍包含着不同一样。

但到底什么是"共同美"呢？毛泽东在谈话中引用"口之于味，有同嗜焉"加以解释，所谓"人同此心，心同此理"。这就用心理学的方法、接受美学的方法，阐明了共同美赖以产生的鉴赏主体方面的原因，为揭开共同美的奥秘做出了重大贡献。当然，形成共同美还有文艺作品方面的原因和社会生活影响方面的原因，这是不言而喻的。

只怕一日曝十日寒

（引用之四十二）

青年毛泽东在湖南长沙第一师范学校求学时，曾经抄写一副联语用以励志自勉：

> 贵有恒，何必三更起五更眠；
>
> 最无益，只怕一日曝十日寒。
>
> （张贻玖：《毛泽东的书房》，工人出版社1987年版，第106页）

"一日曝十日寒"，即成语"一暴十寒"的拆用。比喻工作或学习没有恒心，时冷时热，努力不够，荒废懈怠。暴即"曝"，是晒的意思。

"一日曝十日寒"，语见《孟子·告子上》第九章：

> 虽有天下易生之物也，一日暴之，十日寒之，未有能生者也。

大意是说，天下即使有容易生长的植物，晒它一天后，又冻它十天，没有能长得了的。比喻学习（或工作）没有恒心，学学停停，断断续续，时常间断。

从古到今，许多名人，许多学者，都喜欢在自己的卧室、书房等处贴挂楹联，用以自勉，或与家人、友人共勉。这种楹联，字句凝练，寓意深刻，劝学励志，奋发向上，脍炙人口，于人于己都有很好的鞭策和激励作用。

青年毛泽东求学时自勉的对联，是对明代学者胡居仁一副对联的抄改。

胡居仁原联是：

> 苟有恒，何必三更眠五更起；
>
> 最无益，莫过一日曝十日寒。

毛泽东将此联抄录下来（有改动）贴在案旁以自勉。后来有人误将此联当作毛泽东青年时代的作品。

但是，对比一下，可看出毛泽东的修改，自有道理。虽只更换一两个字，则联意大不相同。

其一，将"苟"换成"贵"，将"莫过"换成"只怕"，使语气更为直切、肯定，紧扣创作主题，突出了"恒心"之可贵。

其二，将"三更眠五更起"更换成"三更起五更眠"，虽然只是调换一下"眠""起"两字的位置，其逻辑性及含义则有很大差别。可以这样分析：一般"三更"眠后，"五更"很难"起"，如能"起"，则说明眠者有心事，难以久睡；若真的五更便起，又开始晨读或工作，岂不是一勤奋之人，则与联意相悖。相反，"三更"起后，"五更"又眠，想早起学习又难以坚持。这就十分逼真地描绘出了一个在学习上懈怠者的形象，紧扣了联语的撰写主旨。

可以说，经毛泽东点化后的自勉联，比喻形象，寓意深刻。联意更加清晰明白，形神兼备，且生发出了新意。毛泽东以丰富的感情色彩，运用形象贴切的比喻，从正反两个方面，辩证地阐释了"贵有恒"与"三更起五更眠、一日曝十日寒"的关系，说明学习要有韧性，有耐力，有恒心，不能三天打鱼，两天晒网，更不能"一日暴之，十日寒之"。

孟子是反对"一曝十寒"的，学习、工作、生活、干事业都不能这样。毛泽东这副自勉联所突出的是"贵有恒"精神，是对"一曝十寒"现象的克服。这也是毛泽东一生所倡导和遵循的一个准则。（此处解读，参照了吴直雄先生的意见。见《毛泽东楹联艺术鉴赏》，当代世界出版社1995年版，第181—185页）

不专心致志则不得也

（引用之四十三）

毛泽东在《一九四六年解放区工作的方针》一文中说：

> 为着粉碎国民党的进攻，我党必须对一切准备进攻和正在进攻的国民党军队进行分化的工作。……为使此项工作切实进行和迅速生效起见，各地必须依照中央指示，设置专门部门，调派大批干部，专心致志，从事此项工作。（《毛泽东选集》第四卷，人民出版社1991年第2版，第1175页）

"专心致志"这个成语典故，出自《孟子·告子上》第九章：

> 今夫弈之为数，小数也；不专心致志，则不得也。

孟子主张学习要专心致志。他以下棋为例说：下棋是小技艺，如果不一心一意，就学不好。意思是要把心思、志趣集中在所学的对象上。后人以此形容一心一意、聚精会神。

"专心致志"这个富有生命力的成语，长期以来，一直被后人广泛使用着。

毛泽东在《一九四六年解放区的工作方针》中引用《孟子》"专心致志"这个典故，意在说明对国民党军队进行分化工作并不是一件轻而易举的事情，不仅需要成立专门部门，调派大批干部，组织力量去做，还应当采取一种正确的工作态度和有效的工作方法，并专心致志地去做，才能见成效。

　　"专心致志"的精神和要求，无论是过去、现在还是将来，都是适用的。在现代化建设的今天，我们每个人都应专心致志地做好自己的本职工作。

一心以为有鸿鹄将至

（引用之四十四）

"一心以为有鸿鹄将至"一语，也是出自《孟子·告子上》第九章。孟子讲了弈秋教徒弟学弈的寓言：

> 今夫弈之为数，小数也；不专心致志，则不得也。弈秋，通国之善弈者也。使弈秋诲二人弈，其一人专心致志，惟弈秋之为听。一人虽听之，一心以为有鸿鹄将至，思援弓缴而射之，虽与之俱学，弗若之矣。为是其智弗若与？曰：非然也。

鸿鹄：鸟名，即天鹅。

孟子本章的意思是：读书学习不能心不在焉，精力分散，思想不集中，学习不用心。

为了说明这个道理他对弟子讲了一个很有启发性的故事：

有一个叫作弈秋的人，是全国下围棋的名手。他同时教两个人下棋，一个精力集中，静心听讲，刻苦钻研，另一个则心不在焉，虽然耳朵听着，而心里却在盘算着，有只天鹅快要飞来，计划着如何拿弓箭去射它。这样，两个学生的成绩必然不一样，不用心学习的学生，他的成绩当然不如专心学习的那个学生。

这个寓言故事说明一个道理，如果不专心致志学习，连一件小技艺也学不会。孟子阐明的这个道理有普遍性，教育意义很明显。

孟子讲弈秋教徒故事中的"一心以为有鸿鹄将至"一句，后来简化为成语"心在鸿鹄"。

1917 年 4 月 1 日，年仅 24 岁的毛泽东在当时的进步刊物《新青年》杂志上发表了一篇体育专论——《体育之研究》，他在文中写道：

> 凡事皆宜有恒，运动亦然。有两人于此，其于运动也，一人时作时辍，一人到底不懈，则效不效必有分矣。运动而有恒，第一能生兴味。凡静者不能自动，必有所以动之者，动之无过于兴味。凡科学皆宜引起多方之兴味，而于运动尤然。第二能生快乐。运动既久，成效大著，发生自己价值之念。以之为学则胜任愉快，以之修德则日起有功，心中无限快乐，亦缘有恒而得也。快乐与兴味有辨：兴味者运动之始，快乐者运动之终；兴味生于进行，快乐生于结果。二者自异。
>
> 有恒矣，而不用心，亦难有效。走马观花，虽日日观，犹无观也。心在鸿鹄，虽与俱学，勿若之矣。故运动有注全力之道焉。运动之时，心在运动，闲思杂虑，一切屏去，运心于血脉如何流通，筋肉如何张弛，关节如何反复，呼吸如何出入，而运作按节，屈伸进退，皆一一踏实。朱子论主一无适，谓吃饭则想著吃饭，穿衣则想著穿衣。注全力于运动之时者，亦若是则已耳。（《毛泽东早期文稿》，湖南出版社 1995 年第 2 版，第 74—75 页）

《体育之研究》深刻地揭示了体育的本质、目的和功能，科学地论述了体育与德育和智育的关系。其精辟的论述，其体育思想，至今仍然具有重要价值。

毛泽东把体育运动作为一条救国救民的途径。毛泽东的青年时代正值辛亥革命和五四运动时期，国难当头，中国人被辱称为"东亚病夫"，毛泽东对此深感痛心，他以忧国忧民的赤子之心唤起民众，从事体育运动，强健体魄，共同挽救国家和民族的危亡。可以说这一时期，毛泽东体育思想的基点不仅仅在于强身健体，而在于此基础上的个人救亡救国。

毛泽东认为体育锻炼须主观自觉，持之以恒。有恒才能获得体育之功效，这是毛泽东文中所体现的"凡事皆宜有恒，运动亦然"的体育思想。

毛泽东把体育作为一门科学来认识，指出"凡科学皆宜引起多方兴味，而于运动尤然"。要对体育锻炼产生兴趣，才能做到有恒。坚持经久的运动，才能收到成效。见到效果心中才会产生无限的快乐，这种快乐"亦缘有恒而得也"。

毛泽东还谈到运动不仅有恒，还需要用心。"运动之时，闲思杂虑，一切屏去。"注全力于运动之中，方能见效。毛泽东在文章中借用孟子"心在鸿鹄"一语，说明心不在焉，运动而不用心，或时作时辍，如走马观花，是难以收到预期效果的。

毛泽东在他的一生中从没有间断过体育活动，并有一些经常锻炼的项目。如在"一师"读书时，他以极大的毅力坚持进行"冷水浴""雨浴""日光浴"等艰苦条件下的体育项目。像游泳和爬山等体育活动他都有意识地坚持进行。这使得毛泽东锻炼出强壮的体魄，精力充沛地从事着中国革命和建设事业。

毛泽东这段论"体育贵有恒"的文章，不仅用了孟子"心在鸿鹄"的告诫，而且文章形式也对《孟子·告子上》第九章有借鉴。试比较两段的行文：

> 今夫弈之为数，小数也；不专心致志，则不得也。弈秋，通国之善弈者也。使弈秋诲二人弈，其一人专心致志，惟弈秋之为听。一人虽听之，一心以为有鸿鹄将至，思援弓缴而射之，虽与之俱学，弗若之矣。为是其智弗若与？ 曰：非然也。(《孟子·告子上》第九章)

> 凡事皆宜有恒，运动亦然。有两人于此，其于运动也，一人时作时辍，一人到底不懈，则效不效必有分矣。(《毛泽东早期文稿·体育之研究》)

先亮出观点，而后对比着讲两人学弈（两人运动）的对立相反的态度和不同的成果，作为论据。两人的造句，既相似相像又各有千秋，如"其一人专心致志，惟弈秋之为听"与"一人到底不懈"，再如"一人虽听之，一心以为有鸿鹄将至"与"一人时作时辍"，还如"虽与之俱学，弗若之矣"与"则效不效必有分矣"学习继承痕迹在在皆是。从中可以明显看出，孟子和毛泽东思维方式和行文方式的传承关系。毛泽东的品孟、解孟、用孟可谓深矣，可谓至矣！

鱼，我所欲也

（引用之四十五）

"故园三十二年前"，毛泽东1927年1月告别故乡湖南省湘潭县韶山，1959年6月25日才有机会回到家乡看望乡亲们，其间过去了三十二年。

6月27日，毛泽东准备离开韶山去长沙，中午在松山设宴向父老乡亲们再次告别。在座的有杨子嘉烈士的父亲杨舜琴，他是一位乡村医生。席间——

> 毛泽东给杨舜琴敬了块清蒸鱼，说："舜老，舜老，您是儒医。"杨舜琴回答说："不，我是愚蠢之愚。""那不是，是儒医之儒。"毛泽东又夹了块鱼放到自己碗里。并借用孟子的话说："鱼我所欲也，儒亦我所欲也。"杨舜琴十分钦佩毛泽东知识的渊博和对长者的尊重。（赵志超：《毛泽东和他的父老乡亲》，湖南文艺出版社1992年版，第176—177页）

"鱼，我所欲也"一语，出自《孟子·告子上》第十章：

> 孟子曰："鱼，我所欲也，熊掌，亦我所欲也；二者不可得兼，舍鱼而取熊掌者也。生，亦我所欲也，义，亦我所欲也；二者不可得兼，舍生而取义者也。生亦我所欲，所欲有甚于生者，故不为苟得也；死亦我所恶，所恶有甚于死者，故患有所不辟也。"

《孟子》本章主要是讲人不可为物欲所蔽。文章先以鱼和熊掌二者不可兼得，而舍鱼取熊掌为喻，引申出生与死不可得兼，而舍生取义。生存可谓是人最大的欲望之一，但和义相比，二者不能兼得时，孟子认为应该舍生取义。为什么呢？因为"所欲有甚于生者"，人不能苟且偷生；"所恶有甚于死者"，人只能选择死亡。而义就是人生最高的价值原则，背义就是人生最大的可耻。再从反面而论，人能不贪生，不避患，说明人皆有羞恶之心。

"义"是人生最高的价值原则，为公利之义，就是牺牲个人的一切私利，也应在所不惜。孟子的重义轻利的义利观，千百年来，已融入民族的灵魂，成为志士仁人为国为民勇于捐躯的精神力量。

1959 年 6 月 25 日傍晚，毛泽东在罗瑞卿等人陪同下，回到了阔别三十二年的故乡韶山冲。当地数以千计的干部群众获知消息后从四面八方涌进韶山冲。毛泽东走到哪里，哪里就是一片欢腾。

毛泽东离开韶山三十二年后再回来，一切都发生了变化，但亲情没变。毛泽东回韶山表现的是党群关系，是乡情，是亲情。毛泽东是韶山人民的儿子，韶山人民热爱自己的伟大领袖。在那些熟悉或不熟悉的父老乡亲面前、在父母亲的坟前、在自己出生的老屋前、在毛家祠堂里，在这个曾经记载着他童年和理想的小村子，留下一代伟人与百姓鱼水之情的感人故事，体现了毛泽东与家乡人民的深厚感情，展现了伟人感情的一个侧面。

毛泽东在招待乡亲父老的离别宴席间，尊称杨舜琴老人是"儒医"，夹鱼入碗后借孟子之言又说："鱼我所欲也，儒亦我所欲也！"孟子讲鱼与熊掌不可得兼，毛泽东反其意用其词，说鱼与儒皆我所欲，既表现了毛泽东尊老敬贤的美德，又体现了我党对知识分子的尊重。其情景，其言谈，集中反映了领袖与人民的亲密关系。

当毛泽东回到生他养他的家乡，流连于乡亲们中间时，他的心中充满圣洁的爱意。物质的鱼，精神的儒，都成为他生命和生活的必需。也许，只有在此种性情之下，才可以看出他对亚圣之言、对儒家之学的真实态度。

引用卷

心之官则思

（引用之四十六）

"心之官则思"一语，出自《孟子·告子上》第十五章：

公都子问曰："钧是人也，或为大人，或为小人，何也？"
孟子曰："从其大体为大人，从其小体为小人。"
曰："钧是人也，或从其大体，或从其小体，何也？"
曰："耳目之官不思，而蔽于物。物交物，则引之而已矣。心之官则思，思则得之，不思则不得也。此天之所与我者。先立乎其大者，则其小者不能夺也。此为大人而已矣。"

大体：指脑筋；小体：指耳目。

孟子的这段话，是同公都子论述大人与小人之不同时讲的。公都子向孟子请教说："同样是人，为什么有的人是君子，有的人却是小人呢？"

孟子认为，求满足身体重要器官的需要的是君子，求满足身体次要器官的欲望的则是小人。并解释说：耳朵和眼睛这类器官不会思考，常常会被声色所蒙蔽。因此，耳、目不过是一物罢了。一与外物接触，就被引向歧途了。而心（古人认为心是思考的器官，等同于今天的脑）这个器官是用来思考的。思考就会有所得，不思考就不得。心这个器官是上天赐予人类的，是重要器官。如能注重发挥心这个器官的作用，那么，次要的器官就不能夺走人心中的善性。这样便成为君子了。

孟子的这段话，主要阐释了"心"这个器官与其他器官的不同之处。

孟子认为"心"是思维的器官，要认识和把握事物的本质，只有用"心"去"思"，否则就不能得到，这是自然赋予人类的特殊能力。这一认识，应当说是相当精辟的。后人常以"心之官则思"这句话作为开动脑筋勤于思考的代名词，其次，论述了君子与小人之别。大人常用"心"思考，使自己的行为符合仁义的准则。而小人，则易被次要器官所蒙蔽，偏离仁义的法则。

对脑筋的作用下了正确定义

对孟子"心之官则思"的名言和思想，毛泽东多次引用和发挥。1944年4月12日，毛泽东在《学习和时局》一文中说：

> 所谓开动机器，就是说，要善于使用思想器官。……列宁斯大林经常劝人要善于思索，我们也要这样劝人。脑筋这个机器的作用，是专门思想的。孟子说："心之官则思。"他对脑筋的作用下了正确的定义。凡事应该用脑筋好好想一想。俗话说："眉头一皱，计上心来。"就是说多想出智慧。要去掉我们党内浓厚的盲目性，必须提倡思索，学会分析事物的方法，养成分析的习惯。(《毛泽东选集》第三卷，人民出版社1991年第2版，第948—949页）

1944年，以延安为中心的全党范围内的整风运动已经进入最后一个阶段，应该说经过为时近四年的整风运动，全党的马列主义水平有了很大提高。这一时期，国际国内形势也发生了重大变化。世界反法西斯战争已由战略防御转入战略进攻。中国共产党和抗日根据地度过了最困难的时期，经受了严峻的考验，根据地和抗日武装力量更加巩固，并有了更大的发展。这时，正确地总结经验，正确地分析时局，对于巩固党在思想上政治上的统一，制定争取革命在全国胜利的路线方针政策，具有决定性的意义。

1944年4月12日和5月20日，毛泽东分别在中共中央西北局高级干部会议上和中央党校做了演讲。这篇《学习与时局》的文章，就是根据这两个报告整理而成的。

毛泽东在这篇文章中阐述了学习和时局两个重要问题及其相互关系。他指出：全党同志只有更好地学习马克思主义，正确总结和汲取党的历史经验，才能减少或避免错误，把工作做得更好；同时，又必须清楚地了解时局，明确工作任务，才能使学习更富成效，做到理论联系实际，把工作推向前进。

为了争取新的更大的胜利，在文章的最后，毛泽东强调和鼓励广大党员、干部要放下包袱，开动"机器"。

所谓放下包袱，就是解除精神上的许多负担。有许多的东西，只要我们对它们陷入盲目性，缺乏自觉性，就可能成为我们的包袱，成为我们的负担。比如，犯了错误可以背上包袱，工作有成绩又可以背上骄傲自大的包袱等。他强调，检查自己背上的包袱，把它放下来，使自己的精神获得解放，实在是联系群众和少犯错误的必要前提之一。放下包袱，实际上就是要求党员干部清除头脑中存留的各种错误思想，牢牢把握正确的路线。

所谓开动"机器"，就是说要善于使用思想器官。毛泽东分析说，有些人背上虽然没有包袱，有联系群众的长处，但是不善于思索，不愿用脑筋多想问题，结果仍然做不成事业。再有一些人则因为自己背上有了包袱，就不肯使用脑筋，他们的聪明被包袱压缩了。这就需要大家多动脑筋，多思考。

为此，毛泽东在讲演时，引述孟子"心之官则思"这句名言，强调思索的重要性。评价说孟子"对脑筋的作用下了正确的定义"，并且告诉人们："凡事应该用脑筋好好想一想。"在工作和学习中，必须提倡思索，学会分析事物的方法，养成分析的习惯。要求广大党员干部去掉盲目性，学会以马列主义思想为指导的问题分析法。这样一来，既放下了思想包袱，又开动了机器，既能轻装上阵，又会思索问题，那我们就一定会取得革命的胜利。

脑筋是思想器官

1945年4月23日，中国共产党第七次全国代表大会在延安杨家岭中央大礼堂召开。

5月31日，毛泽东在大会上做会议结论的报告，其中说道：

> 我们要提倡想问题。早几年前《新中华报》要我写几个字，我当时是有感而发，就写了两个字"多想"。"多想"，就是说要开动脑筋。我们的同志过去不大想问题，这要怪过去的领导不提倡想问题。脑筋是"心之官"，是思想器官，这个器官专门做一项工作，就是"想"。孟子说"心之官则思"，两千年以前他就规定了脑筋的任务。我们全党要提倡想问题。这次大会闭幕后，同志们

回到各个地方去，要告诉每个同志，我们的脑筋要多想，想党内的各种问题，想阶级的问题，想国家的问题，想我们民族的问题，等等。遇到问题就分析一番，错了也不要紧，有错误就纠正。我们的同志见了面，不要只讲生活怎么样，不要把生活问题变成主要的话题。我们要提倡想各种问题，多思多想，开动机器，开动脑筋，还要放下包袱，精神解放，轻装前进。我们的同志们还要善于分析问题。我们党内过去有一个习惯，就是有一个固定的框子，无论做文章、讲话，都用这个框子去套。这个框子就是所谓党八股。我们要打破这个框子。马克思主义的精髓是对具体的问题作具体的分析，这是列宁讲的，我们恰恰缺乏这一点。所以，要提倡多想，这样就可以去掉盲目性，就可以对具体问题做具体分析。（《毛泽东文集》第三卷，人民出版社1996年版，第397—398页）

毛泽东在党的七大的结论报告中，再次借用"心之官则思"这一孟子名言，强调多思多想，开动机器，开动脑筋；同时，强调要放下包袱，精神解放，轻装前进。可见，毛泽东对这一问题的重视。

他谆谆教导大家：同志们回到各个地方去，要告诉每个同志，我们的脑筋要多想，想党内的各种问题，想阶级的问题，想国家的问题，想我们民族的问题。要提倡想各种问题。

多想，多思考，是分析事物的前提，是解决问题的整个过程中所必须走的第一步，是不可逾越的。多想出智慧。毛泽东的一生，从中国民主革命到社会主义建设事业，都是在联系中国革命的具体实践中不断地思考，不断地探索中前进的。

头脑这个东西天生下来就是要想事的

毛泽东很愿意与人谈论问题。特别是遇上他感兴趣的话题，他会滔滔不绝，不知疲倦。他有时会忘记了自己的身份，忘记了自我。即使到了晚年，他依旧谈锋甚健。

孟锦云，湖北人，1975年5月24日始，她成了毛泽东生命之路上的最后一名护士。因为小孟的姓氏，毛泽东戏称她为"孟夫子"，对她工作也相当满意，经常让她读报纸、读文件、读书。孟锦云陪护晚年多病的毛泽东共同度过了四百八十九个日日夜夜，成了毛泽东最后一段生命旅程的见证人。

这一天下午，毛泽东和身边的工作人员一块看电影，电影的名字是《红与黑》。看过电影后，大家不免对片中的情节和人物进行议论，客厅里出现了少有的热烈气氛。

人们散了，毛泽东抬起头来，看了一眼坐在那里的小孟，问道：

"孟夫子，对刚才的电影，有何意见呢？"

毛泽东并没有等小孟回答，也许他根本就不想让小孟现在回答，而是接下去说了一句小孟没有想到的话："有何高见，今日可以不谈。你去小周那里借一本《红与黑》，看它一遍，至少一遍，然后再谈。书里的东西，有时是电影里无法表达的。你不是读过《红楼梦》吗？ 还可以再借一本《红楼梦》，对比着看一遍，这样，也许会更有意思。"

《红与黑》是法国著名作家司汤达的代表作。小说主人公于连是一个木匠的儿子，年轻英俊，精明能干，从小就希望借助个人的努力与奋斗跻身上流社会。

市长德·瑞那贵族出身，为了显示自己高贵，决定请一个家庭教师。于连由于精通拉丁文，被市长选中。市长年轻漂亮的妻子瑞那夫人，对像她丈夫那样庸俗粗鲁的男人，打心底里感到厌恶。由于没有爱情，她把心思全放在教养孩子身上。自从见到于连后，让她动了心。瑞那夫人对于连产生好感。

一个夏日，晚上全家聚在一株菩提树下乘凉，于连无意间触到了瑞那夫人的手，她一下子缩回去了，于连以为夫人看不起他，便决心必须握住这只手。第二天晚上他果然做了，瑞那夫人的手被于连偷偷地紧握着，满足了他的自尊心。瑞那夫人被爱情与道德责任折腾得一夜未合眼。她决定用冷淡的态度去对待于连。可是当于连不在家时，她又忍不住对他的思念。而于连也变得更大胆，他在心里暗想："我应该再进一步，务必要在这个女人身上达到目的才好。如果我以后发了财，有人耻笑我当家庭教师低贱，我就让大家了解，是爱情使我接受这位置的。"深夜两点他闯进了瑞那夫人的房间。开始，她对于连的无礼行为很生气，但当她看到"他两眼充满眼泪"时，便同情起他来。她暗想如果在十年前能爱上于连该多好。不过，在于连的心里则完全没有这种想法，他的爱完全是出于一种野心，一种因占有欲而产生的狂热。他那样贫穷，能够得到这么高贵、这么美丽的妇人，已经是上天的恩赐了。

孟锦云从图书管理员小周那里借来了《红与黑》这本书，认真地看了一遍。因为小孟平时有一种感觉，总觉得自己知识太少，水平低，谈问题有时谈不到点子上。这一点，她隐约地感觉到毛泽东似乎也有相同的看法。所以她这一回，不但看得很仔细，而且像准备考试的学生一样，认真读，还做了读书笔记，把自己的看法、自己的疑问都记到了一个本上。她要让毛泽东看到，她小孟，这次不仅认真看了书，而且还能提出自己的见解。当然，还要力争使自己的见解有一定分量。

那是初夏的一个下午，小孟正值班。毛泽东坐在沙发上，漫谈式地把《红楼梦》和《红与黑》相提并论，戏谑地说：

"真是无巧不成书。两部书名的第一个字都是'红'，可见东西方都有'红学'。"

接着，毛泽东问孟锦云："怎么样，两本书都读完了吗？"

小孟点点头。

"今天我们先谈谈西方的《红楼梦》。你看了电影，又看了书，现在有发言权了，请先发表高见。"

小孟由于做了认真的准备，便一二三四滔滔不绝地谈起来。

毛泽东知道小孟的习惯，她说话又快又急，不会半截停住的。所以毛泽东只是静静地听，并不打断。

小孟说："我看那个于连是个胆大包天、无事生非的坏蛋，不值得一点点同情。他不安于职守，还想入非非，他无耻地勾引市长夫人，破坏别人的幸福家庭……"

看到小孟讲完了，毛泽东才慢慢地，但十分自信而肯定地说出他与小孟的不同看法，并将之铺陈展开了，大谈特谈他那独一无二的宏论。

"你说于连胆大包天，我可不这么看。于连是有些胆大，可还没有大到包天。你看他只敢在小桌底下摸夫人的手，还是在夜晚没有人看见的时候。这点点胆子称不上包天，他到夫人房间里去，也是紧张得很哪。即便是胆大包天，我看也不是什么坏事。男子汉总该有点儿胆量嘛，总比胆小如鼠好吧？我看那夫人是欣赏他这个胆量的。"

此时的毛泽东侃侃而谈，他忘记了自己是一国之首，忘记了眼前这个小同乡的知识水平，忘记了国情，他无所顾忌地谈着自己的观点。小孟睁大眼睛，听得极认真，她觉得新鲜而惊奇。

"那么，您是说于连是个大好人了？"当毛泽东停下来的时候，小孟又忙问了这么一句。

"说于连是坏蛋，这要看你站在什么立场上去看，角度不同，结论也不一样。站在这边看看是个坏蛋，站在那边看看，也许又是个大大的好人。"

听到毛泽东的这个说法，小孟又想起了毛泽东平日很少同意别人的看法。总有标新立异之见，因而也觉得不奇怪了。

毛泽东喝了一口水，又继续说下去：

"你说于连不值得一点儿同情！我可还是多少有些同情他。你看他多可怜，想说的话吞吞吐吐不敢全说出来，想干的事躲躲闪闪不敢全做出来，这还不可怜吗？你说他不安于职守，这点算你说对了。可那是什么职守？这和感情可是另一回事，人是有理智的动物，更是有感情的动物，感情来了，可是什么也挡不住。所以，为了感情影响了他那职守，我看也不足深怪嘛。你说对不对呢？"

"那也不能光凭感情用事啊。"小孟感到不能同意主席的意见。

"感情的力量有时是不可战胜的。"毛泽东又补充了这样一句，然后他又接着谈起来：

> 你说于连想入非非，孟子曰，这可是那个真的孟夫子说的，"心之官则思"。头脑这个东西天生下来就是要想事的，你让他不想，除非他是个傻子。所以，他要想，还要想得厉害，他是知识分子嘛，脑子好使得很呢。你说他"非非"，他说他"是是"，孰是孰非，很难说呀。（郭金荣：《毛泽东的晚年生活》，教育科学出版社1993年版，第94页）

"你还说于连破坏了别人的家庭，还是个幸福家庭。帽子好大呀，真的幸福家庭是破坏不了的，破坏了，可见不幸福。那个家庭是有压迫的，当然就有反抗，这叫作用力与反作用力，我看于连是个帮助夫人进行反抗的解放者。"

毛泽东谈到这里，似乎兴致不减。这次同小孟谈到这方面问题的时候，他显然很有兴致，简直像打开了闸门的水一样，湍急地向外流淌。

毛泽东与护士孟锦云漫谈《红与黑》，两人的读后感，对小说主人公的评价，可说完全不同，甚至针锋相对。毛泽东的结论并不重要，重要的是他在阐述自己那与众不同的思想见解时，又借用了孟子"心之官则思"这句古语，说明头脑这个东西天生下来就是要想事的。毛泽东以小说主人公于连为例，说你让于连不想，除非他是个傻子。所以，他要想，还要想得厉害。因为于连是知识分子，脑子好使得很。所以，毛泽东结论说：谁是谁非，还很难说呀！在毛泽东看来，于连是个帮助夫人进行反抗的解放者，似乎于连是正义的。毛泽东这样说，除了肯定《红与黑》非同凡响的文学艺术价值和思想价值，再次肯定了孟子"心之官则思"，勤于开动脑筋的必要性。进行文艺评论是这样，办好其他事情也是这样。

言饱乎仁义也

（引用之四十七）

1917 年暑假，学生毛泽东和学友萧瑜（萧子升）以"游学"方式步行调查，从长沙出发，经过宁乡，到安化，再到益阳、沅江，然后回到长沙，历时一个多月。

由于两人打扮成乞丐的样子，进益阳城要见县太爷时，受到门卫和门房的百般刁难与辱骂。在离开益阳去沅江的路上，两人还余怒未消，边走边争议。

毛泽东批评东道主张先生（益阳县长）："那个门房虽然可恶，但是，他的主人张先生更坏。那个门房不过是执行命令罢了，是张先生明确指示他不要让穷人进去。张先生是你说的那种势利小人，这种人的人生目标就是权势和金钱，他们的头脑里不可能有高尚一点的思想。至于门房，我见过的许多比他好得多，因人而异罢了。"

"势利小人是句古话，与之相对的是道义君子。凡是小人，都崇拜权力，但这从来为圣贤所耻笑。三四千年以来，中国的学者都信奉这一真理。孔子说：'君子忧道不忧贫。'孟子也说：'饱乎仁义也，所以不愿人之膏粱之味也。'汉朝的董仲舒说：'正其义不谋其利，明其道不计其功。'人类的行为准则正是建立在这些圣贤遗训上，但金钱与政治势力太大，以致破坏了这些准则。"萧瑜说。

毛泽东反驳说："听起来是这么回事，但在现实生活中很难坚持这种准则。一个人快要饿死的时候他不会想到道德修养问题的。至于我自己比较信管仲的话：'衣食足而后知荣辱。'这正好与孔子的说法相反，他说：'君子谋道不谋食。'"（黄丽镛：《毛泽东读古书实录》，上海人民出版社1994年版，第49页。）

"饱乎仁义"一语，出自《孟子·告子上》第十七章：

> 孟子曰："诗云：'既醉以酒，既饱以德。'言饱乎仁义也，所以不愿人之膏粱之味也。令闻广誉施于身，所以不愿人之文绣也。"

孟子说的大意是：《诗经》上记载"酒已经喝醉，德已经享尽了"。说的就是已经饱尝了仁义之德，所以也就不羡慕别人的精美食物；好名声已经集于一身了，所以也就不羡慕别人的锦绣衣裳。

"饱乎仁义也"，并不是说那些人真的在吃仁义了，而是说我内心充满了仁义之性，对于那些酒肉应酬毫无兴趣，因为仁义已经使我"饱"了。

孔子说"仁者爱人"（《论语·颜渊》）。孟子继承和发展了孔子的这一思想，以其为道德行为的出发点和归宿，将它作为道德的总原则。他说："恻隐之心，仁之端也。"（《公孙丑上》）"恻隐之心"，也就是对人的同情心。这种同情心，既是天生的，又是超功利的。孟子认为它就是仁的萌芽，或者说它就是仁。

仁既然是"恻隐之心"的自然流露，是内在于人心的，那么，它怎样成为道德规范而进入人们的道德实践呢？为此，孟子又提出了义。他说："羞恶之心，义之端也。"（《公孙丑上》）"人皆有所不为，达之于其所为，义也。"（《尽心下》）义，根源于人们的羞恶之心。于事，感到羞恶有愧则不当为；反之，则当为。将这种羞愧不为之心扩充到所应当为之事上，这就是义。显然，孟子所谓"义"是对行为进行道德评价的一个范畴。

孟子喜欢仁义连用，仁义对举。他说："仁，人心也；义，人路也。"（《告子上》）又说："仁，人之安宅也；义，人之正路也。"（《离娄上》）仁，根源于人们内心的感情，是内在的道德，它如同安适的住宅一样，是人们安身立事之本，是为人处世的出发点。义，虽同样发源于人们心灵深处，却是人们依仁而行的道德标准，它如同正确的大道一样，是人们一切行为的必由之路。孟子的这两个比喻，生动地展现了仁、义这两个道德范畴的对立统一内涵。所以"仁义"不仅是一种崇高的道德标准，而且是一种行为方式。

萧瑜称赞圣贤君子的言论，如孟子所说"饱乎仁义也，所以不愿人之膏粱之味也"。毛泽东在益阳县受到县长、门卫、门房的冷遇，深感贫富两重天，所以他并不同意萧瑜称赞的圣贤君子的话，当然包括孟子的话。他认为这些道德说教在原则上都是冠冕堂皇的，听起来像那么回事，但在现实生活中很难坚持这种准则。比如，一个人快要饿死，他不可能也不会想到道德修养这一问题。毛泽东反过来则说自己比较相信管仲的话："衣食足而后知荣辱。"这与孔子的"君子谋道不谋食"的说法正好相反。相对来说，人的温饱生存问题解决以后，才能追求和完善道德修养。"不谋食"而去"谋道"总是缺乏前提。

这是早年毛泽东对孟子及其他的圣贤君子思想的质疑！

卷十二　告子下

越人弯弓而射之

（引用之四十八）

"越人弯弓而射之"一语，参见《孟子·告子下》第三章：

公孙丑问曰："高子曰：《小弁》，小人之诗也。"

孟子曰："何以言之？"

曰："怨。"

曰："固哉，高叟之为诗也！有人于此，越人关弓而射之，则己谈笑而道之，无他，疏之也。其兄关弓而射之，则己垂涕泣而道之，无他，戚之也。《小弁》之怨，亲亲也。亲亲，仁也。固矣夫，高叟之为诗也！"

《小弁》是《诗经·小雅》中的一篇，是一首讽刺周幽王的诗。周幽王先娶申后，生太子宜臼；后又得褒姒，极为宠爱，生子伯服，便废申后及太子宜臼，改立褒姒为后，立伯服为太子。于是，放逐太子宜臼，太子宜臼被弃，赋此诗讽刺幽王，叙其哀痛之情。

有个叫高子的学者认为《小弁》是小人之诗，因为太子对父王有怨恨之情。

孟子认为，高子对《小弁》一诗的理解过于偏颇固执。他打比方说，这里有个人，如果越国人张开弓去射他，他可以有说有笑地讲述这件事，这是因为越国人和他关系疏远；如果他哥哥张开弓去射他，他会哭哭啼啼地讲述这件事，因为哥哥是亲人。

周幽王放逐太子，废嫡立庶是关系天下国家的大事，要是对这种大事还无动于衷，只能说是不孝。所以，孟子认为《小弁》的怨愤之情是正常的，是可以理解的，这种怨恨之情也可以说是基于对亲人的热爱。

从现有文献上看，毛泽东最初改写引用《孟子》"越人关弓而射之"等语，大概是 1936 年年底，这也是形势使然。

1936 年 8 月 25 日，中共中央发表了《中国共产党致中国国民党书》，书中申明了中国共产党关于抗日民族统一战线和准备重新实现国共合作的政策。

当时，共产党领导的红军，经过两万五千里长征，已经在陕北根据地扎下大营。

1933 年 4 月，邵力子被蒋介石任命为陕西省政府主席。1936 年毛泽东居住的延安正在陕西省境内，用国民党政府的眼光看，也正属于邵力子的管辖范围之内。

由于蒋介石当时推行"攘外必先安内"的政策，置日寇侵占东北三省于不顾，只想剿灭共产党和红军。在蒋介石的淫威下，邵力子又不好违背，只得打出"开发西北""建设西北"的口号，也说一些"剿匪"（指围剿红军）之类的话，对于抵御日寇的事，在报上则三缄其口一概不闻不问。眼看九一八事变快五周年了，陕西省政府也无什么大反应。

毛泽东阅报，了解到这种情况，为宣传党的建立抗日民族统一战线的主张，于同年 9 月 8 日，给邵力子写信，说服他接受共产党的建议。信的全文是：

力子先生：

阅报知尚斤斤于"剿匪"，无一言及于御寇，何贤者所见不广也？窃谓《觉悟》时代之力子先生，一行作吏，而面目全变。今则时局越作越坏，不只一路哭，而是一国一民族哭矣！安得去旧更新，重整《觉悟》旗帜，为此一国一民族添欢喜乎？共产党致国民党书，至祈省览。语云：越人弯弓而射之，则己弯弓而射之，其兄弯弓而射之，则己垂涕泣而道之。此垂涕而道之言也，先生其不以为河汉乎？"开发西北"，"建设西北"，先生之志则大矣，先生之办法则不可。日本帝国主义正亦有此大志，正用飞机大炮呼声动地而来，先生欲与之争"开发"，争"建设"，舍用同样之飞机大炮呼声动地以去，取消它那一边，则先生之"开发""建设"

必不成功，此办法问题也。谈到这个办法问题，询谋佥同，国人皆曰可行，不信先生独为不可行，是则国共两党实无不能合作之理。《三国演义》云："天下大势，合久必分，分久必合。"弟与先生分十年矣，今又有合的机会，先生其有意乎！书不尽意。

顺颂勋祺！

毛泽东

九月八日

（《毛泽东书信选集》，人民出版社 1984 年版，第 54—55 页）

毛泽东在信的中间部分改写引用《孟子·告子下》第三章的话："语云：越人弯弓而射之，则己弯弓而射之，其兄弯弓而射之，则己垂涕泣而道之。此垂涕而道之言也，先生其不以为河汉乎？"

孟子的原话则是：有人于此，越人关弓而射之，则己谈笑而道之，无他，疏之也。其兄关弓而射之，则己垂涕泣而道之，无他，戚之也。

孟子的原意：敌人向我射箭，我"谈笑而道之"，因为关系疏远；亲人向我射箭，我"涕泣而道之"，因为关系亲密。

毛泽东改引此语，"越人弯弓而射之"是指日寇进犯，"其兄弯弓而射之"是指国民党中央军和地方军进攻红军。共产党和红军团结御侮共同抗日的言论可谓"垂涕而道之言"。此时斤斤于"剿匪"，却不言及"御寇"，正如那人"其兄关弓而射之"，自相残杀，相煎何急？毛泽东力喻往日之非，追求今日之是，阐明了"国共两党实无不能合作之理"的正确结论。

邵力子先生收到毛泽东的书信以后不久，12 月 12 日，发生了西安事变。邵先生赞成共产党"停止内战，一致抗日"的主张，对抗日民族统一战线的形成，对西安事变的和平解决都曾起过有益的作用。抗战期间，邵力子曾任国民党中央宣传部长，支持《鲁迅全集》的出版，准予发表《毛泽东自传》，做了一些有利于民族国家的事情。1945 年 8 月抗战胜利后，国共两党进行重庆谈判，邵力子是国民党谈判代表之一。由于在这次和谈过程中为中国的和平做出了贡献，时年 64 岁的邵力子获得了"和平老人"的荣誉称号。三年解放战争中，国民党战败，1949 年 4 月，邵力子作为国民党"南京政府和平商谈代表团"成员赴北平参加谈判。谈判失败，6 月中旬，邵力子在北平参加了新政治协商会议，为主席团成员。10 月 1 日，他在天安门城楼上参加了开国大典。

应该说邵力子在国共两党十年分手后的第二次合作中，是做了自己贡献的，不负毛泽东厚望，在一定程度上做到了"重整《觉悟》旗帜"，认清了天下"分久必合"的历史趋势，不失为识时务的俊杰。毛泽东在信中询问："今又有合的机会，先生其有意乎!"邵先生以后的实践证明，其合作是"有意"的。邵先生不做兄弟"弯弓射之"的卑劣勾当。

毛泽东根据需要改用《孟子》第三章中的"越人关弓而射之"数句，痛切陈辞，申明日寇猖獗，国共两党实无不能停止内战携手合作之理。在当时敌寇入侵之时，面对敌人的进攻，则应针锋相对予以还击。而痛心的是自己的同胞（指国民党军队）却倒转枪口，对自己人（共产党领导的红军）进行围剿，进而表达了共产党人停止内战、一致抗日的意愿。

先生之志则大矣

（引用之四十九）

"先生之志则大矣"一语，源自《孟子·告子下》第四章：

> 宋牼将之楚，孟子遇于石丘，曰："先生将何之？"
> 曰："吾闻秦楚构兵，我将见楚王说而罢之。楚王不悦，我将见秦王说而罢之。二王我将有所遇焉。"
> 曰："轲也请无问其详，愿闻其指。说之将何如？"
> 曰："我将言其不利也。"
> 曰："先生之志则大矣，先生之号则不可。先生以利说秦楚之王，秦楚之王悦于利，以罢三军之师，是三军之士乐罢而悦于利也。为人臣者怀利以事其君，为人子者怀利以事其父，为人弟者怀利以事其兄，是君臣、父子、兄弟终去仁义，怀利以相接，然而不亡者，未之有也。先生以仁义说秦楚之王，秦楚之王悦于仁义，而罢三军之师，是三军之士乐罢而悦于仁义也。为人臣者怀仁义以事其君，为人子者怀仁义以事其父，为人弟者怀仁义以事其兄，是君臣、父子、兄弟，怀仁义以相接也，然而不王者，未之有也。何必曰利。"

宋牼即宋钘，宋国人，战国时代著名学者。

宋牼听说秦楚两国要交兵，想要去谒见楚王和秦王，劝说罢兵。孟子在宋国的石丘与宋牼相遇，便请教宋牼如何劝说。宋牼说：我打算告诉他们，出兵交战是不利的。孟子说："先生之志则大矣，先生之号则不可。"意思是先生的志向是很大的了，可先生的提法却不可以。

宋牼反对兼并战争，孟子是给予肯定的，认为宋牼的"志则大矣"，即动机是好的，不过反战的名义不对头，即不应以利害的观点去反对诸侯为利而战。因为在君臣、父子、兄弟之间，抛弃了仁义之心，怀抱着求利之心互相对待，国家没有不灭亡的。反之，在君臣、父子、兄弟之间，抛弃了求利之心，怀抱着仁义之心互相对待，国家没有不称王统一天下的。为什么一定要谈利呢？

《告子下》第四章主要记述了孟子批驳宋牼用"利"的观念，去劝说秦、楚两国罢战的论点。孟子之所以强调仁义，反对把利摆在首位，应当结合战国的社会背景来理解。战国时代，诸侯之间为扩张土地和争夺霸权而连年发生兼并战争，这种无休止的兼并，有增无已，愈演愈烈。诸侯争霸，只追求私利，不讲仁义，因此，他们为一己之私利，而不顾老百姓之死活。战争给百姓带来的是灾难，老百姓饥寒交迫，生活在死亡线上。所以孟子反对兼并战争，大力宣扬他的"仁义"学说。

先生之志则大矣，先生之办法则不可

毛泽东最初运用孟子"先生之志则大矣……"一语，是全面抗战前的1936年9月8日致信国民党陕西省政府主席邵力子。这段话我们在前一篇《越人弯弓而射之》中已引述过。为说明问题，再摘引一段毛泽东信中的话：

> "开发西北"，"建设西北"，先生之志则大矣，先生之办法则不可。日本帝国主义正亦有此大志，正用飞机大炮呼声动地而来，先生欲与之争"开发"，争"建设"，舍用同样之飞机大炮呼声动地以去，取消它那一边，则先生之"开发""建设"必不成功，此办法问题也。(《毛泽东书信选集》，人民出版社1984年版，第54页)

邵力子，浙江绍兴人。1931年12月任甘肃省政府主席。1933年改任陕西省政府主席。作为省府主席，邵力子提出"开发西北""建设西北"，可谓雄心壮志，本无可厚非。可是时局主题并非开发和建设，而是军事和战争，特别是关系国家民族生死存亡的民族自卫战争。

所以，毛泽东致信邵力子，引孟子语提出"办法问题"，来批评邵先生的政治设计。孟子原话为"先生之志则大矣，先生之号则不可"。毛泽东将后半句改为"先生之办法则不可"，重点辨析邵先生"办法"的"不可"。毛泽东说日本侵略者的"大志"是"飞机大炮呼声动地而来"，邵先生的"办法"必须是"同样之飞机大炮呼声动地以去"。如果不能用战争手段"取消它那一边"，也就是如果不能夺取反侵略战争的胜利，"开发""建设"则无从谈起，也"必不成功"。所以，当务之急还不是"开发""建设"，而是携起手来共同御寇抗敌。

信中这一段分析是有力的，孟子语录处于本段核心位置，是整段文章的思想龙骨。

先生之志则大矣，先生的看法则不对

1938 年 5 月，毛泽东在《论持久战》这篇名著中，在批评"速胜论"者的错误看法时，指出：

> 然而速胜论者也是不对的。……这些朋友们的心是好的，他们也是爱国志士。但是"先生之志则大矣"，先生的看法则不对，照了做去，一定碰壁。因为估计不符合真相，行动就无法达到目的；勉强行去，败军亡国，结果和失败主义者没有两样。所以也是要不得的。（《毛泽东选集》第二卷，人民出版社 1991 年第 2 版，第 458 页）

中国进入全面抗战后，在国民党内出现了"速胜论"和"亡国论"等论调。如国民党内的亲英、亲美派，一方面消极抗日，一方面又幻想依赖外援迅速地取胜。随着抗战的持续发展，中国的前途命运如何，一时成了人们关注的中心问题。

毛泽东在《论持久战》中论证抗日战争是持久战的时候，批驳了"亡国论"和"速胜论"。他在文章中引用"先生之志则大矣"一语，在于批评"速胜论"者的错误。速胜论者"志则大矣"，也就是他们有战胜敌人的志向和勇气，这是他们比"亡国论"者的好处；但是速胜论者"看法则不对"，他们既不知彼也不知己，他们不了解敌强我弱的根本特点，不了解抗战从兴起到最后胜利要有个历史过程，他们更不了解抗战要动员民众，实行民主政治……

毛泽东一针见血地指出那些"速胜论"者的通病是："他们没有勇气承认敌强我弱这件事实。他们常常抹杀这一点，因此抹杀了真理的一方面。他们又没有勇气承认自己长处之有限性，因而抹杀了真理的又一方面。由此犯出或大或小的错误来，这里也是主观性和片面性作怪。"进而指出其危害是："勉强行去，败军亡国，结果和失败主义者没有两样。"

毛泽东在这里给我们一个有益的启发是：办一切事情，光凭志气和好心肠是不行的，还必须克服主观性和片面性，对客观情况做出正确的观察、估计和认识，采取与之相适应的措施，才会获得良好的效果。

先生之志则大矣，先生之号则不可

1945 年 4 月，中国共产党第七次全国代表大会在延安召开。

4 月 24 日，毛泽东在代表大会上作了口头政治报告。在讲到关于共产主义问题时，他说：

> 有人说我们党要改改名称才好，他们说我们的纲领很好，就是名称不好，"先生之志则大矣，先生之号则不可"。不但蒋委员长来电报要我们改名称，中间派也劝我们改名称，像左舜生就说过："你们的纲领实在好，如果你们不叫共产党，我就加入。"前年七、八、九三个月的反共高潮中，我们有很多东西搞出去了。他们看到之后，非常高兴，说纲领很好，就是名称不好。很多美国人也要我们改名称，我们若是改了名称，他们就喜欢了。（《毛泽东文集》第三卷，人民出版社 1996 年版，第 324—325 页）

国民党人在抗战要取得全面胜利前夕评论共产党，以为其"纲领很好"，但是"名称不好"，他们要求共产党"改改名称才好"。

什么是党的纲领？是指一个政党为实现自己的奋斗目标而确立的行动方略。中国共产党的纲领分为最高纲领和最低纲领两部分。这两部分是互相联系、不可分割的整体。最高纲领，是实现共产主义的社会制度。党的最低纲领是为实现最高纲领服务的。由于我们党在各个不同历史阶段的任务不同，其最低纲领的具体内容也就不同。在新民主主义革命阶段，党的最低纲领是实行资产阶级民主革命，夺取新民主主义革命的胜利。

七大的一个重大历史功绩是制定了党的政治路线，即"放手发动群众，壮大人民力量，在我党的领导下，打败日本侵略者，解放全国人民，建立一个新民主主义的中国"。这就是共产党在这一时期的基本纲领。

毛泽东在七大作的口头报告中，引用孟子"先生之志则大矣，先生之号则不可"这句话，借以说明有人说我们党的纲领很好，就是名称不好，并建议改改名称。为什么有人会认为"共产党"名称不好呢？这大概与敌对势力宣扬的"共产""共妻"说有关。为了说明这个问题，毛泽东在报告中举过这样一个例子：从前我在井冈山打土豪时，曾到一个土豪家里去看有没有书，一个老妈妈走出来问我来干什么，我说来找东西，她说："昨天已经共了产，东西都共掉了，现在没有东西可共了。"也可以说持这种观点的人，对共产党还不了解。

毛泽东认为，一切问题并不在乎名称，你叫保守党也好，什么党也好，他们还是叫你红党。因为，我党领导的军队叫红军；还有美国记者斯诺写了一本介绍共产党的书叫《红星照耀中国》，所以，不论你名称怎样改，它都是红的。问题并不在乎名，而在于实。不管你起一个什么名字，只要它所做的还是那样，那是不会改变实际的。直到有一天，人们了解了共产党，懂得了共产党，那么，他就会对共产党有一个新的认识。毛泽东在报告中总结说，"我们的名称，中国人民是喜欢的"，所以我们党的名称还是不要改。

毛泽东三引孟子"先生之志则大矣，先生之号则不可"这句话，其具体状况和作用是不一样的。头两次是批评邵力子先生和速胜论者，根据需要他把后半句改为"先生之办法则不可""先生的看法则不对"，重点不在肯定二者的"志则大矣"，而在于批评二者"办法则不可"与"看法则不对"，实质上都是对国民党人抗战立场的既诚恳又尖锐的批评。第三次引用是以国民党人的口吻在说话，是虚拟假设蒋委员长和中间派左舜生在引孟子的话，"志则大矣"是说共产党"纲领很好"，"号则不可"是说共产党"名称不好"。唯独第三次引用后半句一字不改。在行文风格上，毛泽东这是一种反讽，结论是共产党"志也大"，"号也可"，纲领和名称都名副其实。

孟子这两句话表现出在肯定中否定的思维特点，毛泽东在引用时沿用了这种思维方式。他还适应对象改变了引语中的个别字句，使其更有针对性，灵活变换口吻有正论有反讽，不仅增强了论说的思想深度和说服力，而且使语言更有灵气，更能抓住读者和听众。

以邻为壑就叫作本位主义者

（引用之五十）

"以邻为壑"一语，出自《孟子·告子下》第十一章：

> 白圭曰："丹之治水也愈于禹。"
>
> 孟子曰："子过矣。禹之治水，水之道也，是故禹以四海为壑。今吾子以邻国为壑。水逆行谓之洚水。洚水者，洪水也，仁人之所恶也。吾子过矣。"

本章主要评论白圭与大禹治水的不同方法。简单说：大禹治水"以四海为壑"，白圭治水"以邻国为壑"。

白圭，名丹，字圭，年龄略小于孟轲，曾做过魏国的宰相，善于用筑堤的办法治水，自称治水的本领胜过古代的大禹。

孟子反驳他说：你言过其实啦。大禹治水，是顺乎水的本性而行，引水下流，使水流注四海；而你却要"以邻国为壑"，使水流向邻近的国家，把邻国当成排泄洪水的沟壑。这样做是有仁爱之心的人所痛恨的。所以，你错了。

孟子把大禹和白圭的治水方法加以对比，对白圭那种"以邻为壑"危害百姓的错误做法，给予了严厉的批评。

后来，文中"以邻国为壑"简化为"以邻为壑"，成为一句流传千古的成语，作为损人利己的代名词，被后人广泛地使用着。

1942年2月1日，毛泽东在中共中央党校开学典礼上，作了《整顿党的作风》的演讲，其中他说：

> 必须反对只顾自己不顾别人的本位主义的倾向。谁要是对别人的困难不管，别人要调他所属的干部不给，或以坏的送人，"以邻为壑"，全不为别部、别地、别人想一想，这样的人就叫作本位主义者，这就是完全失掉了共产主义的精神。（《毛泽东选集》第三卷，人民出版社1991年第2版，第824页）

毛泽东引用"以邻为壑"这个典故，来形容本位主义者的表现。本位主义有哪些表现呢？正如毛泽东在讲话中所指出的那样：对别人的困难不管，别人要调他所属的干部不给，或以坏的送人，像这种只顾自己不顾他人，只顾本单位不顾全局的行为，就是本位主义者的特点。

本位主义是一种宗派主义的倾向，是宗派主义的一种表现形式。如果发展下去，是很危险的。所以对于这样的人，必须加强教育。

所谓宗派主义，它是主观主义在组织关系上的一种表现，它妨碍党内的统一和团结，也妨碍党团结全国人民的事业。反对主观主义以整顿学风，反对宗派主义以整顿党风，反对党八股以整顿文风，这是整风运动的三项任务。可见，反对宗派主义以整顿党风，是整风运动的三项任务之一。

1941年年底，毛泽东在陕甘宁边区参议会上，在讲话中针对同党外人士合作时出现的狭隘的关门主义和宗派主义作风进行了批评。他指出："一部分共产党员，还不善于同党外人士实行民主合作，还保存一种狭隘的关门主义或宗派主义的作风。他们还不明白共产党员有义务同抗日的党外人士合作，无权利排斥这些党外人士的道理。这就是要倾听人民群众的意见，要联系人民群众，而不要脱离人民群众的道理。""共产党员只有对党外人士实行民主合作的义务，而无排斥别人、垄断一切的权利。"

1942年2月1日毛泽东在中央党校开学典礼上，作了《整顿党的作风》的报告，再次讲了宗派主义的问题。毛泽东指出，由于二十年的锻炼，现在我们党内并没有占统治地位的宗派主义了。但是宗派主义的残余还是存在的。什么是党内宗派主义的残余呢？宗派主义残余的主要表现是闹独立性和个人主义，他们只看到个体和局部利益，看不见整体利益，总是不适当地特别强调他们自己所管的局部工作，总希望使全体利益去服从他们的局部利益。在个人和党的关系问题上，往往是在口头上虽然也说尊重党，但实际上却把个人放在第一位，把党放在第二位。闹名誉、闹地位、闹出风头。毛泽东在讲话中强调："要使我们党的步调整齐一致，为一个共同目标而奋斗，我们一定要反对个人主义和宗派主义。"

在具体分析宗派主义残余的种种表现时，毛泽东指出，在外来干部和本地干部、军队干部和地方工作干部、老干部和新干部的关系上，以及几部分军队之间、几个地方和几个工作部门之间的关系上，都必须反对和防止宗派主义倾向。在党内相互关系的种种方面，都应该提高共产主义精神，防止宗派主义倾向，使我们的党达到队伍整齐、步调一致的目的，以利战斗。这是一个很重要的问题，整顿党的作风，必须彻底地解决这个问题。

毛泽东还指出，宗派主义的残余在党外关系上也存在，其表现是对党外人士妄自尊大，看不起人家，藐视人家，而不愿尊重人家，不愿了解人家的长处。这种倾向也是完全错误的。他强调，共产党员和党外人士相比较，无论何时都占少数。因此，共产党员应该团结党外一切愿意同我们合作和可能同我们合作的人，只有同他们合作的义务，绝无排斥他们的权利。

毛泽东引用《孟子》"以邻为壑"这个典故加强说服力，对那些只顾自己不顾他人的个人主义，只顾本单位不顾全局的本位主义，向党闹独立性的宗派主义残余等种种表现及其危害，进行了深入系统的分析批评，号召全党提倡和弘扬顾全大局的集体主义精神。对全党干部统一思想、提高认识起到重要作用，为全党普遍开始整风奠定了思想基础。

拒之于千里之外

（引用之五十一）

"拒之于千里之外"一语，出自《孟子·告子下》第十三章：

鲁平公的时候，孟子的弟子乐正子被任命为鲁国执政，孟子听到这个消息后，认为他学有成就，有机会实现治国平天下的抱负，高兴得睡不着觉。

弟子公孙丑听说后一连向孟子提问："是因为乐正子很有能力吗？""因为他聪明有主意吗？""因为他很有见识吗？"孟子都回答："不是的。"

公孙丑又问："那您为什么高兴得睡不着呢？"孟子回答说："因为他的为人喜欢听取善言。"公孙丑再问："喜欢听取善言就够了吗？"

（孟子）曰："好善优于天下，而况鲁国乎？夫苟好善，则四海之内，皆将轻千里而来告之以善；夫苟不好善，则人将曰，'訑訑，予既已知之矣。'訑訑之声音颜色，拒人于千里之外。士止于千里之外，则谗谄面谀之人至矣。与谗谄面谀之人居，国欲治，可得乎？"

孟子回答意思是说："喜好善言，治理天下都会绰绰有余，何况是治理鲁国呢！一旦执政者喜好善言，那么四海之内的人都会不远千里来向他提好意见；如果不喜欢听从善言，人们就会学着他的样子说：'哼！我早就知道了。'这哼哼的语调和不屑一顾的脸色，就会把人拒绝于千里之外。士人止步于千里之外，而那些喜欢进谗言和当面阿谀奉承的人就会到来。整天同这些人混在一起，想治理好国家，能办得到吗？"

这里表现了孟子政治思想中的又一个方面。即他所强调的"喜好善言"，而不"与谗谄面谀之人居"等。在今天看来，仍有一定的积极意义，就是善于纳谏，搞群言堂，实行民主政治。

文中的"拒人于千里之外"，是一句富有生命力的语言，长期被人们所使用。

1945 年 7 月 10 日，毛泽东在《赫尔利和蒋介石的双簧已经破产》一文中说：

> 在蒋介石的三月一日的演说里，对于中国共产党代表中国人民的公意而提出的召开党派会议和成立联合政府一项主张，则拒之于千里之外。对于组织一个所谓有美国人参加的三人委员会来"整编"中共军队，则吹得得意忘形。（《毛泽东选集》第三卷，人民出版社 1991 年第 2 版，第 1110 —1111 页）

毛泽东在《赫尔利和蒋介石的双簧已经破产》一文中，用"拒之于千里之外"，与孟子"拒人于千里之外"，引用上虽与原文略有出入，但原意没变。毛泽东借用这句话，用来揭露蒋介石 1945 年 3 月 1 日在重庆宪政实施协进会上，除继续坚持"元旦演说"的错误主张之外，又提出组织有美国代表参加的三人委员会来"整编"八路军、新四军，公开地要求美帝国主义者来干涉中国的内政。由于有华盛顿赫尔利大使的撑腰，蒋介石竟然敢说：中共必须先将军队交给他，然后他才赏赐中共以"合法地位"，真有点得意忘形。而对于中国共产党代表中国人民的公意所提出的召开党派会议和成立联合政府一项主张，蒋介石在演说里却一字不提，"拒之于千里之外"。其良苦用心，无非是坚持国民党一党专政，坚持蒋某人的独裁统治而已。

天将降大任于是人也

（引用之五十二）

《孟子·告子下》第十五章中，孟子表达了这样一种历史观：

孟子认为历史上的伟大人物，都是在忧患中和磨难中产生和成长的。他列举了古代几位著名人物：

舜称帝前，曾耕于历山田野。

辅佐商王武丁的傅说，曾从事过筑墙的劳动，武王寻访得到他，举为相，殷（商）国大治。

胶鬲，殷人，曾从事过卖鱼贩盐活动，初隐于殷，后为周文王所重用。

管仲，春秋时代齐国人，鲍叔牙服侍齐公子小白，管仲服侍公子纠。以后小白立为齐桓公，公子纠死，管仲入狱被囚。经鲍叔牙的推荐，从狱中得到释放，被齐桓公任为上卿，进行改革，使齐桓公成为春秋时第一个霸主。

孙叔敖，春秋时楚人，曾在淮河治水灌溉，被楚国举为令尹。曾辅佐楚庄王指挥楚军，大败晋军，对楚称霸具有决定意义。

百里奚，少时贫困，乞讨于齐，以养牛谋生，后为虞国大夫。晋献公灭虞，他被俘虏，作为陪嫁之臣送入秦国。中途逃走，又为楚人所捕获。秦穆公用五张牡黑羊皮赎回，用为大夫。百里奚向秦穆公推荐老友蹇叔，共理国政，最终帮助秦穆公成就了霸业。

孟子一连举了舜、傅说、胶鬲、管仲、孙叔敖、百里奚这些人为例子，说明大丈夫都必须经过艰苦的磨炼。他接着总结了一条令古今许多人都很服气的人才成长经验，他说：

故天将降大任于是人也，必先苦其心志，劳其筋骨，饿其体肤，空乏其身，行拂乱其所为，所以动心忍性，曾益其所不能。

大意是，天将要把重大的任务落到某人身上，一定先要苦恼他的心意，劳动他的筋骨，饥饿他的肠胃，穷困他的身子，他的每一行为总是不能如意，这样，便可以震动他的心意，坚韧他的性情，增长他的能力。

孟子上面这段话，是很有道理的，他认为凡能干出大事业的人，都必须经过艰苦的磨砺和修养。在孟子看来，一个人要卓然挺立，并承担起一定的社会责任，必须经过一个苦其心志的过程。也就是说，坚强的意志品格不是与生俱来的，而是通过逆境的洗礼、艰苦的锤炼，才能逐渐形成的。

培养坚韧之力，才能肩负重任

毛泽东自青少年起，就立志从亚圣孟子之教磨炼自己。

1914年，毛泽东所在的湖南省立第四师范合并于湖南省立第一师范。从这时起，毛泽东就是省立第一师范学校的学生了。

冬日的长沙虽不像中国北方那样朔风凛冽，雪花飘飘，但人们也要穿棉衣御寒了。

一天傍晚，毛泽东和学友蔡和森在校园操场君子亭附近散步，蔡和森见毛泽东穿得比较单薄，便关切地说："你把家里给的那一点钱都用在了买书订报上，自己节衣缩食，长此以往怎么行？"

"那就跑步、吃'书'么！"毛泽东诙谐地说，"跑步既能够锻炼身体，又可以增强人的御寒能力；吃'书'可以解决精神饥饿，比解决肚子饥饿更重要。"

蔡和森无可奈何地说："人若能像龟一样，几年不吃东西也饿不死就好了。"

毛泽东坦然一笑："龟虽寿，充其量只能做一个驮石碑的角色。"然后用眼盯着蔡和森，"我们每日一饭，如何？"

蔡和森苦笑道："囊中羞涩，也只好委屈肚子了。"

"不是委屈肚子……"毛泽东舒展双臂，很潇洒地做了一个扩胸动作，"是锻炼意志"。又说，"实在饿了，我们就读书吟诗，聊以充饥！"

"天将降大任于是人也！"蔡和森也挺了挺胸说，"必先苦其心志，劳其筋骨，饿其体肤，空乏其身，然后曾益其所不能！"

毛泽东点头称道："是么！杨先生能以'欲栽大木拄长天'为己任，我们立志救国，改革社会，就要利用学校这个环境，认真钻研学问，培养坚韧之力，才能肩负重任，无往而不胜。"

"穷则思变。"蔡和森说，"我们总是要奋斗的。"

"嚼得菜根，百事可做！"毛泽东重复了他曾在《讲堂录》中写下的话，"安贫者能成事！"（邸延生：《历史的真迹——毛泽东风雨沉浮五十年》，新华出版社 2002 年版，第 53 页）

说话间，两个人并肩走进了君子亭……

蔡和森（1895—1931），中国共产党早期卓越领导人之一。湖南双峰人，1895 年 3 月出生于上海。1913 年秋，以优异的成绩考入湖南省立第一师范学校。第二年春，毛泽东由第四师范并入第一师范，他们同在一个年级学习。由于共同的志向，他们俩结成了志同道合的学友，开始了"恰同学少年"的生活。学校有个君子亭，毛泽东和蔡和森经常来到这里讨论治学、做人等问题。两个出类拔萃的年轻人，就这样走到一起了。

杨先生，指杨昌济老师。他在一师讲授伦理学，对自己的伦理学有强烈的信仰。他十分关心毛泽东、蔡和森、萧子升等一批进步青年，鼓励他们努力向上，树立正确的人生观，立志做一个有益于社会的人。他以"强避桃源做太古，欲栽大木拄长天"诗句明志，将毛泽东、蔡和森等比作可担当改造国家大任的"拄长天"的"大木"，以此抒发他决心以教书育人为天职、培养经国济世之才的激越情怀。

毛泽东在"一师"深受杨昌济老师的影响，刻苦读书，博览群书，从"修身"到"济世"，树立了远大的抱负。为了求知，多订一份报纸，多买一本书，他甘愿节衣缩食，忍饥耐寒，宁肯轻视物质生活也要满足精神愉悦和追求的执着；为了锻炼体魄，磨炼意志，他经常和同学一起去跑步、游湘江、登岳麓山，还坚持风浴、雨浴、日光浴、冷水浴等健身活动。他与共读的学生蔡和森、罗学瓒、萧子升、周世钊等人，建立了深厚的同窗情谊，经常聚在一起钻研学业，探讨社会与人生，挥斥时弊，寻求真理，立志救国救民。

当听到同窗挚友蔡和森说道"天将降大任于是人也，必先苦其心志，劳其筋骨，饿其体肤……”时，毛泽东也十分赞同《孟子》这句名言，并作为激励自己的座右铭，决心像杨先生所希冀的那样，以"大木拄长天"为己任，立志救国，改革社会，利用学校这个环境，认真钻研学问，培养坚韧之力，肩负重任，真正做到"嚼得菜根，百事可做"！

这就是"苦其心志""饿其体肤"，对《孟子》警句心领神会的学生时代的毛泽东；这就是"野蛮其体魂，文明其精神"，欲做"拄天长木"的"一师"时期的毛泽东。

有道是，天将降大任于是人也

在延安时期，有一次毛泽东在窑洞内与卫士李银桥闲聊，他回忆说："我在长沙读书时候，暑假和一个同学出去搞社会调查，走了许多路，见了各种人，也去看过一个大庙，是微山的寺院，好大啦，有四五百和尚呢……"

学生毛泽东这次是与同学萧瑜（萧子升）一起"游学"。

黄昏，他们来到微山脚下。两个和尚迎出庙门，打一问讯："施主哪里来？"

毛泽东望一眼同行的萧瑜，不慌不忙解释："从长沙来。我们不是施主，只是路过讨一碗饭。"

和尚笑了，将两个剃了光头的很像叫花子的年轻学生引入寺院。

萧瑜不安地嘀咕："他们一定误会我们是经过长途跋涉来朝山进香的。"

毛泽东坦然道："我们已经讲过来意，无须重复。"

但是，萧瑜还是解释第二遍；"师傅不要误会，我们确系来讨一顿斋。"

和尚自顾引他们向里走，淡淡道："拜佛和乞讨本来就是一回事。"

禅院里有上百僧人在缓缓散步，目不斜视。两名学生被引入一间禅房："你们放下包袱，先去沐浴吧。"

洗澡时，萧瑜琢磨道："拜佛和乞讨怎么是一回事？"

毛泽东道："都是不劳而食么。"

沐浴之后，和尚请两位学生到佛前烧香。毛泽东说："我们是要见见方丈。"

和尚打量他们叫花子一般的穿着，犹豫道："斋饭尽有，施主吃多少只管随意。方丈是不随便见客的。"

"这不符合佛祖的教义。"毛泽东反驳。

和尚打量毛泽东，又说："方丈讲经说法时，你们也许能见见他。"

"那么，请给他传个信总可以吧？"萧瑜打开包袱，"我们写个条子你转交一下。"两个学生认真写了求见的条子，签名后交给和尚。不到十分钟，和尚便转来："方丈有请，二位施主跟我来。"

方丈禅室清净简朴，四壁摆着经卷书刊，其中还有《老子》和《庄子》。方丈大约五十岁上下，面目慈祥。合掌施礼，然后请两位学生席地而坐。他注视一番来客，忽然抬手一指。

"这位施主是毛泽东。这位施主就是萧瑜了。"

"你怎么会知道？"毛泽东不胜惊讶。

"两位施主签了名的。"方丈瞟一眼桌上那两张笔体不同的字条。

"可是，你怎么能知道我们谁是谁？"萧瑜追问。

"毛泽东一个字要占两三个格，萧施主一个格里能写两个字。文如其人的道理贫僧略知一二。"方丈笑而不骄，把话题转向佛典。两位学生对佛经研究很少，只拣熟悉的题目谈。他们对中国古代经籍兴致勃勃谈了一个多小时。方丈很高兴，留他们同进晚餐。

吃饭间，毛泽东和萧瑜讲述了他们利用假期，决心步行湖南全省，考查社会的目的。

"可是，你们为什么要这样走呢？"方丈打量他们那叫花子一样的穿着。

"是的，我们有心不费一文钱。来自远方的挂单和尚不是也都一文不名吗？"萧瑜说。

> "安贫者能成事，嚼得菜根百事可做。"毛泽东意气轩昂，"有道是，天将降大任于是人也。必先苦其心志，劳其筋骨，饿其体肤，空乏其身……"（权延赤:《卫士长谈毛泽东》，北京出版社 1989 年版，第 246 页）

方丈一震，闭目合掌，嘴唇翕动着，不知默念什么。

萧瑜，我国著名诗人萧三的胞兄。他比毛泽东小一岁，同在长沙第一师范读书，却比毛泽东高出三届。他俩同是"一师"杨昌济的得意门生，在 1911—1918 年之间，他们对当时军阀政府统治下的混乱局面、民不聊生的现状以及帝国主义列强意欲瓜分中国的咄咄逼人的气焰，怀有共同的忧虑和愤慨。两人各有自己的抱负，他们对国事日非也曾有过彻夜长谈，共同发起过"新民学会"（毛被选为干事，萧为总干事）；他们一同组织新民学会的会员赴法勤工俭学，为造就一代英才而奔忙；他俩曾在身无分文的情况下，以乞丐的身份出游近千里，历访长沙、宁乡、安化、益阳、沅江五个县，真正深入到当时的社会底层，广泛接触了各个阶层的人物。在这一段时期，他与毛泽东几乎日日同食同眠，成了无话不谈的朋友。

毛泽东曾和美国记者斯诺谈到过这件事："……夏天，我步行游历湖南省，走过了五县，一个名叫萧瑜的学生陪伴着我。我们走经了这五县，没有用过一文钱。农民给我们吃，给我们地方睡觉，我们到任何地方都被很好地招待着，欢迎着。"

毛泽东与萧瑜正处在朝气蓬勃的青年时代，他们想历练自己为国家社会服务。方丈不明白他们为什么要打扮成叫花子模样，为什么要这样游走呢？毛泽东背诵孟子的话回答："有道是，天将降大任于是人也。必先苦其心志，劳其筋骨，饿其体肤，空乏其身……"好端端的一对相貌不凡年轻学生，却要化装成乞丐，衣衫褴褛，沿街漂泊，身无分文，出游千里。风里来，雨里去，饥寒交迫，饱尝人间的冷暖，历尽世间的艰辛，忍受县太爷门卫和门房的百般刁难与辱骂，等等，不一而足。看上去，似乎有点恶作剧，也未免有些滑稽和可笑，也难怪老方丈搞不懂。其实，毛泽东一语道破天机，他们是在经历着"苦其心志"的过程。他们通过这种方式方法，有意体验生活，磨炼自己的意志和品格，这是常人所难以理解的。

游学湖南五县，是毛泽东与萧瑜践行孟子"苦其心志"精神的演练！

古人言，天将降大任于是人也

抗战时期，方强任八路军三八五旅政治部主任不久，回延安办事。一天下午，路过毛泽东住地时，突然产生了要去看望毛泽东的冲动。说来也巧，正在他犹豫之中，毛泽东披着一件棉袄从窑洞里走了出来。

"主席好！"方强立即上前敬礼向毛泽东问好。

"啊！这不是方强吗？可是三四年没见到你了。"毛泽东以他那浓重的湘音道。

"长征到达懋功后我就再也没见到主席，大概两年半了吧。"方强回答。

"记得在傅连暲那儿分手后，在会昌时我给筠门岭打过一次电话，好像是你接的吧？"毛泽东略有所思地问。

方强回忆起来——

1933 年方强在率部攻打福建上杭的战斗中身负重伤，命悬一线，被五位年轻的女赤卫队员救下火线，日夜兼程送往 100 多公里以外的长汀福音医院进行抢救。

当时毛泽东也在这里住院，获知方强病重立即把老乡送给他的一缸子牛肉送给了方强，当傅连暲医师转告方强时，他流下了热泪。从此方强与毛泽东结下了不解之缘。

1934 年 4 月，担任红二十二师政委的方强率部驻守筠门岭。筠门岭东临福建，南望广东，北连会昌，距离红都瑞金仅 101 公里，是水陆交通要道，赣粤闽边区重镇，为兵家必争之地。

蒋介石在中央苏区投入 50 万重兵，对红军发动第五次反革命"围剿"。面对 10 倍于己的强敌，红军指战员被迫"六面出击"。前任师长调走，后任师长未至，战斗由方强指挥。4 月 21 日，筠门岭失守。方强在师党委总结经验教训会上，深刻检讨了筠门岭战斗失利的原因。这时，毛泽东从会昌打来电话。方强自从离开长汀福音医院后，再也没有见到毛泽东。此刻，在前线听到毛泽东的声音，方强感到无比亲切和温暖。他详细地向毛泽东报告前线的情况。

"你们打得很好嘛！"毛泽东听罢高兴地鼓励道，"你们这样一支新部队，面对数倍于己的强大敌人，独立坚持打了这么久，才让敌人前进了这么一点点，这就是胜利！"

方强用心聆听着毛泽东从电话里传来的每一句话："要组织地方部队、游击队和赤卫队，在敌人侧后方进行游击战争，配合主力部队作战。"

——方强边想这些边回答毛泽东的问话。

"是的。"方强兴奋地说，"那时我是红二十二师政委，能在前线听到主席的教诲非常激动。"

"那以后呢？你到了哪里？"

毛泽东一边散步，一边饶有兴趣地和方强亲切交谈。当方强汇报说按主席的指示守卫筠门岭取得很大成功，却遭到博古主持下的军委革职，并被关进国家保卫局时，毛泽东大感愕然："还有这等事？"

"遵义会议确立了主席的领导地位，我们被关押的同志也都解放了。"方强笑着说，"可是好景不长，南下期间，我又被关起来了。"

"那又是什么问题呀？"

"说我反张国焘呗！"

长征途中，红一、四方面军在懋功胜利会师后，方强因病住院与中央红军失去联系，辗转投奔红四方面军的朱德总司令和刘伯承总参谋长，不料却被以"反对张国焘主席、反对南下决策"的罪名再次被关进国家保卫局。直到张国焘分裂路线惨遭失败,被迫重新北上,张国焘才不得已恢复了方强的人身自由。

"他另立中央,不反行吗?"

毛泽东也乐了:"全党同志不反他的分裂主义路线,我毛泽东就被他永远开除出党啰!"

"从河西走廊回到陕北后,我们西路军的同志都认真组织学习了中央《关于张国焘的错误的决定》,联系亲身经历深入开展了揭批张国焘右倾机会主义的活动,受到了很大的教育。"

长征到达陕北后,方强被任命为红九军宣传部长,随西路军渡过黄河。西路军血战河西走廊全军覆没,方强被俘。在狱中,他发起成立地下党支部,并被推举为党支部书记,与敌人进行了不屈不挠的英勇斗争,最后趁从兰州押解到西安之际,组织战友们一起脱逃归队。

"哦,张文彬同志向中央报告说,你们在兰州集中营和敌人斗争得很顽强嘛!"

"党中央和主席的亲切关怀,给了同志们斗争的勇气和胜利的信心。"

"大难不死,必有后福焉。共产党的牢你坐过了,国民党的牢你也蹲过了,就差太上老君的八卦炉中炼一遭啰!"毛泽东打趣道:"古人言,'天将降大任于是人也,必先苦其心志,劳其筋骨,饿其体肤,空乏其身,行拂乱其所为也'。"(吴殿卿等编:《毛泽东与海军将领》,解放军文艺出版社1999年版,第137页)

方强与毛泽东畅谈后,告辞归队。

湖南平江人方强,投身革命后充满磨难与传奇,有被国家保卫局关押和西路军战败被俘的经历,正如毛泽东所说:共产党的牢你坐过,国民党的牢你也蹲过。毛泽东还用孟子的警句"天将降大任于是人也……"勉励他笑对磨难,继续战斗,时刻准备迎接新的挑战,为我党我军挑起更重、更艰难的担子,成为久经考验久经锻炼的革命战士。

夫子自道：天将降大任于是人也

毛泽东喜欢爬山。他说，爬山就是前进，使人步步登高，可以尽情地享受山中的新鲜空气、阳光和无限风光，锻炼身体，舒畅胸怀。爬上山顶，举目瞭望，会有胜利在握、心旷神怡的感觉。

毛泽东每次爬山，不论此山大小高矮，山路平坦或是崎岖，总是要到达山顶。他说，不到长城非好汉。毛泽东登庐山时，不仅登主峰还登那些山中之山，"穿云驾雾"直达山巅，尽情欣赏绚丽的自然风光。

在杭州，他爬遍了各个大小高矮不同的山峰，莫干山是崎岖的山路，栖霞山是漫坡竹林，爬到汗流浃背时也不休息，给他准备了手杖他不用，他讨厌那种特殊化的形式。

有一次，毛泽东去爬栖霞山，山中遍生竹林，山虽不高，别有情趣。毛泽东已经汗透衬衫，分明有些累了，还是不肯歇脚，要欣赏这竹林中登山的乐趣。

警卫沈同说："主席应该休息一下了。"毛泽东边走边说：

> 什么叫应该啊？如果你能在应该的情况下，再坚持前进，才能够得到最后的胜利，你也就懂得连续作战的道理了，夫子自道不是还讲"天将降大任于是人也，必先苦其心智，劳其筋骨，饿其体肤，空乏其身"吗？不经过这样的锻炼，谁知道你能不能经得起连续作战的考验。（沈同：《在毛主席身边的日子：一个警卫员的回忆》，中央文献出版社 1993 年版，第 83 页；李家骥、杨庆旺：《毛泽东与他的卫士们》，中央文献出版社 1998 年版，第 740 页）

听毛泽东这么一说，大家也都笑了起来，振作精神，挺胸阔步，随着他继续爬山。

沈同，自 1949 年 1 月北平和平解放后，他由承担中央领导同志活动时警卫工作，进而做了毛泽东的随身警卫，与毛泽东日夜相伴，时间达十七年之久。

毛泽东每天日理万机，经常不分昼夜地工作，坚持连续作战。他把休息和锻炼身体，看作和吃饭、睡觉一样，都是为了强健身体，养精蓄锐，准备继续战斗的一个必要过程。因此他也很注意休息和锻炼。但这必须是从工作的需要出发，以工作为主导，只有完成了任务，思想上无牵无挂了，他才能安下心来去休息和锻炼身体。毛泽东喜欢游泳，喜欢跳舞，喜欢散步，还喜欢爬山。他认为这些活动既能够锻炼身体，又可以使大脑得到休息，提高工作效率，都是很好的运动。

爬栖霞山，警卫们见毛泽东汗流浃背，劝他休息一下。他仍坚持前进，并联想到战争年代由于敌强我弱，军队经常要急行军，要爬山越岭，要连续作战，就引用孟子的"天将降大任于是人也"等数语，给警卫们讲连续作战的道理，并说不经过这样的锻炼，谁知道你能不能经得起连续作战的考验。

毛泽东曾说，过去在战争年代，每天都要走好多的路，不过那不是散步，而经常是要跑步，不管是打败仗还是打胜仗都要跑步。逃避敌人的追击要跑步，要想打敌人个伏击也要跑步。那时跑步的作用主要是为了对付敌人，节奏都是快的。因为敌强我弱，所以是被动的，当然最终的目的还是为了消灭敌人，从这个意义上说，又是主动的，是要从被动中争取主动，所以能够打垮敌人，我们终于胜利了。

毛泽东把"天将降大任于是人也"等数语理解成是孟子的"夫子自道"，其实他给警卫沈同等人讲的爬山不断连续作战的道理，也是他自觉"苦其心志"磨砺身心的"夫子自道"。"没有几番寒彻骨，哪能换得蜡梅香！"一个成就宏伟事业的人，没有健康的体魄，没有顽强的意志，经受不住各种打击，是不可想象的。

天将降大任于是人也

1965 年 7 月，毛泽东小女儿李讷从北京大学历史系毕业。父亲送自己喜爱的四句话给她作为座右铭：

1. 天将降大任于是人也，必先苦其心志，劳其筋骨，饿其体肤，空乏其身，行拂乱其所为，所以动心忍性，曾益其所不能。

2. 彻底的唯物主义者是无所畏惧的。

3. 道路是曲折的，前途是光明的。

4. 在命运的迎头痛击下头破血流但仍不回头。（晓峰、明军：《毛泽东之谜》，中国人民大学出版社 1992 年版，第 188 页）

李讷是毛泽东的小女儿，1940 年 8 月为江青所生。当时李敏赴苏联和母亲相聚，不在身边。毛泽东工作之余经常逗着李讷玩，带她出去散步，教她识字，给她讲故事，教她懂礼貌，尊敬阿姨叔叔们。

看得出毛泽东非常喜欢自己的小女儿。同时，毛泽东对子女要求也十分严格。

1947 年冬，毛泽东转战陕北时。刚刚七岁的李讷和战士们一样，排队吃大锅饭，吃黑豆，骑在马上在战火硝烟中颠簸。

20 世纪 50 年代末，李讷考入大学后，正是国家经济困难时期，李讷住校常常吃不饱。卫士悄悄给她送去一包饼干，却受到毛泽东的严厉批评："三令五申，为什么还要搞特殊化？"毛泽东教育女儿说："困难是暂时的，要和全国人民同甘共苦，共渡难关。要带头，要做宣传，要相信共产党，相信父亲。"

这一时期，毛泽东对李讷的成长非常关心，多次给她写信，耐心开导，循循善诱。父亲的来信，字字句句充满着对小女儿的特殊的怜爱，使她很受感动。她意识到，父亲希望儿女锻炼成才。

父亲的教育和鼓励，使李讷在学习、品德、作风上都取得了很大的进步，大学临近毕业时光荣地加入了中国共产党。1965 年 7 月，李讷大学毕业时，毛泽东又把自己喜爱的四句话送给她。而第一条正是出自《孟子·告子下》的格言："天将降大任于是人也，必先苦其心志，劳其筋骨，饿其体肤，空乏其身，行拂乱其所为，所以动心忍性，曾益其所不能。"这句话主要讲一个人或一个国家必须经过内忧外患的磨炼才能生存或强大。孟子列举了古代的舜、傅说、胶鬲、管仲、孙叔敖、百里奚等著名人物，他们都是在逆境中奋起成就一番事业的，说明历史（天）将把重大任务降临在他身上，一定要使他在心志、筋骨、体肤诸方面经受艰苦磨炼，才能锻炼意志，增长才干，最后成就一番事业。

孟子说明人是在实践中，特别是在逆境中锻炼成长的。无疑这些论点，是宝贵的人生经验的总结，闪烁着朴素辩证法与朴素唯物主义的光辉。之所以说他是朴素唯物主义的，因为他看到外在的客观环境对人的思想智慧的巨大影响。之所以说他是朴素辩证法的，是因为他不把某种客观环境作用绝对化，他看到了差的艰苦的环境往往更能磨炼人、考验人，使人成长得更好、更快。孟子这种思想为历代的有理想有抱负的志士仁人所折服，也为毛泽东所喜爱，并把它送给自己的小女儿李讷，作为对她的勉励与期望。

《孟子·告子下》第十五章"天将降大任于是人也……"这句名言，毛泽东十分喜欢，且不说熟读成诵，而且始终将其视为造就人才成就事业的座右铭。学生时代，他曾与好友蔡和森、萧子升切磋琢磨，遵循践行，打下思想底色；战争年代，他与饱经忧患的将领方强回忆党内斗争敌我斗争的煎熬磨炼，用孟子"苦其心志"的精神互相勉励，以乐观阳光的心态对待艰难厄运；中华人民共和国成立后，身居高位的毛泽东决不贪图逸乐，挥汗爬山锻炼身心，还要求小女儿善于联系群众，勇于吃苦耐劳，不染"骄娇"二气，在打击、逆境、考验中锻炼成才。

孟子此句名言，何尝不是每位仁人志士的人生座右铭！

增益其所不能

（引用之五十三）

党的七大召开前，陈毅奉命回到延安准备出席大会。

此时，陈毅任新四军代理军长，饶漱石任中共中央华中局代理书记兼新四军政治部主任。两人在工作中有些矛盾。

1943 年 6 月，中央下发了《关于继续开展整风运动的决定》的通知。饶和陈毅分了工，饶到第二师蹲点，抓试点工作，陈毅负责军部机关整风。8 月 13 日，按照原定计划，陈毅召集直属队领导人及司令部科长、政治部部长的会议，检查工作，向领导提意见，最后变成公开批评军政治部、华中局及饶漱石个人。

8 月 18 日，饶漱石突然回来了，几乎每天都找华中局和军部各方面的负责干部谈话。于 10 月 16 日，饶漱石写了一份长达一千五百字的电报，报给毛泽东、刘少奇，罗列陈毅十大错误，要求中央派人主持新四军军事工作。陈毅也向中央发电报报告了事情的经过。

收到饶漱石和陈毅的电报后，毛泽东召开中共中央书记处会议，决定调陈毅来延安参加七大，就此谈通历史和现在的一些问题。11 月 8 日，毛泽东致电陈毅："陈毅同志，并告饶：（一）来电已悉。此次事件是不好的，但是可以讲通，可以改正的。""陈来延期内职务由云逸暂行代理，七天后仍回华中，并传达七大方针。"

陈毅到了延安，见到毛泽东，除要系统汇报华中抗战形势外，还有满腹委屈急需倾诉，那就是与饶漱石的矛盾的问题。

然而，毛泽东却给他泼了冷水，对他说："如果你谈三年游击战争的经验，谈华中抗战的经验，那很好，我可以召集一个会议，请你谈三天三夜。至于与小饶的问题，我看还是不要提，一句话也不要提。"

直到 3 月 15 日，善于知人的毛泽东对陈毅说："经过一个多礼拜的考虑，我以为你的基本态度是好的。你现在可以给华中发一个电报，向他们做一个自我批评。我也同时发一个电报去讲一讲，这个问题就打一个结，你看如何？"

"这样好，我照办。"陈毅诚恳地说。

于是，陈毅向饶漱石和华中局发了电报。在电报中首先做了自我批评，说他自己有遇事揣测，自己又常重感情，重细节，不正面解决问题，对人对事不够严正等等陈腐作风，这样于彼此协合工作以大的妨碍。结尾，他表示"七大后再回华中工作"。

毛泽东也同时给华中局发了电报说："关于陈、饶二同志间的争论问题，仅属于工作关系性质。在陈动身前，两同志已当面谈清，现在不成问题。中央完全相信，在陈、饶二同志及华中局、军分委各同志的领导下，必能协和一致，执行中央路线争取战争胜利。"

饶漱石收到电报后，在第二天上午以他个人的名义给毛泽东回电，其中说：陈和我的争论，既非属于重大路线，也非简单属于工作关系性质，而是由于陈同志在思想意识、组织观念仍有个别毛病。他对统一战线，对文化干部，对某些组织原则，仍存有个别右的观点，等等。

饶漱石对毛泽东的电报尚且如此，对陈毅电报的复电就可想而知了。

3 月下旬的一天，陈毅在延安看到饶漱石回复他的电文，十分气愤，马上提笔给毛泽东写了封信。

毛泽东看了陈毅的信，决定给他降降温，让他通通气，4 月 9 日给陈毅回信一封，予以开导：

> ……来信已悉，并送少奇同志阅看。凡事忍耐，多想自己缺点，增益其所不能，照顾大局，只要不妨大的原则，多多原谅人家。忍耐最难，但作一个政治家，必须练习忍耐。这点意见，请你考虑。（李智舜：《毛泽东与十大元帅》，中共中央党校出版社1994 年版，第 153 页）

"增益其所不能"一语，见于《孟子·告子下》第十五章：

孟子曰："故天将降大任于是人也，必先苦其心志，劳其筋骨，饿其体肤，空乏其身，行拂乱其所为，所以动心忍性，曾益其所不能。"

孟子"曾益其所不能"句，曾通"增"。

孟子大意是说，老天爷打算把重要的任务落到某人身上，一定会先苦恼他的心意，劳累他的筋骨，饥饿他的肠胃，穷困他的身子，使他的所作所为受到干扰而不能如意，用这种方式去触动他的心灵，坚韧他的性格，增加他的才能。

毛泽东在信中引用孟子"曾（增）益其所不能"的话，要求陈毅照顾大局，凡事多忍耐，只要不妨碍大的原则，多原谅人家，多想想自己还存在哪些缺点，多做自我批评，这样对人对己都有好处，对于增长自己的能力是有好处的。

毛泽东又约陈毅去面谈。劝他说：你现在在延安，你又不能回去，横直搞不清楚。这个事情容易解决，将来你回去是可以解决的，主要是人家对你有误会，你有什么办法？越解释，误会越大。

经过毛泽东的劝导，陈毅茅塞顿开。在延安，在与毛泽东频繁的接触中，陈毅收获很大，思想上也产生新的飞跃。看到了陈毅的进步，毛泽东十分高兴。

"曾益其所不能"，苦难、挫折和逆境，不仅能锻炼人的意志，而且能增长人的才能。

生于忧患，死于安乐

（引用之五十四）

《孟子·告子下》第十五章：

> 孟子曰："……人恒过，然后能改。困于心，衡于虑，而后作；征于色，发于声，而后喻。入则无法家拂士，出则无敌国外患者，国恒亡。然后知生于忧患而死于安乐也。"

孟子讲了这样的道理：一个人常常发生错误，然后促使其改正；心意困苦，思虑阻塞，才能有所奋发而创造。于是，表现在面色上，吐发在言语中，才能被人了解。一个国家，如国内没有执法的大臣和谏诤之士，国外没有相与抗衡的邻国和外患的忧惧，就很容易被灭亡。这样，就可以知道忧虑祸患足以使人生存，安逸享乐足以使人灭亡的道理了。

孟子意识到：单靠道德说教不足以制止歪门邪道和坏人坏事，必须刑之以法，打击邪恶势力。依靠君主自己修德，也是有限的，必须有谏诤之臣，辅之以谏。有敌国外患，心中常存忧患意识，有备无患，常备不懈，可以消除天下太平的麻痹思想，避免因安逸而亡国。

孟子提出"生于忧患而死于安乐"的思想，这既是人生哲学，也是政治哲学，既是有关生死的辩证法，也是宝贵的忧患意识。孟子认为，人或国家没有政治上的对立面，没有忧患意识，常常容易灭亡。人或国家在忧患中得以生存，才有生命力；相反，人或国家在安乐中，却容易忘本而导致死亡。古今中外的无数历史事实，证明了孟子这一论断是颠扑不破的伟大真理。

还要艰苦奋斗

中华人民共和国成立之初，毛泽东住北京中南海菊香书屋。

1949 年 11 月份，北京的天气已经显凉了。可菊香书屋的房间是老式建筑，没有暖气设备。为了解决这里的热水和取暖问题，办公厅行政处的同志们准备为毛泽东安装锅炉和暖气片，却被毛泽东制止了。

毛泽东对行政处的同志说："现在刚刚建国，需要办的大事很多，这些小事以后再说。再说现在也没有足够的条件，即便条件好些了，也要先为全国的老百姓办事情。我们共产党人，无论办什么事情，首先要想到群众，要时刻想着人民。"

行政处的同志为难地说："快入冬了，取暖问题总得考虑……"

毛泽东摆摆手："可以生炉子么！我们在延安，在西柏坡，不都是没得暖气么？在艰苦的条件下，我们照样打出了一个新中国。不要刚刚建国就讲条件，还要艰苦奋斗。生于忧患，死于安乐，这个道理你们应该懂得的。"（邸延生：《历史的真言——李银桥在毛泽东身边工作纪实》，新华出版社 2000 年版，第 451 页）

侍卫在一旁的阎长林说："主席，你的腿一到天冷就疼，以前没条件，现在总得想办法多烧些热水吧？"

毛泽东笑一笑，说："以前，都是你们烧了热水让我泡一泡脚，现在还用老办法，麻烦你们再为我倒洗脚水吧！"

没办法，既然毛泽东不同意装锅炉，这件事也就暂时被搁置起来。

在毛泽东看来，中华人民共和国刚刚成立，一是需要办的大事很多，二是现在也没有足够的条件，国家还处于困难时期，即便以后条件好些了，也要先为全国的老百姓办事情。这就是人民领袖，时刻想着人民的利益。

的确，刚刚诞生的新中国，面对的是一个一穷二白、千疮百孔的烂摊子，工业几乎等于零，粮食不够吃，通货膨胀，经济混乱。解放之初，由于工业基础薄弱，甚至连老百姓的日用品都要从外国进口。

毛泽东在中华人民共和国成立后曾对"一穷二白"问题多次定调：

我曾经说过，我们一为"穷"，二为"白"。"穷"，就是没有多少工业，农业也不发达。"白"，就是一张白纸，文化水平、科学水平都不高。从发展的观点看，这并不坏。穷就要革命，富的革命就困难。科学技术水平高的国家，就骄傲得很。我们是一张白纸，正好写字。（《论十大关系》，《毛泽东文集》第七卷，人民出版社 1999 年版，第 43—44 页）

建国了，大事初定，百废待兴。

中华人民共和国成立后，在毛泽东为首的党中央领导下，中国人民发扬自力更生、艰苦奋斗的作风，以前所未有的主人翁姿态和高涨的热情投入到社会主义改造和建设中，迅速将一个贫穷落后满目疮痍的旧中国，建设成了一个蒸蒸日上阔步前进的新中国。仅"一五"期间，我国工业建设和生产所取得的成就，就远远超过了旧中国的数十年。事实证明，社会主义给中国带来了天翻地覆的变化。

毛泽东自己居室不安装取暖设备，艰苦朴素，率先垂范。并教育行政处的同志懂得《孟子》一书中"生于忧患，死于安乐"的道理。一事之前，先想到全国的老百姓。这种忧患意识，这种执政理念，何其宝贵！

认真吸取教训

1959 年 10 月，毛泽东再一次开始了南下视察。专列驶入山东时，见到铁路沿线的土地龟裂，眼前一片白茫茫的盐碱地。进入安徽后，见到的情景更令人痛心，大田里看不到丰收的庄稼，却插着一面面的红旗……

毛泽东一路凝视着，一路沉思默想，香烟吸了一支又一支，吸得左手的食指和中指都泛黄了。李银桥给毛泽东续上了茶水，毛泽东说："天灾人祸啊！"说罢眼圈红了……

李银桥想，毛泽东说的"人祸"是指赫鲁晓夫中断了同中国的合作呢，还是指他及党内一些领导同志在工作中失误的反省？抑或二者兼而有之？不得而知……

回到北京，毛泽东向卫士组的人和他身边的工作人员郑重宣布两条：自力更生和艰苦奋斗。

毛泽东说："全国人民都在吃定量粮，我也应该定量。是不是肉不吃了？你们愿意不愿意和我一起带这个头啊？"

李银桥深知毛泽东是最喜欢吃红烧肉的，为这事还和江青分开吃菜，但在国家经济困难面前，要带头不吃肉了，卫士们还有什么可说的？便带头回答："愿意！"

大家也都说："愿意！"

"那好！"毛泽东庄严宣布，"我们就实行三不：不吃肉，不吃蛋，吃粮不超定量！"

大家都知道，毛泽东历来是"交代了的事情就要照办"。从这天起，毛泽东真的开始不吃肉了。

> 毛泽东又说："法国的《快报》评论说'穷是中国跃进的动力'，'穷是动力'这句话讲得很对么！因为穷，就要干，要革命；富了事情就不妙了。越王勾践卧薪尝胆，十年复国，十年强兵，后代人全忘了；中国现在不富，将来富了，家家吃肉不发愁，也一定会发生问题。"
>
> 李银桥笑了说："主席，现在人们没肉吃想肉吃，将来有肉吃了，不是更好吗？"
>
> "生于忧患，死于安乐。"毛泽东说，"历史的经验和教训，我们是要认真吸取的，要防止被资产阶级思想和平演变了，否则，我们这么多革命烈士的鲜血就白流了。"（邸延生：《历史的真言——李银桥在毛泽东身边工作纪实》，新华出版社 2000 年版，第 782 页）

1959 年 7 月，华东地区长江流域发生洪水。受灾面积之大，农业颗粒不收，导致 1959 年中国粮食产量较 1958 年下降百分之十五。广大农村特别是受灾区，出现了严重的大饥荒，城镇居民口粮不得不定量供应，整个国民经济陷入了极度困难状况。

毛泽东决心与全国人民共渡难关，对身边工作人员庄严宣布个人生活实行"三不"：不吃肉，不吃蛋，吃粮不超定量！同时号召大家刻苦自励，奋发图强。并引用孟子"生于忧患，死于安乐"的名言，要求认真吸取历史的经验和教训，说明我们只要不忘过去，勇于面对现实，困难面前不低头，大灾面前不气馁，鼓起革命干劲，同甘共苦，群策群力，就一定能战胜困难。只有常存忧患意识，在患难中奋起，才能获得新生。

不要只思安乐

1962 年 7 月，国务院文化部副部长齐燕铭在文化部召集的省市文化局长会议上，传达毛泽东的指示。毛泽东在讲到国内国际形势时，引了《孟子·告子下》中的一段话。他说：

> 孟子在《告子》篇中说："入则无法家、拂士；出则无敌国、外患者，国恒亡。然后知生于忧患而死于安乐也。"毛主席在国家还处于忧患时，就提醒大家，不要只思安乐而忘记外有帝修，内有地富反坏右，阶级斗争不能忘记。（盛巽昌等著：《毛泽东这样学习历史 这样评点历史》，人民出版社 2005 年版，第 251 页）

毛泽东判断形势：1962 年"国家还处于忧患时"！那时，可谓内忧外患，天灾人祸。

1958 年，由于我国政府"一五"计划超时间、超幅度地完成，导致党的八届二中全会对生产力发展进行了过度乐观的错误估判，引起"大跃进"和人民公社化运动的严重"左"倾错误；1959 年的庐山会议，又使得毛泽东错误地认为党内右倾现象十分严重，因而在全国范围内引发大规模的"反右倾"斗争，导致无人敢于指出错误。国际间又由于中苏领导层意识形态的纷争，中苏论战，苏联政府背信弃义地撕毁两国经济技术合作协议，向中国索要抗美援朝时期的债务，等等；加之 1959 年至 1961 年期间中国农田连续几年遭受大面积自然灾害，从而导致了新中国面临建国以来最严重的经济危机，出现了全国性的粮食短缺和大饥荒。1960 年中国大陆地区的粮食、棉花产量跌落到相应 1951 年的水平。这段时期，史称"三年自然灾害"，后称"三年困难时期"。

面临严重灾荒之际，在党和政府的领导和组织下，全国人民积极开展各种形式的生产自救工作。开始纠正农村工作中"左"的错误。抗击自然灾害，恢复农业生产，开展副业生产，进行余缺调剂等，努力增加人均口粮，改善人民的生存和生活条件，增强抵御灾荒的能力。通过生产自救，克服了灾区的依赖思想，调动了农民的积极性，减轻了国家负担，促进农村休养生息，又可以保证国家对重灾区的救济。直到 1962 年年底，粮食产量才开始回升，国民经济形势稍有好转。

在国家忧患刚有转机之时，毛泽东在讲到国内国际形势时，再次引用了《孟子·告子下》中的话，告诫人们："生于忧患，死于安乐。"要记住一个国家忧患足以使其生存，安乐足以使其灭亡的道理。毛泽东提醒大家要居安思危。在三年困难时期，他曾多次在不同会议、不同场合讲"生于忧患，死于安乐"这一道理，目的就是教育全党和全国人民不要忘本，不要忘记敌人，常存忧患意识，才能常备不懈，防止麻痹大意，防止和平演变，确保人民安居乐业，确保国家长治久安。

知命者不立乎岩墙之下

（引用之五十五）

"知命者不立乎岩墙之下"，语见《孟子·尽心上》第二章：

> 孟子曰："莫非命也，顺受其正。是故知命者不立乎岩墙之下。尽其道而死者，正命也；桎梏死者，非正命也。"

桎梏：古代束缚犯人的刑具。这里比喻因犯法而被处死。

孟子本章大意是说，一切都是命运，但顺应规律去行事，就会得到正常的命运。所以懂得命运的人不站在危险的墙壁之下。尽力行道而死的人，所受的是正常的命运；因犯罪而死的人，不是正常的命运。

这里，孟子虽然说"莫非命也，顺受其正"，似乎有宿命论的意思。但这个"顺受其正"，并不是盲目等待，不做任何主观努力，而是要发挥主观能动性的作用，在"命"的范围内，把事情做好；实际也就是要求在客观条件、客观规律许可的范围内，做出正确的选择，尽量把事情做好，既不要消极等待，也不能超越客观条件，违反规律，更不能"立于岩墙之下"，或犯罪"桎梏而死"。显然，这里孟子"顺受其正"的观点，较有积极价值。它表现了孟子一个哲学思想，既承认命定论，又强调事在人为，强调发挥人的主观能动性。

1916 年 12 月 9 日，毛泽东致信黎锦熙，信中写道：

> 今乃有进者：古称三达德，智、仁与勇并举。今之教育学

者以为可配德智体之三言。诚以德智所寄，不外于身；智仁体也，非勇无以为用。且观自来不永寿者，未必其数之本短也，或亦其身体之弱然尔。颜子则早夭矣；贾生，王佐之才，死之年才三十三耳；王勃、卢照邻或早死，或坐废。此皆有甚高之德与智，一旦身不存，德智则随之而隳矣！夫人之一生，所乐所事，夫曰实现。世界之外有本体，血肉虽死，心灵不死，不在寿命之长短，而在成功之多寡。此其言固矣。然苟身之不全，则先已不足自乐于心，本实先拔矣。反观世事，何者可欣？观卢升之集，而知其痛心之极矣。昔者圣人之自卫其生也，鱼馁肉败不食，《乡党》一篇载之详矣。孟子曰：知命者不立夫岩（墙）之下。有身而不能自强，可以自强而故暴弃之，此食馁败而立岩墙也，可惜孰甚焉！

（《毛泽东早期文稿》，湖南出版社1995年第2版，第60页）

黎锦熙（1890—1978），湖南湘潭人，语言学家。1914至1915年上半年，在湖南省立第一师范学校任教，是毛泽东在"一师"读书时的老师。1915年9月赴北京，后在北京师范大学长期从事教学工作。在"一师"时，毛泽东经常到黎锦熙住处请教，黎总是循循善诱，耐心教导，与毛泽东亦师亦友。去北京后，与毛泽东书信来往较多。

1916年毛泽东在致黎锦熙信中，说"古称三达德，智、仁与勇并举。今之教育学者以为可配德智体之三言"。"三达德"见于《礼记·中庸》："知、仁、勇三者，天下之达德也，所以行之者一也。"

从教育视角讲，毛泽东在青年时代对"知、仁、勇"是持肯定态度的。古人不仅重视德，也重视知和勇。这里的"知"，毛泽东当作"智"，作智慧、聪明讲。勇，指克服困难的决心、意志和勇气。

同时，古人也重视体育。如孔子办学六门课中的"射""御"，即为古代的体育课。射是射箭，御是驾车子，也是军事课。

毛泽东把儒学的"知、仁、勇"三达德改造为德、智、体三种教育之目。针对当时人轻视体育的情形，毛泽东尤其突出讲了体育的意义。他从长沙致信在北京的黎锦熙，认为德、智甚高者，"一旦身不存，德智则随之而隳矣！"希望黎锦熙能勤加运动，注意保护身体。毛泽东认为自古以来，那些不长寿的人，并不是因为他的寿命本身短，也不是因其身体先天虚弱所致。为了说明这一观点，毛泽东列举了几位古人英年早逝的例子。

颜子，即颜渊（前521—前490），名回，字子渊，春秋末鲁国人。孔子学生。好学有德，但身体很弱，29岁白头，31岁即去世。

贾生，指贾谊（前200—前168），西汉洛阳人，政论家、文学家。文帝时召为博士，颇受赏识，升为太中大夫。敢于提出改革建议，为大臣周勃、灌婴等所排挤，贬为长沙王太傅。后转为梁怀王太傅。梁怀王坠马死，贾谊深感未尽太傅之责，忧惧哭泣，岁余而死，年三十二。

王勃（648—675），字子安，唐绛州龙门（今山西河津）人，文学家，与杨炯、卢照邻、骆宾王以文辞齐名，称"初唐四杰"。曾任沛王府修撰、虢州参军。所写《滕王阁序》，脍炙人口。后往交趾探父，因渡海溺水，受惊而死，时方28岁。

卢照邻（约635—约689），即卢升之，号幽忧子。唐幽州范阳（今河北涿州市）人，文学家，曾任新都尉。后为风痹症所苦，投颍水而死。后人辑有《幽忧子集》。

颜渊、贾谊、王勃、卢照邻，四人死时都很年轻。又都是才子，有德有智，可惜皆英年早逝，一旦身不存，德智也就随之而去了。对此，毛泽东在惋惜的同时，十分感慨道：人生的价值"不在寿命之长短，而在成功之多寡。此其言固矣。然苟身之不全，则先已不足自乐于心，本实先拨矣"。

毛泽东接着议论说，古代的圣人都非常注重讲究卫生，爱惜自己的生命。如：孔子的"鱼馁肉败不食"（《论语·乡党》）；孟子的"知命者不立夫岩之下"（孟子原话为："知命者不立乎岩墙之下"）。懂得命运的人不站在危险的墙壁之下。那些有良好的身体不知爱惜、有强大的生命力却甘愿自暴自弃的人，就好比食腐败的鱼肉，好比站在危险的墙壁之下，这岂不是太可惜吗！

待文王而后兴者

（引用之五十六）

"待文王而后兴者"出自《孟子·尽心上》第十章：

> 孟子曰："待文王而后兴者，凡民也。若夫豪杰之士，虽无文王犹兴。"

孟子的意思是说："等待周文王那样的贤王出来才奋发的，是普通的百姓。至于那些杰出的人才，即使没有周文王，也能够奋发。"

孟子这句话是在讲一种思想状态，一种精神境界。他虽然"言必称尧舜"，常举夏禹、商汤、周文王、周武王、周公旦为楷模，但是他并不主张事事等待依赖周文王这样的圣人出现才去奋发，才去振兴。他把人们分为两种状态：一种是"待文王而后兴者"，孟子认为这是"凡民"；一种是"虽无文王犹兴"者，孟子认为这是"豪杰之士"。

孟子这里谈的不是一般的日常生活问题，而是事关兴废的重大政治运作。这里"待兴""后兴""犹兴"等词所包含的意思，是说出现了殷商王朝没落衰败的大问题，不要等待出现了周文王那样的人物，才带领大家去革故鼎新，去奋发振兴。这在一定程度上突破了孟子自己一贯主张的英雄史观和"法先王"思想的认识局限，是迷信的破除和思想的解放。

毛泽东读懂了孟子此论中破除迷信解放思想的内涵，曾经借鉴为己所用。
中国共产党第八届全国代表大会第二次会议于 1958 年 5 月 5 日至 23 日在北京举行。毛泽东在会上有四次讲话。其中在 5 月 20 日讲话提纲中毛泽

东写道:

> 破除迷信
>
> 人有各种迷信：狗肉，游水，学英文。
>
> 妄自菲薄，奴隶尾巴
>
> 自力更生，有些人不如合作社
>
> 待文王而后兴者凡民也……
>
> 待马克思……
>
> 没有苏联就不能活（工业、军事），此论不通
>
> 苏联之前无苏联
>
> 马克思之前无马思想
>
> 必须认真学马、学苏。不学，少学，不认真学，都是错误的。好的，坏的，不好不坏的都要学。不是搬，而是分析，研究，理解。资产阶级的东西也要认真学，非学不可。
>
> 自己长了一个脑筋，为什么不独立思考
>
> 马、列是指导，不是教条，教条论是最无出息的，最可丑的
>
> （《建国以来毛泽东文稿》第七册，中央文献出版社1992年版，第203页）

在这里，毛泽东节引了孟子"待文王而后兴者凡民也"这句话。

提纲中完全可以看清毛泽东演讲破除迷信解放思想的脉络。他要表达的意思是，人们有各种各样的思想迷信：迷信狗肉，迷信游水，迷信英文。也就是感觉对这些事物神秘莫测。其实，这是妄自菲薄，是自己看不起自己，是奴隶尾巴。要有自力更生的骨气和精神，在这方面有些人亦步亦趋的思想状况还不如合作化运动时人们的大步快走。孟子说，待文王而后兴者是凡民，虽无文王犹兴者是豪杰之士。这是古代的事情。现在，待马克思而后兴者是思想保守，不待马克思犹兴者是思想解放。工业方面和军事方面，有人好像没有苏联的体验就不能活，此论不明，此路不通。就是不要迷信，苏联之前没有苏联，马克思之前没有马克思主义，他们如果迷信了就不会产生苏联社会主义社会与马克思主义理论。我们必须认真学习马克思主义理论，学习苏联。不学习，少学习，不认真学习，都是错误的。他们的经验，好的，坏的，不好不坏的都要学习。学习不是照搬，而是要分析，要研究，要理解。资产阶级的东西也要认真学习，而且非学习到手不可。当然这种学

习不是盲目的，自己长了一个脑筋，为什么不独立思考？马克思主义、列宁主义是指导原则，不是教条，教条主义是最没有出息的，是最丑陋的。

破除迷信，解放思想，什么是尺度和标杆？孟子举出了周文王，毛泽东举出了马克思。

孟子说："待文王而后兴者"是"凡民"，"虽无文王犹兴"者是"豪杰之士"。

毛泽东的意思是：待马克思而后兴者是思想迷信，不待马克思犹兴者是思想解放。

正因此，孟子发展了周文王主义，毛泽东发展了马克思主义。

君子之志于道也

（引用之五十七）

"君子之志于道也"一语，出自《孟子·尽心上》第二十四章：

> 孟子曰："孔子登东山而小鲁，登泰山而小天下。故观于海者难为水，游于圣人之门者难为言。观水有术，必观其澜。日月有明，容光必照焉。流水之为物也。不盈科不行；君子之志于道也，不成章不达。"

孟子这段话的大意是：孔子登上了东山，觉得鲁国变小了，登上了泰山，觉得天下变小了。所以，对于看过大海的人来说，一般的江河他不会看在眼里，对于曾在圣人门下学习过的人来说，一般的言论他不会感兴趣。看水有它的方法，一定要观赏它的波澜。日月都有光，再小的缝隙也能照到。流水这东西，一定要把洼地注满再向前流；君子有志于道，但不达到一定的程度，就不能通达事理。

"君子之志于道也，不成章不达"，这句话阐释了一个道理：圣人之道至深至大。有志之士立志学道，必须脚踏实地，努力向圣人学习，并要坚持不懈，持之以恒，不达到一定程度不罢休。否则，学习达不到一定的高度，就无法领会道的真正含义。

1913 年 10 月至 12 月，毛泽东在湖南长沙省立第四师范读书时，记有《讲堂录》。12 月 13 日听袁仲谦讲国文"集"课，毛泽东记录：

且夫水之积也不厚，则其负大舟也无力。覆杯水于坳堂之上。则芥为之舟。置杯焉则胶，水浅而舟大也。予诵斯言，未尝不叹其义之当也。夫古今谋国之臣夥矣，其雍容暇豫游刃而成功者有之，其跼蹐失度因而颠踬者实繁有徒，其负大舟也无力，岂非积之也不厚乎？吾观合肥李氏，实类之矣。其始也平发夷捻，所至有功，则杯水芥舟之谓也；及其登坛□理国交，着着失败，贻羞至于无已者何也？置杯焉则胶，水浅而舟大也。孟子曰：流水之为物也，不盈科不行，君子之志于道也，不成章不达。浅薄者流，亦知省哉。(《毛泽东早期文稿》，湖南人民出版社 1995 年第 2 版，第 607 页)

毛泽东在《讲堂录》中记录的这段话，最后两句："浅薄者流，亦知省哉"，非孟子所言，乃是毛泽东自己发挥加上的内容。

"合肥李氏"指李鸿章(1823—1901)，字渐甫或子黻，号少荃。安徽合肥人。淮军首领，曾任直隶总督兼北洋大臣等职。所谓"平发夷捻"，指其镇压太平军、捻军农民起义。

"登坛□理国交"，原件有一字缺损，疑为"陛"字。

这是一篇有文字记载的毛泽东或老师袁仲谦评价李鸿章其人的言论。从《讲堂录》记录来看，毛泽东开篇引用了《庄子·逍遥游》中的一段话："且夫水之积也不厚，则其负大舟也无力。覆杯水于坳堂之上，则芥为之舟；置杯焉则胶，水浅而舟大也。"它反映庄子论述"大与小"的哲学思想。庄子认为，水的积蓄不深，就没有力量承载大船。在厅堂内的低洼处倒上一杯水，放上一根小草就可以当船；若是放上一个杯子就会被粘在地上，这是因为水浅而船大的缘故。

显然，毛泽东或老师袁仲谦对庄子的这一观点是赞同的，并由此联想到晚清名臣李鸿章，于是就有了这段有关李鸿章其人的评论。

李鸿章出身于名门望族。其父李文安在道光十八年(1838)与曾国藩同年考取同榜进士，并在京为官。李鸿章少年聪慧，6 岁就进入家馆棣华书屋学习，攻读经史，打下扎实的学问功底。道光二十七年(1847)，24 岁便考中进士，选入翰林院任庶吉士。同时，受业曾国藩门下，讲求经世之学。

太平天国金田起义后，李鸿章离开翰林院，回乡创办淮军，以书生之身发迹于乱世之中。同治三年(1864)，李鸿章率淮军攻陷苏州、常州等地，和湘军一起基本剿灭太平天国，接着又镇压了捻军。因军功历任江苏巡抚、湖广总督，1870 年继曾国藩出任直隶总督，手握兵权，统领一方。

在常人看来，李鸿章堪称军功显赫。毛泽东或老师袁仲谦却认为此不过"杯水芥舟"而已。等到李鸿章执掌朝廷重权，代表清政府开办外交事务时，丧权辱国，着着失败，让国家蒙羞受辱，自己也被后世唾骂。什么原因呢？"水浅而舟大也。"

如何理解毛泽东或老师袁仲谦这一评价？腐败的清政府与李鸿章相比来说，已处在"水浅"的尴尬局面，李鸿章作为清朝仰仗的中兴名臣，在浅水之中无法施展自己的才能。说他"水浅舟大"，比喻其生不逢时。李鸿章算是一个强人，但他所处的晚清时代已经是穷途末路了，大舟被小水所误，徒劳搁浅，也是李鸿章个人在时代中的悲剧。

毛泽东或老师袁仲谦认为李鸿章尽管在军事上颇有建树，但其才能尚不能登坛立政，比如他在外交方面的才能就十分薄弱，以致屡有丧权辱国的"和谈"。尽管李鸿章本人一生以外交能手自负，处理过许多重大的对外交涉。日本首相伊藤博文亦视其为大清帝国中唯一有能耐可和世界列强一争长短之人。但在毛泽东看来，李鸿章最多只能算是一名"合格"的封建卫道士，绝不能成为力挽狂澜的中流砥柱。孤身一力难扶大厦，背负骂名，成为祭坛上代人受过的牺牲品，也是在所难免。

结合李鸿章的命运，毛泽东或老师袁仲谦借用孟子的名言"君子之志于道也，不成章不达"来说明事理。李鸿章的"志己道"还"不成章"，也就是还没有达到登堂入室治国安天下中兴清王朝的程度。毛或袁师生这样评价李鸿章，其意不在褒贬近代史人物，而在以李氏之例，以孟子之理，勉励天下学子不断求业学道，脚踏实地，努力进取，不断充实自我，不断完善自我，达到"盈科""成章"的境界和程度，成为有功于天下、有功于历史的"拄天大木"！

孳孳为利者

（引用之五十八）

"孳孳为利者，跖之徒也"一语，出自《孟子·尽心上》第二十五章：

> 孟子曰："鸡鸣而起，孳孳为善者，舜之徒也；鸡鸣而起，孳
> 孳为利者，跖之徒也。欲知舜与跖之分，无他，利与善之间也。"

孟夫子此话的大意是：鸡叫就起来，孜孜不倦地行善（仁义）的人，是舜一类的人；鸡叫就起来，孜孜不倦地求利的人，是盗跖一类的人。要想知道舜和跖有什么区别，没有别的，只是行善和贪利的不同罢了。

孟子在义（善）利之间，提倡先义（善）后利，是轻利重义的，甚至提倡是义（善）非利，则是取义（善）舍利。在这方面，以孔孟为代表的儒家人士，有诸多论述。本章即表达孟子这种"义（善）利观"。孟子在本章中以此为评价标准，把人区分为两大类：孳孳为善的舜之徒与孳孳为利的跖之徒。

跖，人名。春秋末年奴隶大起义的领袖。一说姓展，奴隶主贵族视他为大盗，诬称为"盗跖"。跖，成了传统所谓恶人的代表。孟子站在统治阶级的立场上，把农奴起义领袖跖，视为孳孳为利的小人显然有悖于人民性。

1958年9月15日，毛泽东在第十五次最高国务会议上的第一次讲话中说：

> 有资产阶级的好大喜功，有无产阶级的好大喜功，两种好大

喜功。有资产阶级的急功近利，有无产阶级的急功近利。"孳孳为利者，跖之徒也"，这大概是今天的资产阶级的一类。孳孳为利者，资本家之徒也。我们呢？我们就是另外一种急功近利。(《建国以来毛泽东文稿》第七册，中央文献出版社 1992 年版，第 379 页)

中华人民共和国成立后，社会主义改造和建设运动蓬勃地开展起来。看到人民群众建设新中国的热情，看到祖国建设突飞猛进的发展，毛泽东感到十分欣慰，决定加快我国社会主义改造和建设步伐。并在 1956 年年初提出了多、快、好、省的建设方针和"鼓足干劲，力争上游"的口号。对周恩来领导下讨论编制的十五年（1953—1967）远景规划和第二个五年计划不满意，认为计划保守偏低了。

1956 年 1 月 20 日，周恩来在中共中央召开的关于知识分子问题会议上发出呼吁：不要搞那些不切实际的事情，要"使我们的计划成为切实可行、实事求是的计划，而不是盲目冒进的计划"。"这一次我们在国务院召集的计划和财政会议，主要解决这个问题。"

2 月 8 日，在国务院第 24 次全体会议上，周恩来提出一个重要的原则：经济工作要实事求是。2 月 10 日，周恩来在国务院常务会议讨论各部门各地区所提 1956 年计划的各项指标时，实施"压一压"的方针。

周恩来清楚地看到：经济建设的实践已经表明，压缩后的 1956 年计划仍然是一个冒进的计划，并进而推断，规定了 1956 年、1957 年和第二、三个五年计划期间建设速度的远景计划也冒进了。周恩来感到对于当前经济建设中已经出现了急功近利的冒进行为，必须加以改正。

但是，毛泽东和党内许多领导者的急躁冒进情绪仍然严重存在。毛泽东指出，在经济建设问题上必须促进，而不能促退，不能"像蜗牛一样爬行"。毛泽东在莫斯科还提出了"中国要在十年到十五年期间里超英赶美"的口号。于是，周恩来和几位主管经济工作的副总理一道，从防止冒进到反对冒进。

但他们反冒进的观点遭到了毛泽东的反对和严厉的批评。在毛泽东看来，反冒进是完全错误的。他认为经济建设不但没有冒进，而且有了一个很大的跃进。反冒进打击了干部和群众的积极性，影响了经济建设，特别是影响了农业生产的发展，在相当程度上导致了右派对党的进攻。一时间，急于求成的"跃进"思想，在党内占据了主导地位。

1958 年 9 月 5 日，在第十五次国务会议上，毛泽东就经济发展问题做了主题发言，再次对"鼓足干劲、力争上游、多快好省"的经济建设方针予以了肯定。坚信只要广大党员以普通劳动者的姿态投入到社会主义建设的大潮中，就一定会大有希望，而不是小有希望或中有希望。对于那些批评这条方针是"好大喜功、急功近利"的言论，毛泽东认为这是对马克思主义政治经济学了解得还不深透。在讲话中，毛泽东分析了资产阶级和无产阶级两种"急功近利"的不同："急功近利"有资产阶级的和无产阶级的之分。对于资本家而言，他们的"急功近利"是"孳孳为利者，跖之徒也"，是剥削无产阶级、获取剩余价值的做法。而无产阶级的"急功近利"与此不同，是广大干群鼓足干劲建设新中国、改善生活的正确做法。

毛泽东在国务会议上讲话中引用了孟子的"孳孳为利者，跖之徒也"，并说这大概是"今天的资产阶级一类。孳孳为利者，资本家之徒也"。显然也是一种贬义，一种否定的态度。

我国的经济发展和基础建设虽然在这场"大跃进"运动中取得了一定成就，但盲目冒进、不切实际的做法也给生产力带来了巨大灾难，给相对薄弱的新中国经济基础带来了损失。

在社会主义建设初期，以毛泽东为首的中国共产党人对中国社会主义建设道路进行艰辛的开拓与探索。既然是探索，那么失误也是情理之中的。现在看来，毛泽东当时敏锐地抓住国际形势呈现缓和趋势的机遇，决定加快我国社会主义改造和建设步伐，反映了我国人民要求迅速摆脱贫困面貌的愿望，这是无可非议的。问题在于要求过急了，指标过高了。

周恩来主持制订的第二个五年计划，后来虽然受到毛泽东的批评，但在经历了"大跃进"的严重挫折之后，终于得到了毛泽东的赞许。1960 年 6 月 18 日，毛泽东在《十年总结》中谈到高指标的教训时，深有感慨地说："一九五六年周恩来同志的第二个五年计划，大部分指标，如钢等，替我们留下了三年的余地，多么好啊！"（薄一波著：《若干重大决策与事件的回顾》上卷，中央党校出版社 1991 年版，第 547 页）

孟子说"孳孳为利者，跖之徒也"，对盗跖之徒唯利是图取批判态度，目的在于肯定舜之徒的"孳孳为善"，推行儒家的义利价值观；毛泽东引"孳孳为利者，跖之徒也"这句话，则是对唯利是图的资本家取批判态度，他的目的不在于肯定舜之徒的"孳孳为善"，而是肯定无产阶级的"急功近利"。毛泽东与孟子虽然都取批判态度，但批判的对象不一样，"义利观"不一样，达到的目的不一样。盗跖是古代无产者的造反领袖，孟子不可能与他坐到一条板凳上。毛泽东对资本家"孳孳为利"取阶级革命态度和社会主义改造政策，则主张当代无产者的"孳孳为利"，即"另外一种急功近利"。

但实践证明，毛泽东的"孳孳为利""急功近利"，虽然动机、时机和理念并不错误，但是犯了急性病，"大跃进""大炼钢铁""反右倾"甚至有些狂热，带来的经济的"大跃退"，是"三年困难时期"。这是毛泽东始料不及的，也是主观愿望脱离客观实际的教训。

引而不发，跃如也

（引用之五十九）

"引而不发，跃如也"一语，出自《孟子·尽心上》第四十一章：

> 公孙丑曰："道则高矣，美矣，宜若登天然，似不可及也。何不使彼为可几及而日孳孳也？"
>
> 孟子曰："大匠不为拙工改废绳墨，羿不为拙射变其彀率。君子引而不发，跃如。中道而立，能者从之。"

道，我国古代哲学家的通用语，可作"规律"或"法则"解。

本章通过孟子与弟子公孙丑对话的形式阐释了学习"道"的方法。公孙丑认为："道"是很高、很美的，可是，要想得到它好比登天一样，似乎难以达到。为什么不能将它改变，使人不断努力就可以接近呢？

孟子不同意公孙丑的观点，他回答说：高明的工匠不会因为手艺拙劣的工人而改变或废弃制作的规矩，后羿也不会因为拙劣的射手而变更开弓的标准，由此可见，教有成法、授有成例，是不可随意变更做好事情的准绳的。

孟子接着指出：善于教射箭的人，他只拉满弓，不射出去，却摆出跃跃欲试的样子，以便学的人观摩领悟。他在正确的道路上引导学习的人，是让具有学习能力的人，都能够努力跟得上。

这篇文章表明了孟子的这样一个观点：一切事物都有它的法则或标准。只要教育者能够在正确的道路上引导，学习的人是能从实践中努力达到的。如果人为地降低标准，就会脱离实际。这在今天看来，也还有一些参考价值。

引而不发，跃如也：拉满了弓，却不放箭，摆出跃跃欲试的样子。这里比喻君子教导别人，只教给学习的方法，重在启发引导，让人自己去体会，自己去做。后用以比喻做好准备，相机行事，或比喻善于引导，而不是包办代替。

1927 年 3 月，毛泽东在《湖南农民运动考察报告》一文中说：

> 菩萨是农民立起来的，到了一定时期农民会用他们自己的双手丢开这些菩萨，无需旁人过早地代庖丢菩萨。共产党对于这些东西的宣传政策应当是："引而不发，跃如也。"菩萨要农民自己去丢，烈女祠、节孝坊要农民自己去摧毁，别人代庖是不对的。（《毛泽东选集》第一卷，人民出版社 1991 年第 2 版，第 33 页）

《湖南农民运动考察报告》这篇文献，是毛泽东为了答复当时党内外对于农民革命斗争的责难而写的。

随着北伐战争的胜利，1926 年下半年，湘、鄂、赣三省出现了轰轰烈烈的农民运动。觉醒的农民组织起农协，不断攻击土豪劣绅、不法地主、贪官污吏和旧恶势力等各种封建宗法思想和封建统治制度，引发了深刻的农村社会大革命。然而，如疾风骤雨般迅猛兴起的农民运动，却遭到了国民党右派和封建地主豪绅的诋毁和破坏，甚至在共产党内也受到了部分右倾机会主义者的怀疑和责难。

1927 年年初，毛泽东深入当时全国农民运动的中心湖南，做了三十二天的考察工作，实地考察了湘潭、湘乡、衡山、醴陵、长沙五县的情况。在考察工作中，毛泽东广泛接触和访问当地群众，召集农民及其运动骨干，取得了大量翔实的第一手资料。2 月中旬，毛泽东回到中央农民运动委员会驻地武昌，在这里写出了《湖南农民运动考察报告》这篇重要文献。

在这篇两万多字的报告中，毛泽东根据当时农民运动与地主阶级激烈斗争的现实，客观分析了农村中各阶级的革命态度和社会处境，热烈颂扬了大革命中农民群众为推翻乡村封建统治进行的一切革命斗争和历史功业，无情地批判了党内外责难农民运动的各种谬论，重申了中国革命若想取得成功必须依靠农民阶级的立场。

毛泽东在报告中记述的湖南农民在农会领导下做出了十四件大事。就其基本的精神说来，就其革命意义说来，都是好事。说这些事不好的，只有土豪劣绅吧！

　　毛泽东在谈到推翻城隍土地菩萨的神权时，对农民摧毁代表封建势力的祠堂、菩萨的行为给予了肯定，并借用《孟子·尽心上》第四十一章中"引而不发，跃如也"一语，阐明了共产党的策略。这是一种政治策略，是一种宣传群众、组织群众自觉革命的策略。党对于农民破除迷信和其他不正当的风俗习惯时，不要去发号施令，包办代替，而应该向农民加强宣传，使农民思想觉悟提高后，自己起来进行革命斗争，自己动手去破除迷信。正如毛泽东一再指出："有许多时候，群众在客观上虽然有了某种改革的需要，但在他们的主观上还没有这种觉悟，群众还没有决心，还不愿实行改革，我们就要耐心地等待；直到经过我们的工作，群众的多数有了觉悟，有了决心，自愿实行改革，才去实行这种改革，否则就会脱离群众。"

先亲亲而后仁民爱物

（引用之六十）

据《湖南省立第一师范学校志》记载，杨昌济在 1917 年下半年至 1918 年上半年讲授修身课时，曾以德国哲学家、伦理学家包尔生（1846—1908）的著作《伦理学原理》为教材。

学生毛泽东在听课和阅读该书的过程中做了大量批注，这些批注的内容，有的是提要，有的是表示赞成或否定的态度，而大量的则是结合书中有关论述发挥自己的见解。

在《伦理学原理》第一章《善恶正鹄论与形式论之见解》第六节《略论利己主义》，包尔生写道：

"吾人意识之中，小己之刺激、与社会之刺激，利己之感情、与利他之感情，常杂然而并存。故人者，非能离群而索居者也，必列于全社会之一体，而后可以生存，此生物学界昭著之事实也。生物学界客观之事例，发现于心理学之主观界，而为意志及感情之构造。不观动物乎，其自存之冲动，固已与保存种族之冲动并存矣。"

毛泽东读书至此，感慨良多，写下长批。其中写道：

此事实诚然，然不可言并当言先后。动物固以自存之冲动为先，以保存种族之冲动为后，动物在其幼时无所谓保存种族之冲动也。嗟乎！吾于此有深感焉，即世借利他之名而行其利己之实者之多是也。真者，善也；伪者，恶也，实行利己主义者，念虽小犹真也，借利他之名而行利己之实者，则大伪也。由利己而放开之至于利人类之大己，利生类之大己，利宇宙之大己，系由小真而大真，人类智力进步可得达到也。人己并举则次序不明，易致假利他之名而行利己之实，无由而达到最大之利也。予思吾儒家之说，乃是以利己主义为基础，如"天地之道造端乎夫妇"之言，"先修身而后平天下"，"先亲亲而后仁民爱物"可以见之。(《毛泽东早期文稿》，湖南出版社1995年第2版，第143—144页)

在学生时代的毛泽东看来，儒家学说是以利己主义为基础的。他在上述这段批语中，列举了儒家经典中的三句话，用来说明他的这一观点。其中，"天地之道造端乎夫妇"句，语见《礼记·中庸》；"先修身而后平天下"，语见《大学》。

"先亲亲而后仁民爱物"，语见《孟子·尽心上》第四十五章：

引用卷

> 孟子曰："君子之于物也，爱之而弗仁；于民也，仁之而弗亲。亲亲而仁民，仁民而爱物。"

我们重点分析孟子这句话。

孟子说的大意是：君子对于万物爱护它，但不必以仁德之心对它；对于百姓，施仁给他而不必亲爱他。君子热爱亲人，进而施仁德于百姓；施仁德于百姓，进而爱惜万物。

本章主要讲君子对于爱的三个层次，即"亲亲""仁民""爱物"。孟子认为君子是以仁的思想指导自己的一切行动。做到"亲亲而仁民，仁民而爱物"。对父母要尽孝道的爱心，对民众要仁爱，即以仁爱之心爱护民众，对万物要爱惜。

亲属的关系是亲爱。对于亲属，也有远近亲疏的差别。这是儒家爱有差等的思想。推己及人，推人及物，热爱人的生命，也要爱惜万物的生命。这种仁爱的博大胸怀，表现出儒家一种泛爱思想。泛爱万物，这是生态伦理学的朴素的表述。这也反映了关于人与自然应该和谐的认识，这是儒家传统思想对于保护自然环境的一个理论贡献。

毛泽东
品
《孟子》

春秋无义战

（引用之六十一）

　　"春秋无义战"是一句非常流行的话，它出自《孟子·尽心下》第二章。《孟子·尽心下》第一章是孟子和他的弟子公孙丑讨论梁（魏）惠王发动不仁之战，所以研究孟子的学者一般认为孟子师生议论现实的战争，而引起了对春秋时代战争性质的评论。

　　《孟子》这两章原文是：

　　　　孟子曰："不仁哉梁惠王也！仁者以其所爱，及其所不爱；不仁者以其所不爱，及其所爱。"

　　　　公孙丑问曰："何谓也？"

　　　　（孟子曰：）"梁惠王以土地之故，糜烂其民而战之，大败。将复之，恐不能胜，故驱其所爱子弟以殉之，是谓之以其所不爱，及其所爱也。"

　　　　孟子曰："春秋无义战，彼善于此，则有之矣。征者，上伐下也，敌国不相征也。"

　　《孟子·尽心下》第一、二两章，主要讨论战争的性质问题。

　　孟子认为，梁惠王真是不仁呀！因为，仁者能将仁德推而广之，施于他所不爱的人，而不仁者却把祸害施加给他所喜爱的人。

　　公孙丑不明白孟子的话是什么意思。孟子解释说：梁惠王为了争夺土地，驱使百姓去作战，使他们骨肉糜烂；打败后还准备再战，恐怕不能取胜。驱使他所爱的子弟去送死，这就是把自己不喜爱的东西强加给他所喜欢的人。

孟子据此做出结论："春秋无义战"，其意思是说，整个春秋时代各诸侯国之间发动的战争都是为了争权夺利，没有什么正义可言。

孟子又说，春秋时代没有合乎正义的战争，但有的战争比其他战争稍好一点，倒是有的。征的意思，是居上者讨伐居下者，同等级别的诸侯国谈不上互相征讨。

梁惠王即魏惠王，公元前369年至前319年在位五十年。他"糜烂其民而战之，大败"的战例，本书《施仁政于民》一篇已经列举：魏国在魏（梁）惠王晚期，受到齐、秦、楚三个大国的攻击侵掠，国力损失很大：

公元前341年马陵之役。当时魏军以庞涓和太子申为统帅，齐军以田忌为大将，孙膑为军师，魏伐邯郸，齐围魏救赵，两军战于马陵，魏大败，庞涓自杀，太子申被虏杀。

公元前340年，秦屡击败魏军，迫使魏国多次割地，献出河西郡一部分地区。

公元前323年，楚国与魏国在襄陵交战，魏军被楚将昭阳所败，八邑沦亡。

孟子是公元前320年离齐到魏，与魏惠王讨论魏国现实政治军事得失成败问题。

春秋时代一般指孔子修《春秋》所涵盖的历史时期，约从公元前770至前476年。孟子说"春秋无义战"，应为"《春秋》无义战"。即孔子所修《春秋》一书之中所记载的战争没有"义战"。孟子对春秋近三百年（一说242年）间所发生的四百八十余次诸侯兼并战争，特别以春秋五霸为代表的战争，均评价为"不义之战"。这是孟子在评论几百年前到一百多年前历史上战争的性质。春秋时代的战争主要是齐桓公、晋文公、楚庄王等发动的争霸兼并战争。

孟子之所以认为"春秋无义战"，是因为儒家倡导"礼乐征伐自天子出"，而春秋时代的战争不是自天子出的"征伐"，而是列国之间为了争霸而进行的兼并战争，有违先王之法；同时，儒家主张以仁政治天下，而春秋时代诸侯间的争霸兼并战争，却给人们带来了巨大的灾难。孟子曰："天子讨而不伐，诸侯伐而不讨。五霸者，搂诸侯以伐诸侯者也，故曰，五霸者，三王之罪人也。"（《孟子·告子下》）在孟子看来，周王室征伐诸侯是正义的，而诸侯国之间凡战皆不义。显然，孟子判断战争义与不义的标准，在于是否符合封建君臣关系的礼义。春秋时是奴隶制崩溃之际,"礼崩乐坏",打破了过去"礼乐征伐自天子出"的天经地义,而今周室既卑,征伐不出乎天子,皆出自诸侯,置上下尊卑于不顾,彼此争霸兼并,当然便无义战可言。

尽管如此,孟子对这些违反礼制的不义之战也还是有所区别的。他也承认其中有的战争还是值得肯定的,是"仁战",就是正义的战争,即所谓"彼善于此,则有之矣"。如齐桓公的"九合诸侯,不以兵车",恢复败亡的卫国等,这样拯救别国人民于水火之中的战争,就是符合仁义的军事行动,属于正义之战,即"仁战"。

另一方面,我们以今天的眼光看:孟子这种"尊王崇周"的正统立场,不可能对春秋时代战事做出全面科学评价。他看到了战争给人民带来灾难的一面,这是好的,却看不到战争推动社会进步的一面,这是其局限性。按春秋五霸之战,齐拓地于东,灭国三十;晋拓地于北,灭国二十;秦拓地于西,灭国十;楚拓地于南,灭国二十六。战争不可避免要兼并土地,抢夺人口,增加赋役的灾难,但春秋时代是中国古代社会深刻变革的时代。战争打破奴隶制的"田里不鬻",旧时的工商食官演变成百工居肆,"礼乐征伐自天子出"递变为"自诸侯出""自大夫出",甚至"陪臣执国命"。通过这场暴风雨的洗礼,社会的旗帜上才第一次写上"庶人工商遂,人臣圉隶免"的解放口号,一百多个诸侯国兼并为十二个诸侯国,为中国走向封建大统一创造了前提。

当然,孟子这样评价春秋时代的战争性质,直接目的在于批评魏惠王的"无义战"。

不管怎么说,两千多年前的孟子,能够认识到春秋时代诸侯大国霸主进行的争权夺利的战争的非正义性质,是很难得的。

毛泽东于 1935 年 12 月 27 日在《论反对日本帝国主义的策略》一文中引用了"春秋无义战"一语:

> 古人说"春秋无义战",于今帝国主义则更加无义战,只有被压迫民族和被压迫阶级有义战。全世界一切由人民起来反对压迫者的战争,都是义战。(《毛泽东选集》第一卷,人民出版社 1991 年第 2 版,第 161 页)

这一天,毛泽东在陕北瓦窑堡党的活动分子会议上做《论反对日本帝国主义的策略》的报告，进一步阐明了刚刚召开的中央政治局瓦窑堡会议关于建立抗日民族统一战线的精神。

毛泽东在报告中指出，在日本帝国主义要变中国为它的殖民地的新形势下，国内各阶级之间的相互关系发生了变化。不仅工人、农民和城市小资产阶级是抗日的基本力量，而且民族资产阶级也有参加抗日斗争的可能性。即使地主买办阶级营垒，也可能发生分化。国民党营垒中，在民族危机到了严重关头的时候，是要发生破裂的。这些都有利于建立抗日民族统一战线。报告强调党的基本策略任务，就是反对狭隘的关门主义，建立广泛的民族革命统一战线。"我们要把敌人营垒中间的一切争斗、缺口、矛盾，统统收集起来，作为反对当前主要敌人之用。"

当时，国际条件也非常有利于中国共产党实现政治路线的转变。1935年，苏联东西双方受到日本和德国的威胁，日本又进一步进攻华北，扩大侵略范围，在这一新的势头下，共产国际于七月底在莫斯科召开第七次代表大会。会议提出了建立工人阶级反法西斯统一战线，以及各民主阶级反法西斯人民阵线的新策略。

毛泽东在报告中不仅分析了建立抗日民族统一战线的有利条件，也指出了它的必要性。组织千千万万的民众，调动浩浩荡荡的革命军，是今天的革命向反革命进攻的需要。只有这样的力量，才能把日本帝国主义和汉奸卖国贼打垮，这是有目共见的真理。只有统一战线的策略才是马克思列宁主义的策略。

为此，毛泽东在《论反对日本帝国主义的策略》这篇文章中，还专门论述了国际援助这一问题。他从中国革命和世界革命的相互关系出发，分析了争取国际援助的重要性和可能性。他认为，自从帝国主义出现以后，世界上的反帝反侵略的力量就联合起来了，分也分不开了。因此，中国的革命应在自力更生的基础上有同敌人血战到底的决心，但这并不是不要国际援助。在世界人民携手反对帝国主义和法西斯主义的时候，国际援助对于现代一切国家一切民族的革命斗争都是必要的。

毛泽东在报告中引用《孟子》"春秋无义战"这一古语，说明帝国主义的侵略战争和春秋时代的战争一样，都是非正义的，而且帝国主义战争"更加无义战"。只有被压迫民族反对外来侵略和被压迫阶级起来革命的战争才是正义的。他特别强调：在目前的全中国抗日高潮和全世界反法西斯高潮中，"义战将遍于全中国、全世界"。"凡义战都是互相援助的，凡非义战都是应该使之转变成为义战的，这就是列宁主义的路线。"因为凡义战都是

"休戚相关"的，"自从帝国主义这个怪物出世之后，世界的事情就联成一气了，要想割开也不可能了"（《毛泽东选集》第一卷，人民出版社 1991 年第 2 版，第 161 页）。从而得出结论：我们的抗日战争需要国际人民的援助，首先是苏联人民的援助，他们也一定会援助我们，因为我们和他们是休戚相关的。

这里，毛泽东阐明了帝国主义战争的非正义性质，阐明了中国的抗日战争是世界反法西斯战争的一个组成部分，阐明了抗日战争的胜利离不开国际援助的支持。这为建立反法西斯统一战线提供了理论依据。

尽信《书》则不如无《书》

（引用之六十二）

"尽信《书》，则不如无《书》"一语，出自《孟子·尽心下》第三章：

> 孟子曰："尽信《书》，则不如无《书》。吾于《武成》，取二三策而已矣。仁人无敌于天下，以至仁伐至不仁，而何其血之流杵也？"

《书》即《尚书》。儒家经典"六经"的提法出现后，《书》又称《书经》。《武成》是《尚书》中的篇名，主要叙述周武王伐纣之事。孟子对《尚书·武成》篇中记载的周武王伐纣血流成河，以致将杵（捶衣或舂米用的圆木棒）都漂浮起来的事情持怀疑态度，其理由就是周武王是仁义之君，他讨伐暴君纣王是正义之战，断然不会出现如此血腥的场面。

所以，孟子说："尽信《书》，则不如无《书》。吾于《武成》，取二三策而已矣。"意思是说，完全相信《尚书》，那不如没有《尚书》。我对于《尚书》中的《武成》篇，所取的不过两三页而已。

孟子这番经验之谈，自有他的道理。孟子从他的王道仁政思想出发，认为"以至仁伐至不仁"的王者之师，可以"传檄而定天下"，"不战而屈人之兵"。因此，他不相信《武成》篇所记载的周武王讨伐商纣王，在牧野会战时"血之流杵"的记载。

这说明在历史记载和理论推导之间，孟子是重后者的。孟子的疑古精神可嘉，但难免有武断之嫌。孟子对《武成》篇的看法，其理由正确与否姑且不论。但他这种读书存疑的治学方法却是值得后人学习的。

孟子提出的"尽信《书》则不如无《书》"这一读《书》原则非常重要，不但对人们研究《尚书》有所启发，而且具有普遍指导意义。孟子反对死读书。他认为不能迷信书本，不能认为凡是经书上说的就可信，而应该对书上讲的进行具体的分析和考证。

"尽信《书》则不如无《书》"，已成为教育人们读书时不要盲目迷信书本，应该加以分析，学会辩证地看问题的名言。

这是《书经》夸张的说法

1958 年 11 月 10 日，毛泽东在《关于社会主义商品生产问题》一文中说：

> 商品生产从古就有，商朝的"商"字，就是表示当时已经有了商品生产的意思。把纣王、秦始皇、曹操看作坏人是完全错误的。纣王是个很有本事能文能武的人。纣王伐徐州之夷，打了胜仗，只是损失太大，俘虏太多，消化不了，以致亡了国。说什么"血流漂杵"，纣王残暴极了，这是《书经》中夸张的说法。所以孟子说："尽信《书》，则不如无《书》。"（《毛泽东文集》第七卷，人民出版社 1999 年版，第 439 页）

1958 年，在"大跃进"和人民公社化运动中，在一定区域、一部分经济工作者中出现了要求废除商品生产的"左"倾思潮。有的人急于要宣布人民公社为全民所有制，废除商业，实行调拨；有的人主张人民公社搞自然经济，不要进行商品生产。

毛泽东对于部分干部和群众高涨的社会主义热情表示理解和支持，但同时认为，对于中国立即进入共产主义，并且废除商品生产和商品交换，则感到理论上还有未解决的问题。针对当时我国国内在商品生产问题上所面临的混乱思想，感到有必要在理论上予以澄清。

这时，毛泽东着手抓了两方面的事情：一方面亲自深入实地调查研究，还指派陈伯达、吴冷西等人分头调查，获取第一手资料，针对问题召开一系列会议；另一方面号召读理论著作，主要有斯大林的《苏联社会主义经济问题》和《马恩列斯论共产主义社会》，以及苏联《政治经济学教科书（第三版）》的社会主义部分，力求解决这一难题。

为了纠正"左"倾思潮，1958 年 11 月 2 日至 10 日，毛泽东在郑州主持召开由部分中央领导同志、大区负责人和省市委书记参加的中央工作会议，即"第一次郑州会议"。毛泽东运用所学的理论知识，结合实际多次深入探讨了商品经济问题。在第一次郑州会议上做了这个讲话，他指出："我国是商品生产很不发达的国家，比印度、巴西还落后"，所以"需要一个发展商品生产的阶段"。现在要利用商品生产、商品交换和价值法则，作为有用的工具，为社会主义服务。

针对部分干部和群众幻想消灭商品经济直接进入共产主义社会的错误思想，毛泽东在讲话中给予驳斥，他说：我国人民公社，不但种子，还有肥料、产品，所有权在农民。国家不给它东西，不进行等价交换，它的产品也不会给你。这一段时期内，只有经过商品生产、商品交换，才能引导农民发展生产，进入全民所有制。毛泽东还说："我们有了人民公社，商品生产、商品交换更要发展，要有计划地大大发展社会主义的商品生产。""……我们建国才九年就急着不要商品，这是不现实的。"

毛泽东严肃地指出，这些人没有区分社会主义商品生产和资本主义商品生产的本质差别，他们的主张是错误的，是违背客观规律的。他批评道："我们有些人一提商品生产就发愁，觉得这是资本主义的东西，没有分清社会主义商品生产和资本主义商品生产的区别，不懂得在社会主义条件下利用商品生产的作用的重要性。这是不承认客观法则的表现。"

接下来毛泽东重点阐释了"如何区分社会主义商品生产和资本主义商品生产"这一困扰很多人的难题。他否定了当时在一定人群中流行的"商品生产是资本主义特有的东西"的错误观点。毛泽东指出："商品生产不能与资本主义混为一谈。""商品生产，要看它是同什么经济制度相联系，同资本主义制度相联系就是资本主义的商品生产，同社会主义制度相联系就是社会主义的商品生产。"并论证了商品生产自商朝时即有的事实。

毛泽东关于商品生产和商品交换的正确论述，基本澄清了在商品生产问题上所存在的混乱思想，给当时广泛存在的过于高涨、缺乏理性的社会主义建设认识论降了温、减了速，在纠正要求废除商品生产的"左"倾思潮过程中起到了重要的积极作用。

为了让大家破除迷信，解放思想，毛泽东在讲话中引用了"尽信《书》则不如无《书》"这句名言，鼓励大家要敢于对现存问题产生怀疑，不要迷信书本，要独立思考，不要盲目迷信表面现象和人云亦云的观点。

连孟夫子也为他抱不平

就在"第一次郑州会议"十天以后，毛泽东再次提到"尽信《书》，则不如无《书》"。

1958年11月20日上午，毛泽东召集柯庆施、李井泉、王任重和陶鲁笳四人到他在武汉东湖畔的住所开座谈会。

在十天之前的"第一次郑州会议"上，毛泽东说："把商纣王、秦始皇、曹操看作坏人是错误的。"

在11月20日这次座谈会上，毛泽东详细地谈了自己对这三位历史人物的评价。在谈到商纣王时，毛泽东说：

> 史书上把纣王描写得像一个青面獠牙、十恶不赦的坏人。太过分了。连孟夫子也为他抱不平地说"尽信书，则不如无书"，"桀纣之恶未有如此之甚也，是以君子恶居下流，天下之恶均归焉"。纣王宠妲己、剖比干心，这两件坏事，使他得到了一个大暴君的恶名，于是天下之恶就都归到纣王头上了。似乎他什么好事都没有做。其实纣王这个人聪明善辩，能武能文。他打起仗来是很有英雄气概的。商朝晚期，江淮之间的夷人强盛起来，威胁商朝，纣王的父辈曾几次对东夷用兵，得了些胜利，但没有打退东夷向商朝的扩张和侵犯。纣王当政后亲率大军东征夷人。打了一场空前的大胜仗，俘虏了"亿兆夷人"，由此打退了东夷的扩张，保卫了商朝在东南方的安全。而且纣王尚武重文，他对东南的经营，使中原文化逐渐发展到了东南，这对我国历史是有贡献的。

毛泽东又说：

> 商朝就是做生意的意思，它标志着商朝已开始有了商品交易，到纣王时已成为当时最富强的、文化最高的奴隶制国家。（陶鲁笳：《毛主席教我们当省委书记》，中央文献出版社1996年版，第103页）

孟子读《尚书》中的《武成》篇，只取其中的两三简。原因是孟子不相信《武成》中武王伐纣的记载：对周武王的功绩有不实之处，把他写得那么仁义；对商纣王的罪恶夸大其词，把他写得那么坏。

毛泽东在评价纣王时，想到了孟子，见解独到地指出，孟子也为商纣王抱不平。

抱不平，本意指看见别人受到不公平的待遇，产生强烈的愤慨情绪。毛泽东在评价纣王的同时，也对孟子做了肯定：孟夫子抱不平。这说明孟子不迷信史书，不畏权贵，敢于坚持原则，敢于说真话，说公道话。从《孟子》一书"尽信书，则不如无书"的议论中，可以看出孟子这种敢于抱不平的性格。

毛泽东还引用了《论语》中孔子学生子贡的话："纣之不善，不如是之甚也。是以君子恶居下流，天下之恶皆归焉。"（《论语·子张》篇）子贡的话大意是："商纣王的不善，不像书传上说的那么严重。所以君子憎恨处于下游，如果处于下游，天下的一切坏事都会加在你的头上。"在子贡看来，殷纣王虽然"不善"，但不像传说的那么严重，是后人把一切坏事都强加在了他的头上。子贡这样评价商纣王，体现了一种是其所是、非其所非与实事求是的历史观。他在两千年前能够力排众议，不囿于成见，纠正偏见，实在难能可贵。

毛泽东以孟子不信《武成》篇的记载为切入点，展开了对商纣王的全面评价。他不否定纣王干了"宠妲己、剖比干心"这两件坏事，但是认为纣王"聪明善辩，能武能文"，对东方的开发、文化的发展和中国的统一是有贡献的。

看完一本书总要提出自己的看法

"尽信《书》则不如无《书》"这句话，演化成"尽信书，则不如无书"。《书》的含义已不再是《尚书》或《书经》，而是指"书"这一概念，指所有的书籍。这样，孟子这句名言也就成为教育人们读书时不要盲目迷信书本，应该加以分析，有取有舍，有吸纳有剔除，学会辩证地看待读书的一种科学态度和方法。

这种情况下，它显然具有了思想方法、学习方法、读书方法方面的更广泛的意义和价值。

龚育之、逄先知、石仲泉所著的《毛泽东的读书生活》一书，内有《"尽信书，则不如无书"》一节，这样写道：

毛泽东常引用孟子的一句话："尽信书，则不如无书。"这里说的书，是指《书经》。毛泽东把它推而广之，及于其他，就是说，不要迷信书本，读书不要盲从，要独立思考。他要求身边同他一起读书的同志，在看完一本书或者一篇文章之后，总要提出自己的看法和理解。毛泽东在他写的大量读书批语中，提出了很多新颖的见解，做出自己的评价，有些见解和评价是相当精辟的。毛泽东认为，读书既要有大胆怀疑和寻根究底的勇气和意志，又要保护一切正确的东西，同做其他的事情一样，既要勇敢，也要谨慎。他不仅对待中国古书是这样，对待马克思主义的著作也是这样。毛泽东对斯大林的《苏联社会主义经济问题》一书评价是比较好的，但他在建议各级干部学习这本书的时候，强调要加以分析：哪些是正确的，哪些说得不正确或者不大正确，哪些是作者自己也不甚清楚的。毛泽东在阅读苏联《政治经济学(教科书)》时，发表了大量评论性的意见，提出自己的许多观点，但他自己认为，这还只是跟着书走，了解他们的写法和观点。他认为，应当以问题和论点为中心，收集一些材料，看看他们的论文，知道争论双方的意见或者更多方面的意见，做进一步的研究。他说，问题要弄清楚，至少要了解两方面的意见。（龚育之、逢先知、石仲泉：《毛泽东的读书生活》，三联书店1986年版第13—14页）

这段话，把毛泽东视孟子"尽信书则不如无书"为一种科学的读书态度和方法的思考和实践，都有理有据地展示出来。毛泽东自己读书，和别人一起读书，读中国的古籍，读马列著作，等等，都曾经这样做过，也都获益匪浅。

读书时，切莫忘记：尽信书则不如无书！

民贵君轻

（引用之六十三）

孟子"民贵君轻"的思想，是孟子政治哲学中最可宝贵的部分。有的学者认为这是封建时期的民权思想，有的学者认为这是封建时期的民主思想。这个思想记载在《孟子·尽心下》第十四章：

> 孟子曰："民为贵，社稷次之，君为轻。是故得乎丘民而为天子，得乎天子为诸侯，得乎诸侯为大夫。诸侯危社稷，则变置。牺牲既成，粢盛既洁，祭祀以时，然而旱干水溢，则变置社稷。"

社稷，土神和谷神。古代建国时立社稷坛，按时祭祀。社稷也代表国家。

"民为贵，社稷次之，君为轻。"是说人民最高贵，国家是其次，国君排在最后。这就是著名的"民贵君轻"思想。按等级地位来说，君位是最尊贵的，臣民地位是卑下的。可是，为什么说民比君还高贵呢？孟子做了这样的比较：一个人得到天子的赏识，可以当诸侯，得到诸侯的赏识，可以当大夫，只有得到人民的拥护，才能够当天子。这里看到了人民的作用，把它提到最重要的地位。用后来的史事做注解，就更容易理解。例如，李斯本事很大，受到秦始皇的赏识，当了丞相，本事再大，也当不了天子。刘邦没有得到秦始皇的赏识，当不了丞相，却由于受到人民的拥护，当上了天子。

孟子又从反面论述这一思想：反之，失去了人民，连国家都不存在了，更用不着说君主。所以，如果诸侯危害了国家，就要以国家为重，废黜他另立君主。如果国家不能保证人民的利益，那就以人民为重，废掉国家。总之，政权可以更迭，君主可以易人。这一切都得取决于人民的态度。这是一种典型的"民为主"论。

由此可见，民为国本，民众是最重要的。因此，得到人民，也就得到天下，失去人民，也就失去天下。怎么才能得到人民的拥护呢？ 就是要得民心。所谓"得民心者得天下"。民心的向背是关键，它决定天下大势。

孟子认为民是治国平天下的根本。这种重民思想，早在春秋时代，有些进步的思想家已经提出来了。《尚书·五子之歌》中就有"民为邦本，本固邦宁"的说法。古人对远古时代，特别是尧、舜、禹禅让制度很赞赏。自周以来，随着社会生产和阶级斗争的发展，民众的力量充分显示出来了。反对君本、神本的思想逐渐强烈起来，天帝主宰一切的观念被冲击，重民思想进一步抬头了。在先秦诸子的思想中，尤其是孔子、墨子、老子和庄子的思想中更为突出些。墨子主张"兼爱""非攻"。老子的重民思想，表现在使百姓过着"小国寡民"的安居乐业生活。庄子则提倡个人自由，追求个性解放。所以孟子民本思想的历史根源，是源远流长的。

孟子继承了上述的重民思想，并有极大的发展。孟子重民思想的特点，是从君民关系上大胆地论述了民为国本的激进思想。

孟子的这种"民贵君轻"思想就是肯定了人民是历史发展的决定性因素，孟子认为得到人民真心拥护的人才能统治天下。谁能得天下，民心是决定因素，也可以说是民心主宰天下，主宰历史，或者叫民心决定论、民心史观。民心史观虽然不是唯物史观，其合理性、进步性，却是非常明显的，与唯物史观在重视人民大众方面则是一脉相承的。

孟子说：民为贵

莫理士·武道是在陪都重庆国民政府情报部工作的美国雇员。1944 年，以《巴尔的摩太阳报》记者身份来到延安采访。

7 月 18 日，毛泽东在延安他的窑洞里接受了莫理士·武道的采访。

毛泽东向武道谈了文化继承问题、民主政治问题，还对国民党的政策进行了尖锐批评。

关于民主政治问题，毛泽东向武道说：

我们批判地接收中国长期的传统——继承那些好的传统，而扬弃那些坏的传统。在政治科学方面，我们从国外学到民主政治。但是，中国历史上也有它自己的民主传统。共和一词，就来源于三千年前的周朝。孟子说："民为贵，社稷次之，君为轻。"中国农民富有民主传统。千百次大大小小的农民战争有着民主的含义。历史上的一个例子，在著名的小说《水浒传》中就有所描绘。在接受和评价中国历史和外国条件时，采用适当形式极为重要，不可盲从。政府代表制的三三制适合中国目前的实际条件。（黄丽镛：《毛泽东读古书实录》，上海人民出版社 1994 年版，第 156 页；蒋建农、王宏斌：《毛泽东外交生涯第一步》，吉林人民出版社 1999 年版，第 223 页）

　　1943 年年底，二战局势已经明朗化。在亚洲，美军在太平洋的岛屿上屡屡重创日军，但国民党军队仍然节节败退。美国曾设想在亚洲开辟第二战场，在中国沿海登陆。但国民党军队早已偏居西南一隅，如果想登陆，能接应它的只有在沿海敌占区坚持抗战的八路军和新四军。于是，美英在中国把目光转向共产党和八路军、新四军。1944 年，中外记者团和美军观察组先后造访延安。

　　中外记者团共二十一人。其中外国记者六人、中国记者九人、国民党宣传部四人，另有二名官方领队。六名外国记者中包括路透社、多兰多《明星》周刊记者及《巴尔的摩太阳报》记者武道。

　　这些西方记者的政治倾向很不一样。爱泼斯坦和斯坦因是中国人民的真诚朋友，福尔曼是个对政治不感兴趣但很严肃的记者，武道与国民党有密切的关系，神甫夏南汗则对共产主义抱有敌视态度。但是，他们都受到了毛泽东一视同仁的欢迎。

　　6 月 9 日中午十二时，中外记者团抵达延安，受到热烈欢迎。当晚举行晚会，为记者团洗尘。

　　中外记者参观团在延安期间，毛泽东分别接见他们并谈了话。

　　1944 年 7 月 18 日，毛泽东在他的窑洞里接受了武道的采访。他向武道谈了文化继承问题、民主政治问题等。毛泽东在讲到抗战时期的民主政治时，联系到中国历史上的民主传统。

　　毛泽东讲到周朝的"共和"行政，讲到《水浒传》描绘的农民战争，还引用了孟子"民为贵，社稷次之，君为轻"这句名言。孟子的"民贵君轻"

思想，可说是封建地主阶级的民主传统。孟子是民本思想的积极鼓吹者，他认为国民最重要，国民为国家之本，只能得到，不可失去；与民相比，国君处于从属和次要地位。"民贵君轻"是先秦儒家民本思想的集中概括，是对封建专制极权思想的一种反叛，反映了上升时期地主阶级的社会进步思想，对后世民主思想的发展产生了重大积极的影响。

最后，毛泽东讲到"政府代表制的三三制适合中国目前的实际条件"。抗日战争时期，共产党所领导的各个根据地所实行的"三三制"（即在抗日民主政权人员构成中，中共党员、非党左派进步分子和中间派人士各占三分之一）政府代表制，则是适合抗日救国"实际条件"的政治民主制度，它是中国历史上民主传统合乎逻辑发展延伸的产物。

毛泽东讲这番话，是为了充分说明民主政治实行的历史必然性和现实必要性，借以批评国民党蒋介石的独裁统治。实行民主政治，关系到抗日战争能否取得最后胜利。毛泽东很看重这个问题。他在回答中外记者团提问中，重点谈了中国的民主与统一问题。他说解决中国问题的根本出路在于实行民主制度，不仅政治上需要言论、出版、集会与结社的自由，而且要求在军事上、经济上、文化上的民主。这是要求共产党及其他政党的合法地位。

孟子的民贵君轻

1958 年 8 月，毛泽东在审阅中共中央文教小组组长、中央宣传部部长陆定一的《教育必须与生产劳动相结合》一文时，加写了一段文字。后来加以整理，收入《毛泽东文集》时为《关于中国历史上的民主文学》。毛泽东写道：

> 中国教育史有人民性的一面。孔子的有教无类，孟子的民贵君轻，荀子的人定胜天……诸人情况不同，许多人并无教育专著，然而上举那些，不能不影响对人民的教育，谈中国教育史，应当提到他们。但是就教育史的主要侧面说来，几千年来的教育，确是剥削阶级手中的工具，而社会主义教育乃是工人阶级手中的工具。（《毛泽东文集》第七卷，人民出版社 1999 年版，第 398 页）

陆定一的这篇文章后来发表在 1958 年 9 月 1 日出版的《红旗》杂志第

七期上。

毛泽东在加写的这段话中还特别提到"孟子的民贵君轻"。孟子继承和发展了西周以来特别是孔子的民本思想，他提出的"民贵君轻""仁政"等方面的论述，在战国时代使封建民主思想达到了一个较高的层次，对我国历代王朝的施政纲领有很大影响。

毛泽东很欣赏孟子这一民本思想。把"民贵君轻"观点与孔子的"有教无类"、荀子的"人定胜天"思想相提并论，提到"人民性"的高度加以肯定，认为直接影响到对人民的教育，"谈中国教育史，应当提到他们"。这是毛泽东对孟子民本思想的较高评价。

以其昭昭，使人昭昭

（引用之六十四）

孔从洲将军是李敏的公公，毛泽东的亲家。

1962 年 2 月 5 日，孔从洲又在中南海会见了亲家毛泽东。自从上次在毛泽东家里做客，一晃已经过去了三年。

这时，孔从洲离开沈阳高级炮兵学校，转到南京炮兵工程学院任院长。

毛泽东以提问的方式详细了解了炮兵工程学院的情况。然后说："你们的学院学制几年？有多少学生？分几个部？"

孔从洲一一做了回答。毛泽东又问：

> 师资力量怎样？办学校第一是选教员，有了好教员，才能教好学生。过去有句话叫"师高弟子强"。没有教员能以己之昏昏，使得学生昭昭。（李智舜：《毛泽东与开国中将》，中共中央党校出版社 1997 年版，第 50 页）

孔从洲回答说："学院的师资力量基本上能满足教学的要求。教员中一部分是老军工、老教授，他们都有较丰富的教学经验，一部分是我们自己培养出来的教员。"

"以己之昏昏，使得学生昭昭"，是毛泽东改引活用《孟子·尽心下》第二十章的话：

> 孟子曰："贤者以其昭昭，使人昭昭；今以其昏昏，使人昭昭。"

昭昭，明白的意思。这段话意思是，贤能的人首先使自己彻底弄明白了，然后教别人明白；现在的人，自己还稀里糊涂，却想教别人彻底明白。

一年夏天，学生们都到树荫下乘凉聊天，孟子却一个人在屋里伏案翻阅竹简。弟子公孙丑摇着扇子走进屋里，关心地对孟子说："老师在忙什么呢？大热天，瞧您满头大汗，快到外面凉快吧！"

孟子放下手里的竹简，非常认真地对公孙丑说："明天我要给你们上课，讲新的课题，我必须先准备一下，这就是我常对你们说的，教导别人，必须先使自己彻底明白了，才能使别人明白；如果自己还模模糊糊，怎么能使别人明白呢！"

孟子所说的"贤者以其昭昭，使人昭昭，今以其昏昏，使人昭昭"这话是很有见地的。他懂得教育者必须先学习一步，先受教育的道理，所以他十分强调贤人必须先正其身，以其昭昭，使人昭昭。

孟子生活的战国时代，私人办学进一步兴盛，孟子和荀子都开业授徒。孟子的教学内容继承了孔子的"六经"。孟子收徒讲学，先后有几百人，得意的门生有七人，即乐正子、万章、公孙丑、公都子、屋庐子、陈臻和充虞。其中最受孟子赏识的是乐正子。

作为一位伟大的思想家和教育家，孟子在一生的教学实践活动中，积累了一套很有价值的教学方法和教学经验。"贤者以其昭昭，使人昭昭；今以其昏昏，使人昭昭"便是其中之一。

毛泽东十分注重教育工作。亲家孔从洲将军来家里做客，毛泽东不失时机地详细了解炮兵工程学院的情况。他认为炮兵工程学院的宗旨应当是培养具有现代化知识的炮兵科技人才。因为科学技术天天在进步，这一点很重要。因此，毛泽东非常关心学院的师资力量。他活用孟子的话强调："没有教员能以己之昏昏，使得学生昭昭。"在毛泽东看来，学校办得如何，能否教出好学生，师资力量十分关键。"有了好教员，才能教好学生。"没有听说教师自己还稀里糊涂，却能教学生彻底明白的。

孔从洲将军明白，要办好学校，必须拥有一支相当数量的高水平的教师队伍。但组建炮兵工程学院，最大的难题就是师资队伍的建设问题。组建时期能够胜任教学工作的不过二百来名教师，其中高级讲师以上的教师仅十三名，而教授只有两名。为了解决基础课教师队伍，学院领导采取了几个办法：一是从哈军工争取到了十九名基础课教师；二是从专业教师和水平较高的实验员中抽调七十名教师承担基础课教学任务；三是获得教育部支持，将其所属三十六所重点高校的优秀毕业生支援给炮工。就这样，仅仅一年时间，炮工就拥有了一支五百九十六人的师资队伍，已经可以保证教学工作正常开展了。所以，孔从洲在回答毛泽东时说："学院的师资力量基本上能满足教学的要求。"

毛泽东与孔从洲此次谈话，以孟子的"昏昏诏诏"之论为媒介，重点讨论如何抓好学院的建设和教学工作，尤其是配强师资力量。这有利于培养具有现代化知识的炮兵科技人才，加速军队干部的知识化、专业化，提高军队战斗力。

作为教育者，"以其昭昭，使人昭昭"应该是永恒的信条。

毛泽东有时也将这条教育原则的使用范围扩而大之，应用到其他方面。

1964 年，当时任农业机械部 (1965 年 1 月改为第八机械工业部) 部长的陈正人，正在洛阳拖拉机厂搞"社教"蹲点。

12 月 4 日，陈正人就蹲点情况，给他的直接领导薄一波写了一封信，薄一波读后有批注，并报送毛泽东批阅。

陈正人信中有这样一段话：

"目前我所注意的问题，主要放在社教运动方面。有关企业管理方面的问题，准备放到后一步来研究。因此，这次送上的报告，只讲到运动有关的一些情况。这封信，我也只说到到厂后若干感想。如有新情况和新问题，再给你写信报告。(只有把社教搞彻底了，才能搞好管理。这样抓是对的。——薄一波注)"

毛泽东读信至此，写下批注：

> 管理也是社教。如果管理人员不到车间、小组搞"三同"，拜老师学一门至几门手艺，那就一辈子会同工人阶级处于尖锐的阶级斗争状态中，最后必然要被工人阶级把他们当作资产阶级打倒。不学会技术，长期当外行，管理也搞不好。以其昏昏，使人昭昭，是不行的。——毛注 (《建国以来毛泽东文稿》第十一册，中央文献出版社 1996 年版，第 266 页)

毛泽东这个批语，是有感而发，是在与陈正人、薄一波讨论社教运动、企业管理和学技术当内行三者的关系。

陈正人、薄一波的意见是先抓社教后抓管理，毛泽东的意见是"管理也是社教"。而且，做好管理工作，管理人员要学技术、当内行。毛泽东这样讲，是有历史原因和现实针对性的。那时，虽然进入和平建设时期已有十八年了，但是企业大部分管理人员还是工农出身的占多数，文化程度低，专业知识差，不少企业还是"外行"领导"内行"。这种状况不改变，将制约工业企业的发展。所以，毛泽东要求管理人员到车间去向内行的老师们学习"一门至几门手艺"。

如何解决管理人员要内行这个问题？毛泽东引用孟子的名言来说明事理："不学会技术，长期当外行，管理也搞不好。以其昏昏，使人昭昭，是不行的。"像教师教学生一样，管理人员只有"以其昭昭，使人昭昭"，才能提升管理水平，达到新的境界。这应该是管理学的一条普遍规律。

孟子的"以其昭昭，使人昭昭"是至理名言，毛泽东将其应用到学校教育与企业管理方面，也可以应用到更宽阔更广大的生活领域。

切勿跟那些罪犯们同流合污

（引用之六十五）

"同流合污"这个典故，出自《孟子·尽心下》第三十七章：

> 万子曰："一乡皆称原人焉，无所往而不为原人，孔子以为德
> 之贼，何哉？"
>
> （孟子）曰："非之无举也，刺之无刺也。同乎流俗，合乎污世。
> 居之似忠信，行之似廉洁，众皆悦之，自以为是，而不可与入尧、
> 舜之道，故曰'德之贼'也。"

有一次，孟子同他的弟子万章谈起：孔子很厌恶那些八面玲珑、奉承讨好的人。这种人虽然在乡里被称作好人，但实际上是言行不符、伪善欺世的伪君子，是道德的破坏分子。万章问道：既然全乡的人们都称他们是好人，他们自己也处处表现出是个老好人，为什么孔子却要说他们危害道德呢？

孟子回答说："这种人，要说他不好，又找不出什么过错；要责备他，又没什么可责备的地方。他们只是和颓靡的习俗、污浊的社会同流合污。看起来好像忠厚老实，行为也似乎方正廉洁，大家都喜欢他，他也自我感觉良好，但是走的不是尧舜之道，所以说他们是危害道德的人。"

这里所记述孔子、孟子反对做老好人的故事，意义十分畅晓，在今天，仍然有它的价值。在孟子看来这种人"同乎流俗，合乎污世"，对世俗的不合理现象只会附和，看似好人，实际根本不能起好的作用。

本章"同乎流俗，合乎污世"一语，被凝练为成语"同流合污"而长

期使用着，意思是指随着坏人一起做坏事。

1947 年 10 月 10 日，毛泽东在《中国人民解放军宣言》中严厉指出：

> 本军警告一切蒋军官兵、蒋政府官员、蒋党党员，凡是尚未沾染无辜人民鲜血的人们，切勿跟那些罪犯们同流合污。凡是已经做过坏事的人们，赶快停止作恶，悔过自新，脱离蒋介石，准其将功赎罪。(《毛泽东选集》第四卷，人民出版社 1991 年第 2 版，第 1238 页)

《中国人民解放军宣言》，是中国人民解放军总部向全国人民和国民党军政界宣布的中国共产党的政策性文告，亦称《双十宣言》，由毛泽东起草，朱德、彭德怀署名。刊于当日《人民日报》，后收入《毛泽东选集》。

1947 年 7 月，全国解放战争进入第二年度，中国人民解放军主力转入外线作战，由战略防御转入战略进攻，将战争引向国民党统治区域，在外线大量歼敌。为了动员全党、全军和全国人民加倍努力夺取解放战争的全面胜利，毛泽东在这篇《宣言》里，分析了当时的国内政治形势，提出了"打倒蒋介石，解放全中国"的口号，重申了中国人民解放军的作战目的"是为了中国人民和中华民族的解放"，并提出"组成民族统一战线，打倒蒋介石独裁政府，成立民主联合政府；惩办内战罪犯；实行人民民主制度；肃清贪官污吏，建立廉洁政治；没收官僚资本，发展民族工商业；废除封建剥削，实行耕者有其田的制度；承认各少数民族有平等自治的权利；废除一切卖国条约"八项基本政策。

《宣言》宣布了中国人民解放军也就是中国共产党的八项基本政策，概括了中国共产党在新民主主义革命历史阶段的基本任务和奋斗目标，反映了全国人民的愿望。

毛泽东在《宣言》中明确指出："对于蒋方人员，并不一概排斥，而是采取分别对待的方针。"警告国民党政府官员和蒋军官兵，认清形势，审时度势，重新做出自己的选择，切勿随波逐流或跟蒋介石继续作恶。并在《宣言》中引用"同流合污"这个成语，旨在最大限度地孤立国民党战争罪犯，以利于人民解放事业的顺利进行。

速胜论者自以为是

（引用之六十六）

"自以为是"这个典故，也是出自《孟子·尽心下》第三十七章：

> （孟子）曰："非之无举也，刺之无刺也。同乎流俗，合乎污世。居之似忠信，行之似廉洁，众皆悦之，自以为是，而不可与入尧、舜之道，故曰'德之贼'也。"（《孟子·尽心下》第三十七章）

孟子说：指责他却找不出什么缺点，责备他又没什么可责备的地方。他不过是同流合污。平时好像忠厚老实，处世也似乎方正廉洁，大家都喜欢他，他也自以为正确，但却与尧舜之道格格不入，所以说他是"德行的损害者"。

这里的"自以为是"，意思是认为自己的观点和做法都正确，不接受他人意见，形容主观、不虚心。

1938年5月，毛泽东在《论持久战》一文中指出：

> 然而速胜论者也是不对的。他们或则根本忘记了强弱这个矛盾，而单单记起了其他矛盾；或则对于中国的长处，夸大得离开了真实情况，变成另一种样子；或则拿一时一地的强弱现象代替了全体中的强弱现象，一叶障目，不见泰山，而自以为是。总之，他们没有勇气承认敌强我弱这件事实。（《毛泽东选集》第二卷，人民出版社1991年第2版，第458页）

毛泽东在《论持久战》这篇文章的开头即说："全世界人民都关心这个战争。身受战争灾难，为着自己民族的生存而奋斗的每一个中国人，无日不在渴望战争的胜利。然而战争的过程究竟会要怎么样？能胜利还是不能胜利？"中国的前途命运如何，一时成了人们关注的中心问题。

为了回答这一敏感性的中心问题，1938 年 5 月毛泽东写出了《论持久战》这篇宏论，他在论证中国抗日战争是持久战的同时，批驳了"亡国论"和"速胜论"。

"速胜论"主要表现：一是在抗战初期，许多人有一种毫无根据的乐观倾向，他们把日本估计过低，甚至以为日本不能打到山西。这主要表现在共产党内。在抗日战争的头半年内，党内存在着一种轻敌的倾向，认为日本不值一打。其根据并不是因为他们感觉自己的力量很大，他们知道共产党领导的军队和民众的有组织的力量在当时还是很小的，而是因为国民党抗日了，他们感觉国民党有很大的力量，可以有效地打击日本。他们只看见国民党暂时抗日的一面，忘记了国民党反动和腐败的一面，因而造成了错误的估计。

二是淞沪战争爆发后，有些人说："只要打三个月，国际局势一定变化，苏联一定出兵，战争就可解决。"把抗战的前途主要地寄托在外国援助上面。这主要表现在国民党内。如国民党内的亲英、亲美派，一方面消极抗日，一方面又幻想依赖外援迅速地取胜。蒋介石国民党他们的抗战是被迫的。既已被迫抗战，他们就一心希望外国的迅速援助，他们既不相信自己的力量，更不相信人民的力量。

针对这种"速胜论"和"亡国论"等论调，毛泽东在文章中指出："抗战十个月以来，一切经验都证明这两种观点的不对：一种是中国必亡论，一种是中国速胜论。前者产生妥协倾向，后者产生轻敌倾向。他们看问题的方法都是主观的和片面的，一句话，非科学的。"

毛泽东在文章中引用孟子"自以为是"一语，在于批评"速胜论"者的错误看法。"速胜论"者看问题要么夸大中国的长处，过于低估日本的力量，要么拿一时一地的强弱现象代替了全体中的强弱现象，一叶障目，不见泰山。

毛泽东批评速胜论者片面地看问题，一针见血地指出那些"速胜论"者的通病是："他们没有勇气承认敌强我弱这件事实。他们常常抹杀这一点，因此抹杀了真理的一方面。他们又没有勇气承认自己长处之有限性，因而抹杀了真理的又一方面。由此犯出或大或小的错误来，这里也是主观性和片面性作怪。"进而指出其危害是："勉强行去，败军亡国，结果和失败主义者没有两样。"

实践证明，毛泽东的论断是正确的。中国的抗战既没有速胜，也没有亡国。中国人民经过了艰苦卓绝的十四年浴血奋战，终于赢得了抗日战争的最后胜利。

主要参考书目

毛泽东著作

《毛泽东选集》（1—4卷），人民出版社1991年版。

《毛泽东文集》（1—8卷），人民出版社1993—1999年版。

《建国以来毛泽东文稿》（1—13卷），中央文献出版社1987—1998年版。

《毛泽东军事文集》（1—6卷），军事科学出版社、中央文献出版社1993年版。

《建国以来毛泽东军事文稿》（上、中、下卷），军事科学出版社、中央文献出版社2010年版。

《毛泽东著作选读》（上、下册），人民出版社1986年版。

《毛泽东早期文稿》，湖南出版社1990年版、1995年版。

《毛泽东外交文集》，中央文献出版社、世界知识出版社1994年版。

《毛泽东文艺论集》，中央文献出版社2002年版。

《毛泽东诗词集》，中央文献出版社1996年版。

《毛泽东书信选集》，人民出版社1984年版。

《毛泽东致韶山亲友书信集》，中央文献出版社1996年版。

《毛泽东读文史古籍批语集》，中央文献出版社1993年版。

《毛泽东哲学著作批注集》，中央文献出版社1988年版。

《毛泽东西藏工作文选》，中央文献出版社、中国藏学出版社2001年版。

《毛泽东新闻工作文选》，新华出版社1983年版。

《毛泽东在七大的报告和讲话集》，中央文献出版社1995年版。

研究毛泽东专著

《毛泽东传（1893—1949）》，金冲及主编，中央文献出版社1996年版。

《毛泽东传（1949—1976）》（上、下册），逄先知、金冲及主编，中央文献出版社2003年版。

《毛泽东年谱（1893—1949）》（上、中、下卷），逄先知主编，人民出版社、中央文献出版社1993年版。

主要参考书目

《毛泽东经济年谱》，顾龙生编著，中央党校出版社 1993 年版。

《东方巨人毛泽东》，李捷、于俊道主编，解放军出版社 1996 年版。

《毛泽东大观》，高凯、于玲主编，中国人民大学出版社 1993 年版。

《毛泽东大典》（三卷），李峰华主编，沈阳出版社 1993 年版

《毛泽东全书》（六卷），蒋建农主编，河北人民出版社 1998 年版。

《毛泽东研究全书》（六卷），张静如主编，长春出版社 1997 年版。

《历史选择了毛泽东》，叶永烈，上海人民出版社 1992 年版。

《从井冈山走进中南海——陈士榘老将军回忆毛泽东》，刘恩营整理，中共中央党校出版社 1993 年版。

《历史的真迹——毛泽东风雨沉浮五十年》，邸延生，新华出版社 2002 年版。

《历史的真言——李银桥在毛泽东身边工作纪实》，邸延生著，新华出版社 2000 年版。

《历史的情怀——毛泽东生活纪事》，邸延生著，新华出版社 2008 年版。

《历史的真知——"文革"前夜的毛泽东》，邸延生著，新华出版社 2006 年版。

《十年纪事：1937—1947 年毛泽东在延安》，刘益涛，中共党史出版社 2007 年版。

《红都纪事》，舒云，河南人民出版社 1997 年版。

《1957：大转弯之谜——整风反右实录》，朱地著，山西人民出版社、书海出版社 1995 年版。

《大跃进亲历记》，李锐，南方出版社 1999 年版。

《庐山会议实录》，李锐，河南人民出版社 1994 年版。

《神火之光》，陈晓东，中共中央党校出版社 1995 年版。

《缅怀毛泽东》（上、下册），编辑组，中央文献出版社 1993 年版。

《中国第一人——毛泽东》，胡真编著，湖南人民出版社 1999 年版。

《毛泽东轶事》，刘继兴，中国文史出版社 2011 年版。

《毛泽东珍闻录》，黄允升主编，中央文献出版社 2000 年版。

《毛泽东的幽默故事》，谭逻松等编，同心出版社 1996 年版。

《毛泽东的幽默》，陈祥明等编，中国电影出版社 1994 年版。

《毛泽东人际交往实录》，贾思楠编，江苏文艺出版社 1989 年版。

《毛泽东与名人》（上、下册），孙琴安、李师贞著，江苏人民出版社 1993 年版。

《毛泽东与中共早期领导人》，黄允升等著，中共中央党校出版社1997年版。

《毛泽东与十大元帅》，李智舜，中共中央党校出版社1994年版。

《毛泽东与党外人士》，谭玉琛主编，河北人民出版社1993年版。

《毛泽东尊师风范》，黄露生著，中央文献出版社2011年版。

《毛泽东和他的父老乡亲》，赵志超，湖南文艺出版社1992年版。

《毛主席教我们当省委书记》，陶鲁笳，中央文献出版社1996年版。

《毛泽东和省委书记们》，李约翰等著，中央文献出版社2000年版。

《领袖情·毛泽东与周世钊》，陈明新编著，中央党校出版社1997年版。

《毛泽东与周世钊》，周彦瑜等编，吉林人民出版社1993年版。

《警卫毛泽东纪事》，阎长林著，吉林人民出版社1992年版。

《我和毛泽东的一段曲折经历》，肖瑜，昆仑出版社1989年版。

《毛泽东的感情世界》，彬子编，吉林人民出版社1990年版。

《毛泽东与著名艺术家》，孙琴安，重庆出版社2000年版。

《传统下的毛泽东》，汪澍白，中国青年出版社1996年版。

《说不尽的毛泽东》（上、下册），张素华、边彦军、吴晓梅，中央文献出版社、辽宁人民出版社1993年版。

《一代巨人毛泽东》，侯树栋主编，中国青年出版社1993年版。

《百折不回的毛泽东》，杨庆旺，中央文献出版社2003版。

《毛泽东思想方法导论》，石仲泉、刘武生编，中央文献出版社1992年版。

《文人毛泽东》，陈晋著，上海人民出版社1997年版。

《毛泽东之魂》，陈晋著，吉林人民出版社1993年版。

《毛泽东的领导艺术》，陈登才主编，军事科学出版社1989年版。

《毛泽东的语言艺术——妙用成语典籍》，陈琦等编，辽宁人民出版社1993年版。

《毛泽东衍名艺术》，孙雷、孙宝义，辽宁人民出版社1996年版。

《毛泽东的精辟比喻》，施善玉编著，中国物资出版社1993年版。

《毛泽东口才》，柏桦编著，海南出版社1996年版。

《跟毛泽东学口才》，陈冠任编著，中央文献出版社2003年版。

《毛泽东的智慧》，林治波主编，中共中央党校出版社1998年版。

《一代伟人与古代智慧》，含章编著，红旗出版社1998年版。

《毛泽东家书》，谢柳青编著，中原农民出版社。

《毛泽东读书笔记解析》上、下册，陈晋主编，广东人民出版社 1996年版。

《毛泽东读书生活》，龚育之、逄先知、石仲泉著，三联书店 1986 年版。

《毛泽东读书生涯》，王炯华著，长江文艺出版社 1998 年版。

《毛泽东的读书生涯》，孙宝义编，知识出版社 1993 年版。

《毛泽东怎样读书》，石玉山著，中国大百科全书出版社 1991 年版。

《博览群书的毛泽东》，范忠诚主编，湖南出版社 1993 年版。

《跟毛泽东学读书》，莫志斌、陈特水编著，中央文献出版社 2003 年版。

《毛泽东治国先治学》上、下，徐文钦、沈凤霞，江苏文艺出版社 2011年版。

《毛泽东晚年读书纪实》，徐中远著，中央文献出版社 2012 年版。

《毛泽东的学习思想与实践》，胡小林、于云才，山东人民出版社 2003年版。

《毛泽东读史》，张贻玖，当代中国出版社 2005 年版。

《跟毛泽东学史》，薛泽石主编，红旗出版社 2000 年版。

《听毛泽东讲史》，薛泽石主编，中央文献出版社 2003 年版。

《毛泽东与中国史学》，王子今著，中共中央党校出版社 1993 年版。

《毛泽东读古书实录》，黄丽镛编著，上海人民出版社 1994 年版。

《毛泽东评说中国历史》，赵以武主编，广东人民出版社 2000 年版。

《毛泽东评说中国历史》，景有权、迟力主编，吉林人民出版社 1998 年版。

《毛泽东历史笔记解析》，唐汉主编，红旗出版社 1998 年版。

《毛泽东引古论事》，曾珺编著，国际文化出版公司 2011 年版。

《毛泽东谈古论今》，吴江雄，安徽人民出版社 1998 年版。

《毛泽东这样学习历史 这样评点历史》，盛巽昌、欧薇薇、盛仰红，人民出版社 2005 年版。

《毛泽东评点古今人物》上、下卷，周溯源编著，红旗出版社 1998 年版。

《毛泽东评点古今人物》上、中、下册，周溯源编著，红旗出版社 2002年版。

《毛泽东评述中国历史名人名著》，邸延生著，人民出版社 2013 年版。

《毛泽东评述诸子百家》，邸延生著，人民出版社 2013 年版。

《毛泽东评点历代王朝》上、下，胡长明，山西人民出版社 2011 年版。

《毛泽东评点中国皇帝》上、下，唐汉、振肖，红旗出版社 1998 年版。

《毛泽东评说历代帝王》，毕桂发主编，解放军出版社 2002 年版。

《毛泽东瞩目的文臣武将》，陈铎、王翰主编，长江文艺出版社 2001 年版。

《毛泽东瞩目的巾帼红颜》，陈铎、王翰主编，长江文艺出版社 2002 年版。

《毛泽东妙评帝王将相鉴赏》，刘修铁，新疆人民出版社 2002 年版。

《毛泽东评点二十四史》（人物精选）上、中、下卷，邓振宇主编，时事出版社 1997 年版。

《毛泽东和中国文学》，董学文著，春风文艺出版社 1994 年版。

《毛泽东与中国文学》，孙琴安著，重庆出版社 2000 年版。

《毛泽东评说中国文学》，曲一日，吉林人民出版社 1998 年版。

《毛泽东读评五部古典小说》，徐中远著，华文出版社 1997 年版。

《毛泽东晚年过眼诗文录》上、下卷，王守稼、吴乾兑、许道勋、董进泉、刘修明检点注释，花山文艺出版社 1993 年版。

《毛泽东欣赏的古典散文》，郑小军编，浙江古籍出版社 1994 年版。

《毛泽东评说中国古代散文赏析》，毕桂发主编，中央文献出版社 2003 年版。

《跟毛泽东学文》，周宏让主编，红旗出版社 2002 年版。

《毛泽东妙评古诗书鉴赏》，刘修铁编著，新疆人民出版社 2002 年版。

《毛泽东评点古今诗书文章》，柳文郁、唐夫主编，红旗出版社 1998 年版。

《毛泽东圈注史传诗文集成·文赋卷》，费振刚、董学文，吉林人民出版社 1996 年版。

《毛泽东妙用诗词》，吴直雄著，京华出版社 1998 年版。

《毛泽东诗话词话书话集观》，刘汉民编著，长江文艺出版社 2002 年版。

《毛泽东诗词鉴赏》，臧克家主编，河北人民出版社 1991 年版。

《毛泽东谈文说艺》，刘汉民，长江文艺出版社 1992 年版。

《毛泽东的艺术世界》，李树谦，辽宁教育出版社 1993 年版。

《毛泽东与中国文学艺术》，余飘主编，河南人民出版社 1993 年版。

《毛泽东谈作家与作品》，白金华编，吉林人民出版社 1993 年版。

《毛泽东楹联艺术鉴赏》，吴直雄，当代世界出版社 1995 年版。

《毛泽东楹联、名句、趣事》，路浩编著，解放军文艺出版社 2003 年版。

《1975：文坛风暴纪实》，夏杏珍著，中央党史出版社 1995 年版。

《〈毛泽东选集〉典故》，陈钧编著，中国广播电视出版社 1992 年版。

《毛泽东著作典故集注》，王玉琮，中国工人出版社 1992 年版。

《毛泽东在江苏》，中共党史出版社 1993 年版。

《毛泽东在湖北》，中共党史出版社 1993 年版。

研究先秦诸子著作

《诸子集成》（1—8 册），上海书店 1986 年版。

《诸子通考》，蒋伯潜，浙江古籍出版社 1985 年版。

《生秦诸子系年》上、下册，钱穆著，中华书局 1985 年版。

《先秦诸子的若干研究》，杜国庠著，三联书店 1955 年版。

《论语》（定州汉墓竹简），文物出版社 1997 年版。

《论语》（名著名家导读），蔡尚思，巴蜀书社 1996 年版。

《新论语》，孔子述、孔门弟子撰、钱宁重编，三联书店 2012 年版。

《论语评注》，杨伯俊译注，中华书局 1980 年第 2 版。

《论语新解》，钱穆注，三联书店 2002 年版。

《论语外编——孔子佚语汇编》，裴传永汇释，济南出版社 1995 年版。

《孔子集语译注》，薛安勤注译，吉林文史出版社 1996 年版。

《孔子集语校补》，［清］孙星衍等辑，郭沂校补，齐鲁书社 1998 年版。

《孔子评传》，匡亚明，南京大学出版社 1990 年版。

《孔子新传》，金景芳、吕绍纲、吕文郁著，湖南出版社 1991 年版。

《孟子》（中华经典藏书），万丽华、蓝旭译注，中华书局 2008 年版。

《孟子译注》上、下册，杨伯俊编著，兰州大学中文系孟子注释小组修订，中华书局 1963 年版。

《孟子》（名著名家导读），杨伯俊著，巴蜀书社 1996 年版。

《孟子评传》，吕涛著，山西人民出版社 1987 年版。

《大儒列传·孟子》，吴乃恭著，吉林文史出版社 1997 年版。

《孟子评传——走向内圣之境》，杨国荣著，广西教育出版社 1994 年版。

《国学大师说孔孟》，章太炎、康有为、陈独秀等著，云南人民出版社 2009 年版。

《老子》（马王堆汉墓帛书），马王堆汉墓帛书整理小组编，文物出版社 1976 年版。

《老子》，饶尚宽译注，中华书局 2006 年版。

《老子校诂》，马叙伦著，古籍出版社 1956 年版。

《老子注译》，高亨著、华钟彦校，河南人民出版社 1980 年版。

《老子校释》，朱谦之撰，中华书局 1984 年版。

《老子译话》，杨柳桥著，古籍出版社 1958 年版。

《老子新译》（修订本），任继愈译著，上海古籍出版社 1985 年 2 版。

《老子全译》，沙少海、徐子宏译注，贵州人民出版社 1989 年版。

《重订老子正诂》，高亨著，古籍出版社 1956 年版。

《中国古代哲学家老子及其学说》，［苏］杨兴顺著，杨超译，科学出版社 1957 年版。

《老子评注及评介》，陈鼓应著，中华书局 1984 年版。

《老子外传·老子百问》，孙以楷、钱耕森、李仁群著，安徽人民出版社 1992 年版。

《发现老子》，杨润根注，华夏出版社 2007 年版。

《老子正宗》，马恒君，华夏出版社 2007 年版。

《老子的帮助》，王蒙，华夏出版社 2009 年版。

《道德经》（图文版），夏华等编译，万卷出版公司 2012 年版。

《庄子》（中华经典藏书），孙通海译注，中华书局 2007 年版。

《庄子今注今译》，陈鼓应注释，中华书局 1983 年版。

《自事其心——重读庄子》，李牧恒、郭道荣，四川人民出版社 1996 年版。

《庄学研究》，崔大华著，人民出版社 1992 年版。

《庄子通论》，孙以楷、甄长松著，东方出版社 1995 年版。

《列子》（中华经典藏书），景中评注，中华书局 2007 年版。

《列子》（全本全注全译丛书），叶蓓卿译注，中华书局 2011 年版。

《列子译注》，严北溟、严捷，上海古籍出版社 1986 年版。

《老庄论道》，罗安宪，沈阳出版社 2012 年版。

《道家文化与现代文明》，葛荣进主编，中国人民大学出版社 1991 年版。

《道教与传统文化》，文史知识编辑部编，中华书局 1992 年版。

《道家及其对文学的影响》（修订本），李生龙著，岳麓出版社 2005 年版。

《道教——中国道教文化百科 999 问》，铁梅编著，青海人民出版社 2012 年版。

《商君书韩非子》，岳麓出版社 1990 年版。

《韩非子集释》（上、下册），陈奇猷校注，上海人民出版社1974年版。

《韩非子选》，王焕镳选注，上海人民出版社1974年版。

《韩非的智慧》，黄浩，延边大学出版社1992年版。

《荀子简注》，章诗同注，上海人民出版社1974年版。

《白话荀子》，杨任之译，缪礼治校订，岳麓出版社1991年版。

《荀子的智慧》，廖名春著，延边大学出版社1992年版。

《管子白话今译》，滕新才、荣挺进评注，中国书店1994年版。

《商君书注释》，高亨注释，中华书局1974年版。

《商君书选注》，注释组，辽宁人民出版社1975年版。

《墨子闲诂》上、下册，〔清〕孙诒让撰，中华书局1986年版。

《白话墨子》，梅季、林金保校释，岳麓书社1991年版。

《墨子研究》，曹强胜、孙卓彩主编，中国社会科学出版社2008年版。

《墨学研究》，徐希燕著，商务印书馆2001年版。

《纵横家的智慧》，谢挺、陈慧、郭震编著，延边大学出版社1992年版。

《孙子兵法》（银雀山汉墓竹简），整理小组编，文物出版社1976年版。

《孙子兵法新译》（银雀山汉墓竹简校本），李兴斌、杨玲注译，齐鲁书社2001年版。

《〈孙子〉古本研究》，李零著，北京大学出版社1995年版。

《十一家注孙子》，〔春秋〕孙武撰，〔三国〕曹操等注，上海古籍出版社1978年版。

《（今译新编）孙子兵法》，郭化若编译，中华书局1962年版。

《孙子今译》，〔春秋〕孙武撰，郭化若译，上海人民出版社1977年版。

《孙子译注》（二十二子详注全译本），蒋玉斌，黑龙江人民出版社2003年版。

《孙子兵法新论》，吴如嵩著，解放军出版社1989年版。

《孙子今论》，邱复兴著，白山出版社1998年版。

《孙子兵学艺术》，万怀玉著，白山出版社2005年版。

《孙子新探——中外学者论孙子》，解放军出版社1990年版。

《毛泽东与孙子兵法》，苟君厉编著，中国档案出版社2008年版。

《孙子兵法研究史》，于汝波主编，军事科学出版社2001年版。

《孙子学文献提要》，于汝波主编，军事科学出版社1994年版。

《孙武传》，刘春志著，河北人民出版社1997年版。

《兵圣孙武》，谢祥皓、李政教主编，军事科学出版社1992年版。

《孙子评传》，杨善群著，南京大学出版社1992年版。

《孙子兵法辞典》，吴如嵩主编，白山出版社1993年版。

《孙子兵法辞典》，赵国华、刘项、刘国建主编，湖北人民出版社1995年版。

《孙子兵学大典》（1—10卷），邱复兴主编，北京大学出版社2004年版。

《孙子兵法　孙膑兵法》（中华经典藏书），骈宇骞、王建宇、牟虹、郝小刚译注，中华书局2009年版。

《孙膑兵法》（银雀山汉墓竹简），整理小组编，文物出版社1975年版。

《孙膑兵法校理》，张震泽撰，中华书局1984年版。

《孙膑兵法注译》（内部资料），沈阳军区后勤部《孙膑兵法》注释组1975年版。

《齐孙子兵法解》，李京撰，中国书店1990年版。

《孙膑兵法浅说》，霍印章著，解放军出版社1986年版。

主
要
参
考
书
目